# Karl Merkatz

## So bin ich

Autobiografie

D1700640

:STYRIA

Redaktion: Gerlinde Kolanda-Fidelsberger

ISBN 3-222-13182-1
© 2005 by Verlag Styria in der
Styria Pichler Verlag GmbH & Co KG, Wien
Alle Rechte vorbehalten
www.styriapichler.at

Umschlaggestaltung: Bruno Wegscheider
Produktion und Gestaltung: Alfred Hoffmann
Lektorat: Barbara Sternthal

Reproduktion: Pixelstorm, Wien
Druck und Bindung:
Druckerei Theiss GmbH, A-9431 St. Stefan im Lavanttal
Printed in Austria

*Tief im Schlamm? Zum Glück nur für eine Filmrolle!*

# Inhalt

Den rechten Zeitpunkt treffen,
ist eine Preisaufgabe,
die höchst selten gelöst wird.

*Johann Nepomuk Nestroy*

# „Blöder Bua,
# was machst da oben?"
## Kindheit und Krieg

Ja, wenn ich so zurück denk', ich bin schon ein rechter Schlingel gewesen! Ich war ein – halbes – Schlüsselkind. Während des Krieges mussten wir Kinder den Schlüssel um den Hals tragen und dazu ein Namensschild, der Bomben wegen. Ich aber hatte den Schlüssel – und so – in der Hosentasche. Meine Eltern waren beide in Rüstungsbetrieben beschäftigt. Vater als Dreher in den Flugzeugwerken, er wurde deshalb nicht zum Militär eingezogen. Mutter arbeitete als Weberin bei der Firma Elsinger in Neudörfl. Täglich mit dem Fahrrad zur Arbeit, Sommer wie Winter, auch keine Spazierfahrt. Busse wie heute gab es damals ja nicht.

Zum Glück bekamen meine schwer arbeitenden Eltern, die den ganzen Tag außer Haus waren, nichts vom dem mit, was sich daheim abspielte. Und als meine Mutter eines Tages doch von meinen unzähligen Streichen erfuhr – ich war damals bereits verheiratet, Vater zweier Töchter, Schauspieler am Deutschen Schauspielhaus in Hamburg – fiel sie aus allen Wolken.

Wir saßen an diesem Abend gemütlich beisammen – Otto, ein Maler, mit dem ich heute noch befreundet bin, und Edelgard, die Freundin meiner Frau – tranken ein paar Glaserln Wein oder auch Whisky und sprachen über die Sorgen mit unseren Kindern. Ottos drei Buben, meine Töchter Gitta und Fine, die Klagen der Nachbarn. „Was ist schon eine zerbrochen Fensterscheibe, was sind schon ein paar abgebrochene Tulpen gegen das, was

*Ständig schwarze Füße von den ölgetränkten Böden im Klassenzimmer; da half nur eins: Eine Tafel musste sie verdecken.*

seinerzeit bei mir gelaufen ist." Und ich erzählte. Da wurde es meiner Mutter doch etwas entrisch: „Und ich hab' immer geglaubt, der Karli ist so ein braves Kind. Von wem er das nur hat?" Aber zu seiner Zeit war mein Vater, scheint's, auch nicht ohne. Er und seine drei Brüder hießen „die Neudörfler Merkatz Buben." Und das war nicht positiv gemeint.

Mutter ging an diesem Abend ziemlich früh ins Bett und gestand am nächsten Morgen: „Ich habe die ganze Nacht kein Auge zugetan. Mein Gott, was hätte alles passieren können!" Doch zum Glück ist nichts passiert. Nicht als ich bei klirrender Kälte halbnackt hoch oben auf einem Baum auf das Trocknen meiner patschnassen Kleidungsstücke wartete, nicht als ich in den Koksofen Petroleum schüttete, nicht … Wo soll ich nur anfangen?

Also, wie war das, als ich, acht, neun Jahre alt, im tiefsten Winter frierend auf einem Baum hockte? Ich ging von der Wienerstraße, wo wir damals wohnten, zu Fuß in die Schule, durch die Fischau, vorbei am Fischabacherl, das zugefroren war – na ja, fast. Ich trug kurze Hosen und lange Strümpfe, ein Jackerl, Halbschuhe, auf dem Rücken hatte ich meine Schultasche, in der Hand ein Tintenglaserl. Und das Fischabacherl lockte! Ein paar Minuten habe ich noch Zeit, ein bisserl Rutschen geht sich aus – und patsch, brach ich bis über die Knie ein. Triefend kletterte ich heraus, was tun?

Ich musste doch in die Schule! Also zog ich kurzerhand Schuhe und Strümpfe aus, hängte beides, die Schuhbänder fest zusammengebunden, fein säuberlich über einen Ast. Schultasche und Tintenglaserl stellte ich unter den Baum, ich selber brachte mich nach oben in Sicherheit. Und wartete aufs Trocknen …

Nach ein paar Minuten kam ein Mann vorbei, sah die Schultasche, sah das Tintenglaserl, schaute nach oben, sah mich – und los ging's: „Blöder Bua, was machst du da oben, schau, dass du runter kommst!"

„I bin einbrochen", konnte ich nur stammeln, aber ich gehorchte. Ich zog die nassen Sachen an und lief flugs nach Hause. Wo ich die Strümpfe ganz unten in der Wäschetruhe versteckte. Und dort schimmelten sie bis zum nächsten Waschtag vor sich hin. Die Mutter wunderte sich, keiner hatte eine Erklärung dafür – ich schon gar nicht! Die Schule war für diesen Tag gestrichen, denn ich wäre auf jeden Fall zu spät gekommen.

Sicher ist, dass ich einen besonders aufmerksamen Schutzengel gehabt habe. Und ebenso sicher verdanke ich die Tatsache, dass ich stets mit einem blauen Auge davongekommen bin, unserer Nachbarin Frau Kornfeld, die große Katastrophen verhindert und, bevor meine Eltern von der Arbeit nach Hause gekommen sind, vieles ausgebügelt, geglättet, in Ordnung gebracht hat. Nicht stillschweigend, nein, das gerade nicht. Immer wieder drohte sie mir „Das sag ich der Mutter!", getan hat sie es letztlich nie. Danke, Frau Kornfeld! Und danke Hilda. Meine um sieben Jahre ältere Schwester hat ebenfalls nie gepetzt. Vielleicht weil sie nur einen Bruchteil von dem wusste, was sich tatsächlich abgespielt hat …?

Tiefer Winter war's und finster. Ich musste für Vater, der um fünf Uhr nachmittags aus der Arbeit kam, das Essen wärmen, und in der Küche sollte es auch warm sein. Niki, mein Freund, und ich, wir haben beide schon geraucht wie die Fabrikschornsteine und warm war uns auch, da wir bereits eine halbe Flasche Likör, die in einem Kapuziner steckte, ausgetrunken hatten, kauften in der nahen Trafik von meinem Jausengeld „Sieben Flirt für'n Vata, im Papierstanitzl!" Das Essen stand auf dem abgeschalteten Herd, die Küche war kalt, der Koksofen nicht angeheizt.

Ich brachte, schwankend, kein Feuer zusammen, entweder brach das Streichholz ab oder es ging nicht an. Niki lachte mich aus. „Mein Vater ist bei der Feuerwehr", erklärte er großspurig, „ich zünd' an. Hast Petroleum?" Ja, ich hatte Petroleum. Niki schüttet einen Schwall in den Ofen, ein Streichholz, und es machte wumm. Frau Kornfeld schaute grad in dem Moment aus ihrer

Mansarde, da schoss eine Feuerflamme aus dem Rauchfang. Sie wusste sofort: Da ist was los bei den Lausbuben! Unsere Küchentür wurde aufgerissen, Frau Kornfeld stürmte herein, sah unsere rußigen Gesichter und den Rauch in der Küche. Niki bekam eine Watsch'n – „Verschwinde!" –, und zu mir sagte sie hantig: „Du gehst jetzt raus und steckst deinen Kopf in den Schnee!" Als Vater heimkam und mich, Hintern hoch, antraf, fragte er perplex: Was machst denn da, Karli?" „Spielen", war meine Antwort, „spielen." Aber die Küche war sauber, es war warm und das Essen stand auf dem Tisch. Der brave Karli!

Die Leidenschaft von uns Buben war das Kino, und wir schafften es tatsächlich, uns jeden Sonntag einen Film anzuschauen. Jugendvorstellung von ein bis drei Uhr. Louis Trenker war unser großer Liebling. Bergsteigen? Kann ich auch! Auf die Neustädter Stadtmauer bin ich hinaufgeklettert, herunter konnte ich nicht mehr. Man musste mich mit der langen Leiter vom Arbeiterheim herunterholen. Das Grinsen und Weinen von Stan Laurel, das ich dabei zur Schau getragen habe, hat mir eine saftige Watsch'n eingetragen. Dabei wollte ich wirklich niemanden pflanzen. Das Schönste aber war, Pat und Patachon nachzumachen, weil wir ein Riesenaufsehen erregten, wenn wir Hand in Hand daherwatschelten, Rudl klein und dick und ich lang und dünn.

Ja, das Kino! Nur mit der Geldbeschaffung gab es manchmal Probleme. Die zehn Pfennig, die mir Mutter für meine Jause, eine Leberkässemmel, gab, sparte ich oft, doch nicht immer reichte es. Eine Idee war schnell geboren! Wir kündigten für Sonntag zwölf Uhr Mittag eine Kasperltheatervorstellung in der Küche meines Freundes Rudl an. Es war ein Pawlatschenhaus, und da gab es zahlreiche Kinder. Eintritt: fünf Pfennig. Als wir vierzig Pfennig beisammen hatten, um zwei Kinokarten zu kaufen, verschwanden wir mit der Ausrede, uns etwas Neues auszudenken, und ließen das werte Publikum in der Küche sitzen. Bis Rudls Vater, ein Kutscher, vom Mittagsschlaf erwachte und die

*Bitte lächeln – das brauchte man meiner Mutter, Hilda und mir nicht zweimal zu sagen. Nur Vater schaute ernst.*

ganze lärmende Bagage kurzerhand hinausschmiss. Zu unserer Ehre muss gesagt werden, dass die eine oder andere Vorstellung stattgefunden hat. Unsere selbst erfundenen Texte sind vom Publikum begeistert aufgenommen worden.

Noch ein paar Kavaliersdelikte! In unserem Haus in der Wiener-straße, es war der De Cente-Hof, befand sich ein Elektroge-schäft mit Werkstatt, das dem Herrn Ott gehörte. Dort sah ich das erste Radio, das erste Telefon. Ich bettelte so lange, bis mir der Herr Ott erlaubte, meine Schwester an ihrem Arbeitsplatz anzurufen. Als ich sie, umständlich herbeigeholt, am Apparat hatte, stammelte ich: „Ich wollte dich nur hören!" „Bleeder

Bua!", war noch das Harmloseste, was mir Hilda fernmündlich an den Kopf geworfen hat.

Der Herr Ott besaß eine schöne, silberfarbene Klingelkasse, die heute wohl ein Vermögen wert wäre. Obenauf standen kleine Schirmlämpchen mit Batterie für Puppenhäuschen. Ich bewunderte sie grenzenlos. Eine Tages fiel eines herunter. Flugs hob ich es auf, und mit derselben Handbewegung steckte ich es in meine Hosentasche. Zu meiner Rechtfertigung muss gesagt werden, dass ich das Lämpchen daheim ganz offen aufstellte. „Was hast denn da?", war Mutter erstaunt. Meine Antwort: „Das ist runtergefallen und ich hab' es gefunden!" Na, so schnell konnte ich nicht schauen, war ich wieder bei Herrn Ott! Mit vor Verlegenheit blutrotem Gesicht.

Aber der Herr Ott war auch ein Hundsknochen. Die große eiserne Tür seiner Werkstatt stand den ganzen Tag sperrangelweit offen. Wir drei Kinder im Haus, Franzl, der Sohn des Uniformschneiders, Uli, die Tochter von De Cente, und ich wurden beim Tempelhüpfen im Hof immer wieder aufgefordert „Tu dies, mach das!" „Franzl, komm her, hilf mir, gib mir das Beißzangerl!" Franzl freundlich hin, nimmt die Beißzange vom Arbeitstisch – und zack, bekommt er einen elektrischen Schlag. Einige Tage später: „Geh, Karli, heb' mir den Schraubenzieher auf, er ist mir runtergefallen." Ich eifrig zur Stelle, und schon rüttelt und schüttelt es mich. Angeregt durch die Bücher, die von Hand zu Hand gingen, Karl May, Tom Mix, Meene und Max, waren wir auf Rache aus. Wir schrieben in großen Lettern, jeder einen Buchstaben, mit weißer Kreide auf die Eisentür: DER HERR OTT IST EIN BLÖDER AFFE. Am nächsten Tag nach der Schule … was brauche ich weiter zu erklären. Jeder kriegte seine Watsch'n, und nach unseren Entschuldigung mussten wir die Tür abwaschen.

Noch eine Watsch'n? Es war ja mitten im Krieg, ein Fliegeralarm nach dem anderen. Vom Luftschutz wurde angeordnet, dass alle Dachböden leer zu machen seien und das Holz mit weißer Farbe angestrichen werden müsse. Franzl und ich wurden angehalten, alles vom Dachboden in den Hof zu bringen. Da haben wir schon einiges gefunden! Das Beste war eine Feldsirene aus dem Ersten Weltkrieg. Wir schleppten sie zum Dachbodenfenster, und los ging es mit der Kurbel – auf und ab, auf und ab, auf und ab. Fliegeralarm! Wo sind die Buben, wo sind …? Hanni, die Köchin von De Cente, kam auf den Dachboden und fand uns an der Kurbel … Wieder unten im Hof hat es für jeden von uns ein paar Watschen gesetzt.

Die Schule lief einfach so nebenbei und störte meinen aufregenden Tagesablauf wenig. In der ersten Klasse war ich ein sehr guter Schüler. Ich habe mich unsterblich in meine Lehrerin verliebt, wusste, wo sie wohnte, brockte Veilchen und brachte sie ihr. Später haben meine Leistungen nachgelassen, die dritte Klasse musste ich sogar wiederholen. Aber nicht, weil ich dumm gewesen wäre! Nur enorm abgelenkt. Wir hatten einen Deutschlehrer, den Herrn Heissenberger, der schon in den dreißiger Jahren große Reisen, vor allem nach Italien, unternommen hat. Und darüber berichtete er uns Kindern ausführlich. Das rauschende Meer, Haie und Rochen, der blaue Himmel, der weiße Strand, laue Vollmondsommernächte, sanft schaukelnde Boote in den Lagunen … ich habe geträumt, geträumt, geträumt und im Unterricht nie aufgepasst! Und hatte so viel anderes im Kopf!

Ja, auch das! Sexualität war für uns Buben, aber auch für die Mädchen, die mit uns spielten, bereits früh ein Thema. Wir wussten ganz genau, wie „es" geht. Elfi, die Schwester meines Freundes Walter, etwas älter als ich, hob eines Tages ihr Rockerl und erklärte verheißungsvoll: „Nächste Woche derfst!" Leider kam es nie dazu, denn „nächste Woche" schlugen die ersten Bomben in Wiener Neustadt ein und wir hatten andere Sorgen! Meine erste große Liebe hieß Julia. Wir Buben knieten in der Maiandacht in der Kirche, seitlich von uns standen die Mädchen. Darunter sie. Ich starrte sie an, sie grinste zurück. Von da an sahen wir uns jeden Tag. Und unser Kurat aus dem Dom sah uns auch. Wir gingen Hand in Hand. Er kam zufällig mit dem Fahrrad vorbei, blieb stehen und pfiff uns an: „Hände auseinander – und du kommst zum Beichten!" Ich kam nicht. Nebenbei: Zehn Jahre später begegnete ich ihm, in Wien, in der Straßenbahn, mit einer Frau. Er war vom Priesteramt zurückgetreten. Und Julia? Sie war mit ihrer Mutter wegen der Bombardierungen von Dortmund nach Wiener Neustadt verschickt worden. Doch es dauerte nicht lange, und es regnete aus amerikanischen fliegenden Festungen auch auf unsere Köpfe nieder. Die Schulen in der Stadt wurden geschlossen, wir wurden evakuiert, ich verlor Julia aus den Augen.

Der heiß ersehnte Frieden kam am 8. Mai 1945. Doch weil unser Haus in Wiener Neustadt von den Russen total zerstört worden war, konnten wir erst nach dem Sommer heimkehren. Mein erster Weg führte mich zu Julias Wohnung. Gut, das Haus stand noch. Doch ich musste erfahren, dass Julia nicht mehr hier lebte, ja, dass sie überhaupt nicht mehr war: Der Typhus hatte sie innerhalb weniger Tage hinweggerafft. Mit schossen die Tränen in die Augen, noch heute will ich nicht daran denken.

Meine erste Liebe lernte ich also in der Kirche kennen. Die Messe zu besuchen, Ministrant zu sein, hat mir viel gegeben, und mein Glaube begleitet mich bis heute. Das Spirituelle der Messe war mir wichtig, das Erhabene. Die Wandlung hat mich tief beeindruckt. Ich war überzeugt, dass der weiße Messwein tatsächlich rot, tatsächlich zu Blut wird, in der Hostie habe ich wahrhaftig Christus gesehen. Und Maria? Meine Mutter und Maria sind zu einer Person verschmolzen, ich hatte daher immer Schwierigkeiten, mir die Muttergottes als junge Frau vorzustellen. Meine Hilferufe in Not und Angst gingen immer an sie, tun es bis heute. Und als ich ein altes Haus in einem Dorf im Salzburgischen fand, es zu lieben begann und kaufte, erfuhr ich, dass wir uns in einem Marienwallfahrtsort niedergelassen hatten. Mit einer Kirche, deren gotische Türen einmalig sind.

„Der Spritzen-Karli" im Westentaschenformat: mit Feuerwehrauto, Schwester Hilda, die krampfhaft ihre Puppe hält, und Cousine Martha.

Es war also eine glückliche, trotz oft widrigster Umstände unbeschwerte Kindheit. Wir waren arm – waren wir arm? Nein! Wir schliefen zwar zu viert in einem Zimmer – aber andere Familien taten das auch. Wir hatten ein, wenn auch bescheidenes, Dach über dem Kopf, Arbeit, zu essen. Und von Mai bis September ging man halt ohne Schuhe in die Schule. Es störte einen nicht, dass man von den ölgetränkten Fußböden in den Klassenzimmern ständig schmutzige Füße hatte, die schwarzen Spuren widerstanden jeder Seife, jeder Bürste. Ich besitze noch heute ein Bild, auf dem meine Beine von der Tafel verdeckt sind, die anzeigt, in welche Klasse ich gegangen bin, als die Aufnahme gemacht wurde.

Munterer Schulbub, auffallend weißblond und dünn, Tischlerlehrling, Geselle, Schankbursche in Zürich, Student am Salzburger Mozarteum, Schauspieler an renommierten Bühnen in Deutschland und Österreich, Fernsehstar – von all dem soll noch die Rede sein. Aber zuerst:

Ich wurde am 17. November 1930 als Sohn von Leopoldine und Karl Merkatz in Wiener Neustadt geboren und hatte, leider gibt's kein Foto davon, in den ersten Tagen einen „roten Spitzkopf". Vater stammte ursprünglich aus Neudörfl und war von Beruf Werkzeugmacher. Die Familie meiner Mutter, sie arbeitete als Weberin, war in Pötsching ansässig. Ich habe also starke burgenländische Wurzeln, und die Beziehung zur Verwandtschaft war stets sehr intensiv. Die Luisi-Tant, der Toni-Onkel, die Cousinen Emmi, Kathi und Mizzi … man steckte praktisch jeden Sonntag beisammen.

Vater, Jahrgang 1896, war im Ersten Weltkrieg Soldat, wurde an der Piave von Italienern niedergeschlagen und geriet in Gefangenschaft. Er hatte zeit seines Lebens ein Andenken daran, eine Narbe auf dem Kopf.

1918, beim 1.-Mai-Umzug mit den Sozialdemokraten, verguckte er sich in die „Freiheit", dargestellt von meiner Mutter, die sich zur Schauspielerei hingezogen fühlte. Sie hat sogar ein seriöses Angebot erhalten, in Baden bei Wien als Schauspielerin ins Engagement zu gehen. Doch Vater war dagegen, und damit war der Traum ausgeträumt. Worte des Bedauerns hörte ich nie von meiner Mutter. Die Sache wurde abgehakt, der Alltag nahm sie voll in Anspruch. Sie erzählte nur gerne von einer Rolle bei einer Laienspieltruppe: Als sie eine Ertrunkene darstellte, musste sie plötzlich lachen, konnte nicht aufhören und schmiss die Szene. Jedenfalls wussten später alle in der Familie, woher der Karli sein Talent hat – von der Mama!

Von der großen Arbeitslosigkeit 1937/38 waren auch meine Eltern betroffen. Der Grund, der einzige Grund, warum mein Vater nicht gegen den Anschluss war: Hitler kam, und er und viele, viele andere hatten wieder Arbeit und Brot. Mein Vater war ein einfacher Mann, der sich nicht über Politik den Kopf zerbrochen hat, sondern nur darüber, wie er seine Familie ernähren konnte. Später hat er schmerzlich erkannt, wie die Menschen, wie wir alle manipuliert worden sind.

Den Einmarsch in Österreich haben meine Eltern bei Freunden im Radio miterlebt. Wir wohnten damals in der Ungargasse, schräg gegenüber war die Kaserne der Heimwehr. Ich stand natürlich bei der Heimwehr, die auf der Straße in Uniform Aufstellung nahm – Stahlhelm, Gewehr und rollendes Maschinengewehr –, um den Feind, der in Salzburg einmarschierte, aufzuhalten! Vater hat im Keller Hakenkreuze hergestellt, den Schraubstock besitze ich noch heute, und für jedes eroberte Gebiet ein Fähnchen in eine Landkarte gesteckt. Bis Hitler in Russland einmarschiert ist. An diesem Tag hat er die Karte von der Wand genommen, sie stumm zusammengerollt und in eine Lade gelegt. Ich war religiös und hatte daher keinen Bezug zur Hitlerjugend, musste aber zu den Heimabenden gehen. Ich drückte mich, wann immer es ging. Gegenüber der Domsakristei war das Haus der HJ. Wenn mein Freund Rudl und ich von der Messe kamen, haben wir immer mit dem Buben vom Heim gestritten. Einmal wurde eine Rauferei so heftig, dass wir abgehauen sind, daheim versteckten wir uns unter dem Bett. Ein Fähnchenführer, der natürlich wusste, wo wir wohnten, lies das ganze Fähnlein im De Cente-Hof aufmarschieren, schlug an das Fenster unserer Parterrewohnung und drohte: „Wenn du nicht kommst, holen wir deinen Vater ins KZ."

Davon habe ich doch schon einmal gehört! KZ? Soll ein Arbeitslager sein, wo Leute sterben! Der Herr Eller zum Beispiel hat gesagt: „Der Hitler ist ein Arschloch!" Von seinem eigenen Bruder wurde er angezeigt, und vierzehn Tage später kam er nach Dachau. Seine Frau bekam ein Schreiben, das er bei einem Arbeitsunfall gestorben ist.

Also ging ich zum Heimabend. Meine Mutter nähte mir eine Uniform. Wir trugen ein braunes Hemd, weiße Stutzen, schwarzes Halstuch und Knoten. Beim ersten Kriegsspiel im Wald bin ich dem Fähnleinführer auf den Rücken gesprungen und habe ihn so verdroschen, dass ihm das Blut heruntergeronnen ist. Das Manöver wurde abgebrochen, ohne Folgen für mich, und kurze Zeit später meldete ich mich zum Spielmannszug. Zwar übte ich daheim mit den großen Waschtöpfen, ein Trommler bin ich dennoch nicht geworden. Und wann immer es ging, habe ich mich geschlichen.

Hätte man die Zeichen erkennen müssen? Man hatte es, denn es gab bereits den kleinen Volksempfänger, bereits andere Radios, meine Eltern hatten bei Ott einen gekauft, mit denen man mehr als den Reichssender hören konnte. Zum Beispiel die regelmäßigen Nachrichten im englischen Feindsender. Nachrichten, die einem die Wahrheit sagten, die man aber nicht glauben konnte. Feindsender hören hieß Todesstrafe. Meine Eltern verfolgten ihn unter der Bettdecke, und ich stand am Küchenfenster, bei offener Oberlichte, und horchte, ob jemand in den Hof kommt.

1938 hat Mutter in einem Geschäft Ecke Ungargasse/Hauptplatz Bettwäsche auf Raten gekauft. Jede Woche einige Reichsmark, persönlich hingetragen. Eines Tages, es muss im September oder Oktober gewesen sein, sagte die Besitzerin: „Nein, Frau Mer-

katz, Sie brauchen nichts mehr zu zahlen, es ist alles vorbei!"
Und hat sehr geweint.

In der letzten Reihe saßen vier jüdische Buben, die plötzlich den
gelben Stern trugen.

Hätte man die Zeichen erkennen müssen?

Große Aufregung: Die Juden werden eingesperrt, hieß es. Ich
bin natürlich auch mit der Menge zur Synagoge gelaufen und
sah, wie ein SA-Mann auf einer hohen Leiter stand und den großen Davidstern herunterschlug. Frauen und Männer, die ich zum
Teil kannte, wurden zusammengetrieben. Die Frau vom Papier-
geschäft. Der Greißler, dem ich, während er nach hinten ging,
um Petroleum zu holen, ein Stollwerk gestohlen habe. Kinder.
Die Menschen waren schwarz angezogen, trugen Hut und Mantel, in den Händen Koffer. Und während sie in den Tempel gingen, fielen ihnen die Trümmer vom Davidstern auf den Kopf. Es
war der 9. November 1938, und ich habe das gesehen, von dem
man immer behauptet, dass man es nicht gewusst hat.

Mit zehn war ich Kegelbub im Arbeiterheim, das neben der Synagoge stand. Die Neugier hat mich getrieben, und ich drang in
den verwilderten Garten des Gebetshauses ein. Ich wusste nicht,
was mich erwarteten würde, aber ich wollte es wissen. Türen und
Fenster mit Brettern zugenagelt. Durch ein zerschlagenes Fenster
kletterte ich in den Keller. Der ganze Boden war bedeckt mit
Büchern. Ich ging hinauf in den großen Vorraum. Alles war leer,
alles war still, unheimlich. Ich schlich mich die Treppen hinauf in
den ersten Stock. Ein kaputtes Radio lag da, sonst nichts, kein
religiöser Gegenstand. Ich bekam Angst, dass mich jemand entdecken könnte. Wieder in den Keller, wieder durch das Fenster
hinaus und durch die Zaunplanken davon. Nach dem Krieg
erfuhr ich, dass der Tempel angezündet werden sollte. Aber
schon vor der so genannten Reichskristallnacht hatte man
beschlossen, im untern Teil eine Garage und im Oberstock einen
Saal mit Bühne und Garderoben einzurichten. Durch einen spä-
teren Bombentreffer wurde die Synagoge aber zerstört.

Am 15. August 1943 war es so weit: erster großer Fliegeralarm, um 12.30 Uhr erfolgte der Bombenangriff auf Wiener Neustadt. Ich saß am Fenster und bastelte an einem Flugzeug, der Möwe, als ich das monotone Brummen hörte. Die Amerikaner flogen tief, sehr tief, vielleicht 300 Meter. Wir rannten los. Wohin? Luftschutzkeller war keiner zu erreichen, also stellten wir uns unter einen Türstock. Alles in allem eine Stunde hat der Angriff gedauert, dann: Entwarnung. Es waren nur die Flugzeugwerke angegriffen worden, und die lagen am Rande der Stadt. Es kamen auch schon die ersten Arbeiter aus der Fabrik, auf Lastwagen, verwundet, blutverschmiert, schreiend, jammernd, auf dem Weg zum Spital bei uns ums Eck. Und die bange Frage: Wo ist Vater? Nach zwei Stunden ist er endlich gekommen, unverletzt. Ich habe übrigens nie wieder ein Modellflugzeug angerührt.

In immer kürzeren Abständen flogen die Amerikaner Angriffe auf Wiener Neustadt. Die Luftschutzkeller waren oft überfüllt. Wir liefen immer in den Apollokeller. Wieder Fliegeralarm. Diesmal wollten wir in den Keller der Peters Kirch, es hieß, er sei der sicherste. Mutter, meine Schwester Hilda mit ihrem Sohn Frederl und ich rannten zum Peterskeller. Zum ersten Mal stand ein Schupo auf der Straßenkreuzung: „Der Peterskeller ist voll! Apollokeller!" Kaum drinnen, wackelten auch schon die Wände. Es war einer der starken Angriffe. Der Peterskeller hatte einen Volltreffer. Alle Toten wurden erst nach dem Krieg ausgegraben. Detail am Rande: Hildas Mann Fredi hat aus Paris, wo er stationiert war, ein Ferkel geschickt. Keine Ahnung, wie er das geschafft hat. Tief gefroren, weil es Winter war und eisig kalt. Jedenfalls habe ich das Paket in Empfang genommen, ausgepackt und das Ferkel auf einen Sessel gesetzt. Meine Eltern haben nicht schlecht geschaut, als sie nach Hause kamen! Fredi ist übrigens während der letzten Kriegstage auf der Fahrt nach Berlin dort nicht mehr angekommen …

Es ging Schlag auf Schlag. Die Fliegerangriffe auf Wiener Neustadt wurden immer heftiger, so dass die Schulen evakuiert wur-

*Der Ministrant ganz rechts, das bin ich: die brave Seite des schlimmen Karl.*

den. Meine Mutter wollte nicht, dass ich verschickt werde, so fanden wir in der Kirchau bei Scheiblingkirchen bei einer Kleinhäuslerin ein Zimmer. Zwei Betten, ein Tisch und ein Kasten, dazu ein kleiner Ofen – über ein Jahr wohnten wir dort.

Und zu Ostern 1945 kamen die Russen. In der Karwoche die Flüchtlinge aus der Batschka mit Pferdewagen, Ochsengespannen, Kühen. Zwei Tage dauerte dieses Vorbeiziehen. Anschließend einige hundert ungarische Soldaten. Gegenüber auf der Wiese zogen sie ihre grün-gelblichen Uniformen aus, zogen mitgebrachte Kleidung an und verschwanden im Wald, auf der Straße, ich weiß nicht, wohin. Die Wiese war bedeckt mit Uniformen, Waffen, Munition. Am nächsten Tag folgte die Deutsche Wehrmacht. Pferdewagen, Autos, Panzer, Fußtruppen. Es wurde alles mitgeschleppt, was Waffe war. Sie waren auf der Flucht. Die Raketen der Stalinorgel zogen pfeifend über unser Tal, und am nächsten Tag war es so still als wäre Frieden.

25

Am Ostersonntag hieß es: Die Russen kommen! Wir versteckten uns im Wald und schauten voller Angst zur Straße. Eine geordnete Kolonne kam, seitlich flankiert von Soldaten, die mit ihrer Puschka in den Wald schossen. Dabei bemerkten wir nicht, dass fünf, sechs Meter hinter uns russische Soldaten mit einem Maschinengewehr in Stellung gegangen waren. Plötzlich eröffneten sie das Feuer und schossen über unsere Köpfe hinweg. Mit erhobenen Händen wurden wir zum Bauernhaus zurückgeführt, das von Russen voll besetzt war. Zum Glück war den Bewohnern, ihren Kindern und ebenfalls einquartierten Wienern, darunter eine 92-jährige Frau, die ständig rief „Der Kaiser kommt, der Kaiser kommt!", nichts passiert.

Wir wurden in der Küche zusammengetrieben, man verbot uns, das Haus zu verlassen. Stoijan, ein serbischer Kriegsgefangener, hielt sich nicht daran und ging hinaus. Er lag drei Tage tot vor der Tür …

Angst, unbeschreibliche Angst beherrschte uns alle. Der erste Tag ging vorüber, die Nacht. Keiner hatte ein Auge zugetan, denn wir saßen zusammengepfercht in der Küche. Am zweiten Tag, am Nachmittag, hieß es: Alle Frauen ins Schlafzimmer. Die Frauen weigerten sich, die Männer sagten nein, ich stand stumm daneben. „Nix gute, alle schissen!" Man trieb uns vors Haus, Gesicht zur Wand, Arme erhoben. Ein russisches Kommando. Die Gewehre wurden repetiert, der Verschluss schnappte, für ein paar Sekunden Totenstille. Dann wurden wir wieder in die Küche getrieben. Keine Frau wurde verschont. Außer meine Mutter und die 92-jährige, für die der Kaiser gekommen war.

Am Ende dieses schrecklichen Tages saß ich auf der kleinen Kinderbank in der Ecke. Ein Soldat rückte seinen Stuhl vor mich, breitete ein weißes Tuch über seinen Schoß, zog einen Revolver aus seiner Tasche und zerlegte ihn. Er sah mich immer wieder an. Er putzte den Lauf, setzte die Trommel ein, ließ sie durchrattern. Dann öffnete er die Trommel, schob sechs Patronen hinein, ließ die Trommel noch einmal durchrattern, sah mich an, hob den

Revolver und setzte mir den Lauf an die Stirn. Langsam, ganz langsam krümmte er den Zeigefinger. Ich erstarrte. Plötzlich ein Ruck, und ein Schuss donnerte über meinen Kopf hinweg in die Wand. Wenn ich die Bauersleute besuchte, konnte ich noch lange das Loch sehen. Und auch später, als sie die Küche ausmalten, haben sie die Kugel in der Wand gelassen.

Es war eine schlimme Zeit. Ich will all das, was damals noch geschah, nicht weiter schildern. Aber heute weiß ich, was im Irak passiert, weiß, was in Jugoslawien passierte, was noch in Afrika passiert. Welche Gewalt Soldaten in ihren Uniformen haben.

Wir wollten uns das Leben nehmen. Vater hatte vier Stricke, einer fehlte noch. Ich saß am Fenster und bat die Mutter Jesu um Hilfe. Ein russischer Soldat kam. Er wollte zu den beiden Frauen, die über uns in einem Zimmer wohnten, aber er setzte sich auf die Treppe vor unserer Tür und blieb den ganzen Nachmittag und die ganze Nacht dort sitzen. In der Früh ging er wieder, aber vorher gab er mir noch einen Wecken Brot.

Es kam der 8. Mai 1945. Kriegsende. Die Freude über den Frieden ließ uns weinen. An diesem Tag wurde der De Cente-Hof in Wiener Neustadt von den Russen angezündet.

Im August wurde es etwas ruhiger. Der Bauer hatte eine Schwester, die in Großhöflein bei Eisenstadt lebte. Ihr Mann war ein Anhänger der Nationalsozialisten, so flüchtete sie aus Angst vor den Russen. Wir erfuhren, dass der Hof, wenn niemand ihn bewirtschaftet, freigegeben wird. Liesl, die 26-jährige Tochter des Bauern, machte sich mit mir auf den Weg. Jeder einen Rucksack voll Essen auf dem Buckel, schlugen wir uns ins Burgenland durch. Immer am Waldrand entlang, immer versteckt. Wenn wir einen Wagen hörten, sind wir in einen Graben gehüpft.

Erschöpft angekommen, fanden wir den Hof halbwegs in Ordnung vor und machten uns sofort an die Arbeit. Von August bis November ging ich Liesl vor allem im Weingarten zur Hand, so gut ich eben konnte. Im Haus war ein Russe einquartiert, der sich immer gefürchtet und am Abend einen schweren Kasten vor die Türe geschoben hat. Es waren eben nur Menschen wie wir. Während der Zeit der vielen Vergewaltigungen in Kirchau war ein russischer Soldat einige Tage im Haus des Bauern. Wir waren in der Küche, als er uns eine Fotografie zeigte, von seiner Frau und zwei Kindern. Er zeigte auf das Foto und fing zu weinen an: „Meine Frau, mein Kind, SS kaputt!" Auch mir liefen die Tränen runter. Von draußen hörte man einen Trupp Soldaten. Er sprang auf, öffnete schnell die kleine Tür eines Milchkammerls in einer Nische, drängte die vier Frauen, die in der Küche waren, hinein, verschloss es und setze sich mit seinem Stuhl davor. Der Trupp stürmte herein und einer schrie mich an: „Frauen!" Ich schüttelte den Kopf. Der Russe vor dem Milchkammerl sagte etwas in ihrer Sprache, und sie verließen die Küche wieder.

Meine Eltern und meine Schwester waren wieder in Wiener Neustadt, im November 1945 kam ich nach. Ich war fünfzehn und – trotz aller Erlebnisse – unbeschwert. Auch mein Freund Rudl war wieder in der Stadt, und es wurde langsam Alltag. Wir wohnten im Kriegsspital, nicht weit vom Flughafen entfernt. Ein Freund von Niki, der mit dem Petroleum, fing mit allem Möglichen zu handeln an. Er schraubte die Zünder von Granaten heraus, von Minen. Wir wussten, wo das deutsche Militär all das Gerät gelagert hatte. Er sagte uns auch, die Uhren aus den Flugzeugen der Russen wären besonders gut zu verscherbeln.

Obwohl die Russen ihre Flugzeuge scharf bewachten, es waren nur Jagdflugzeuge, MiGs, schlichen Rudl und ich uns aufs Gelände. Jeder kletterte in eine Maschine, und wir begannen die Uhren herauszuschrauben. Als wir beide eifrig am Werkeln war, hörten wir plötzlich „Stoj! Halt!" und schauten in den Lauf einer Maschinenpistole. Wir wurden, Hände hoch, zum Flughafengebäude getrieben. Die Strafe war vergleichsweise gering: Wir mussten vor einer großen Halle Holz schneiden. Was wir nicht mitbekamen: Kleine Kinder hatten den Vorfall beobachtet, meldeten es den Erwachsenen, und bald darauf standen etliche Leute vor dem großen Tor in der Theresienfelderstraße: „Lasst die Buben raus! Lasst die Buben raus!" Ich durfte um fünf Uhr, nach drei Stunden harter Arbeit, gehen, Rudi musste bleiben. Er verlangte etwas zu essen und – frech – ein Getränk. Worauf ihn die Russen zwangen, eine ganze Flasche Wodka auszutrinken. Er wäre beinahe draufgegangen. Sein erster Vollrausch, und Uhren hatten wir auch keine.

Am Nachmittag trieb ich mich mit meiner Blas'n, dem Willi, dem Kurtl, dem Franz und dem Rudi, herum. Außerhalb von Wiener Neustadt war ein Bombentrichter und drinnen lagen Hellebarden, Lanzen, Säbel, angebranntes Holz und Schutt, offenbar aus einem zerstörten Museum achtlos weggeschmissen worden. Zwei Lanzen haben der Rudi und ich mitgenommen und damit aufeinander geworfen. Pech – ich traf Rudis Schädeldecke. Glück – er hätte tot sein können.

Zuerst haben wir die Wunde, unser Schlachtfeld befand sich direkt neben der Großen Fischa, ausgewaschen, dann hieß es: Kappl auf den Kopf und heimgefahren. Es dämmerte bereits, Rudi saß leichenblass auf seinem Fahrrad. Zu Hause nahm er das Kappl nicht ab, drunter war alles blutig. Der Vater fragte „Was ist los?" „Ich bin mit dem Fahrrad gestürzt!" Weil man damals mit „Kleinigkeiten" zur Feuerwehr ging, machte er sich auf den Weg, klopfte ans Fenster und wurde, weil das Tor zu weit entfernt war, von flink helfenden Händen durchs Fenster hineingezogen. Die Florianijünger sahen die Wunde, sagten: „Da könn' ma nix machen!" und schickten Rudi ins Krankenhaus. Und weil's einfacher war, wurde er erneut aus dem Fenster gehievt, diesmal in die andere Richtung.

Lange Rede, kurzer Sinn: Er wurde mit acht Stichen genäht und hatte seitdem einen auffälligen Scheitel. Böse war er mir deswegen nie – war ja alles nur ein Spiel! Übrigens: Er hat meine Cousine Martha geheiratet, und so blieb's in der Familie.

# „Karl, weißt eh,
# was ein Mann braucht?"
## Lehr- und Gesellenzeit

Unser Leben hat sich langsam wieder normalisiert, und so stellte sich die Frage: Wie geht es weiter? Für uns alle galt das bekannte Sprichwort „Zum Leben zu wenig und zum Sterben zu viel". Vater hat wieder Arbeit bekommen. Die Rax-Werke, die Flugzeugwerke, wo er während des Krieges beschäftigt gewesen war, gab es ja nicht mehr. Am Anfang war es mehr ein Aufräumen, und der Verdienst war nicht alle Welt. Aber so ging es nicht nur uns, sondern vielen in der Stadt. Die Zeit des Hamsterns begann. Mit allem Möglichen, was noch übrig geblieben war, wurde Schleichhandel getrieben. In den Flugzeugwerken standen Waggons voll mit farbigem Seidenpapier. Vater brachte eine größere Menge davon mit nach Hause, und wir schnitten daraus die Christbaum-Zeltl'n für die kleinen Süßigkeiten. Wir hatten einen ganzen Rucksack voll und gingen Kilometer bis tief ins Burgenland, um sie bei den Wein- und Viehbauern für Erdäpfel oder Eier einzutauschen. Ab und zu war auch ein Stück Speck dabei. Bis man aber einen halben Rucksack solcher Lebensmittel zusammenbrachte, dauerte es oft einen ganzen Tag und länger. Schwierig war es auch, die Glücksgüter nach Hause zu bringen. Hamstern war verboten und wurde von den Russen, wenn sie einen erwischten, bestraft, indem sie einem das schwer Erstandene abnahmen. So wurde es oft tiefe Nacht, bis man über Schleichwege, quer durch Felder und Auen, wieder in die Stadt kam.

Gleich nach dem Krieg haben wir Freunde uns wieder getroffen, der Kurtl Polaschek, sein Bruder Fredl, der ein bisserl jünger war, der Hanecker Willi, der Franz Lockel, und sind herum-

*Nach dem Krieg hat sich die Blas'n wieder zusammengefunden, und wir spielten mit Begeisterung Theater. Ich throne hier in der Mitte.*

gezogen. Wir waren eine Blas'n, wie man damals sagte, und zwischen den rivalisierenden Blas'n hat es immer wieder Raufereien gegeben. Mit dem Schottleitner Heini zu Beispiel. Er gehörte nicht zu uns und machte einen fatalen Fehler: Er hat den Kurtl beleidigt. Wird schon nicht so arg gewesen sein, aber wir wollten uns rächen. Also sind wir auf unseren zusammengestoppelten Fahrrädern zu seinem Haus gefahren. Der Kurtl ist hinein, hat geklopft, die Mutter hat aufgemacht: „Der Heini soll rauskommen!" Ich stand mit ein paar anderen unten und wartete. Nun hatte der Heini einen Sprachfehler: „Wwwas wwwillst dddenn?" Der Kurtl sagte: „Komm mit, der Karl ist auch draußen." Und draußen haben wir ihn dann zu viert oder fünft verprügelt. Die Frau Schottleitner hat das mitbekommen und geschimpft: „Lasst's den Buam, lasst ihn in Ruhe!" Das war so üblich und hat der Freundschaft keinen Abbruch getan. Einmal haben wir uns geprügelt, dann wieder verstanden.

Apropos Schottleitner Heini. Jahre später. Ich war, aus der Schweiz zurück, wieder in Wiener Neustadt und sah bei einer Autobushaltestelle einen Mann stehen. Heller Trenchcoat, den Kragen aufgestellt, einen Hut auf. Ich erkannte ihn sofort: „Servus, Heini!" „Ssservas, Karl!" „Was machst denn"? „I wwwarte auf den Bus." „Ja, schon klar, hab ich mir eh gedacht, aber ich meine, was du beruflich machst." „Ich bbbin DDDetektiv." „Und was machst als Detektiv?" „Bbbeschattungen. Wenn eine Frau was mit an anderen hat, stehe ich oft die ganze Nacht und warte, bis er rauskommt." Das war der Heini.

Wir haben aber nicht nur gerauft und unsere Streitigkeiten ausgetragen, wir Buben gingen auch regelmäßig gemeinsam in die Vorstadtkirche, die von einem niederländischen Pfarrer, sein Name war Teixtra, geleitet worden ist. Und wir besuchten einmal in der Woche Pater Bernhard in seinem Zimmer im Zisterzienserstift Neukloster. Pater Bernhard wurde zu einem ganz wichtigen Menschen in meinem Leben, und er ist es bis zu seinem Tod geblieben.

Er war unser Beichtvater, ein geselliger Herr mit Baucherl. Mit ihm konnten wir über alles reden, was uns Buben, wir waren mit unseren fünfzehn Jahren ja noch in der Pubertät, so durch den Kopf gegangen ist. Wir stellten ihm die Fragen, die wir uns unseren Eltern nie zu stellen getraut hätten. Wie das so ist mit den Mädchen, mit dem Kinderzeugen. Wir wussten schon Bescheid, wie es läuft, aber so ganz genau halt doch nicht … Von Pater Bernhard haben wir auch das Kaffeetrinken gelernt, damals, so knapp nach dem Krieg, war Kaffee ja eine Rarität. Aber nicht nur trinken, auch zubereiten. Man nimmt fünf Löfferl Kaffee, lässt das Wasser aufkochen, lüftet kurz den Deckel, gibt ihn wieder drauf, lässt das Ganze weiterkochen, lüftet ihn noch einmal, leert dieses Gebräu dann in Tassen …

Sein Zimmer war ein einziges Chaos, auf dem Boden, auf dem Tisch, auf jedem Sessel lagen Bücher und Zeitungen. Wir durften uns nur ganz vorsichtig in dem Raum bewegen, um ja nicht irgendwo drauf- oder reinzutreten. Und wenn's doch passierte, wurde uns gleich eine Watsch'n angetragen. Pater Bernhard war ein sehr guter Klavierspieler und wir lauschten andächtig, wenn er uns Beethoven oder Schubert vorspielte. Aber nicht so andächtig, dass uns nicht doch etwas eingefallen wäre. Wenn er am Klavierstockerl saß, hing sein Talar bis auf den Boden hinunter. Er spielte immer mit geschlossen Augen, ganz versunken. Einmal habe ich seine Soutane am Boden mit Reißnägeln festgemacht. Er stand auf und ist sofort wieder, wie von einer unsichtbaren Hand niedergezogen, auf den Sessel zurückgefallen. Der Lockel Franz, der neben ihm gestanden ist, hat dafür eine Ohrfeige bekommen.

Die Zisterzienser haben unsere Besuche nicht gern gesehen, weil wir durchs Kloster getobt sind und dabei gewaltigen Krach gemacht haben. Pater Bernhard bekam daraufhin ein größeres Zimmer, im Vorhaus, und dort hat es nach kurzer Zeit wie im alten ausgeschaut: Bücher, Zeitungen, Unterlagen, hingelegt, wo gerade ein Platzerl frei war.

Jetzt mache ich einen kleinen Sprung in die Zukunft. Martha und ich haben in Heilbronn standesamtlich geheiratet. Nur standesamtlich, und Pater Bernhard hat meine Frau deshalb immer liebevoll Konkubinatscherl genannt. Wir holten die kirchliche Hochzeit aber kurze Zeit später nach, und natürlich hat uns Pater Bernhard getraut. Und als ich nicht sofort den Ring fand, wurde er ungeduldig: „Wo ist der Ring? Gib ihn sofort her, tepperter Bua!" Pater Bernhard. Ich besuche öfter sein Grab in Heiligenkreuz.

In der Vorstadtkirche habe ich in der Sakristei ausgeholfen, den Mesner gemacht, was halt so zu tun war. Wir haben angefangen, in einem kleinen Zimmerchen in der Pfarre Theater zu spielen. Dazu stellten wir vier größere Tische zusammen, das war unsere Bühne, sieben, acht Stühle haben wir zusammengebracht, und dann ging's los. Wir machten uns Texte aus, besprachen alles, probten sogar ein bisserl, trieben irgendwo Kostüme und Requisiten auf, und dann haben wir die Kirchenweiberln, wie wir sie nannten, eingeladen. Damals gab es ein Theaterstück, das überall bekannt war: *Der verlorene Sohn*. Das haben wir gelesen und so halbwegs gespielt. Der Kurtl war die Mutter, ich der verlorene Sohn. Ich kam aus der Fremde heim, bin auf den Tisch hinaufgestiegen, die Mutter lag auf einem Polster, und ich deklamierte: „Mama, i bin wieder daham!" „Na so was, Bua!" Tränen, Rührseligkeit. Und die Kirchenweiberln haben geweint und geschluchzt. Da hab' ich dem Kurtl zugeflüstert: „Mach ma's noch amal!" Und so haben wir die Szene wiederholt, mit dem gleichen phänomenalen Erfolg.

Später durften wir dann im Gewölbekeller spielen. Wir machten sauber, räumten das ganze Zeug, das da herumlag, weg und schufen uns eine schöne Fläche. Irgendwo trieben wir ein Podest auf und bastelten uns eine Wand, hinter der wir uns umziehen konnten. Vorne ein paar Stühle hingestellt, zwanzig oder was wir halt zusammenbrachten, und unser Theater war fertig. Es gab damals so kleine Theaterhefterln, nach denen spielten wir. Der Kurtl und der Fredl verkleideten sich gern und übernahmen die Frauenrollen. Umwerfend war der Kurtl als Pusztamadel, mit roten Stieferln hat er Czárdás getanzt und dabei gesungen – auf Ungarisch. Ich habe Monologe gelernt, mich hingesetzt und sie vorgetragen. Und die Leute sind gekommen.

Das haben die Pfadfinder mitgekriegt. Sie hatten kurz vorher eine Theatergruppe aufgebaut und luden uns ein, bei ihnen mitzuspielen. In ihrem Theatersaal, mit einer richti-

*Pater Bernhard wurde zu einem ganz wichtigen Menschen in meinem Leben.*

gen Bühne, mit Vorhang und Kulissen. Wir schauten uns die Sache an und sagten ja, wir machen mit. Wir waren eine eingeschworene Gruppe, es lief – fast – professionell. Wir probten, Kurat Nickmann hat diese Proben geleitet und Regie geführt. Ein älterer Herr, Zelesny hieß er, stellte die Kulissen zusammen und zeigte uns, wie man sich schminkt. Ich nahm zum Abpudern eine Hasenpfote, von einem Hasen, den wir gegessen hatten. Die Mutter machte so eine Lederstulpe hinten aufs Haxerl dran, ich habe sie heute noch. Ja, Theater spielen, das war's, aber …

Der Wiederaufbau hatte bereits begonnen, und so stellte sich auch für mich die Frage: Was willst du denn werden? Mein Wunsch? Schauspieler, obwohl es kein definitiver Berufsbegriff war. Der Wunsch meiner Eltern aber war: ein richtiges Handwerk, davon kann man leben, Schauspieler ist ein Hungerleiderberuf. Als braver Sohn wählte ich das Handwerk.

Schräg gegenüber von jenem Haus, in dem wir während des Krieges gewohnt hatten, gab es eine Tischlerwerkstatt, die Firma Herbst. Als ich so zehn, elf Jahre alt war, besorgte ich mir dort immer das Holz für meine Laubsägearbeiten. Meine Eltern kannten Herrn Herbst, er kannte mich, und als meine Mutter bei ihm vorsprach, war er einverstanden, mich in die Lehre zu nehmen. „Ab nächstem Jahr kannst kommen", sagte der Meister. Das war im Dezember 1945. Der 1. Jänner ist ein Feiertag, also fing ich am 2. an. Am 2. Jänner 1946 bin ich bei ihm in die Lehre eingetreten und habe drei Jahre Lehrzeit für Bau-, Portal- und Möbeltischlerei hinter mich gebracht. Wenn auch nicht ganz problemlos.

Eigentlich wollte ich ja zum Theater, und dies Wollen blieb auch während der Lehrzeit. Auf der Pfadfinderbühne spielte ich meine ersten größeren Rollen, so schlief mein Traum nicht ein. In Wiener Neustadt gab es das Stadttheater, das ab der Herbstsaison 1946 vom Badener Theater bespielt wurde. So oft es ging, waren Kurtl, Fredl und ich Stehplatzbesucher. Das Theater ließ uns drei nicht los. So lernte ich als Tischlerlehrling nebenbei meine Rollen. Damals trug man noch den Tischlerschurz, den ich übrigens noch immer in meiner Werkstatt anhabe, und im oberen Schurz, innen, steckte mein Textbuch.

Die Tischlerei war durch einen Bombentreffer im Oberstock zerstört worden, im Hof lagen Berge von Schutt. Die Werkstatt war schon aufgebaut, als ich begonnen habe. Ein Geselle, der sich gut damit auskannte, hat die Maschinen gerichtet. Sie waren nicht verbrannt, aber dreckig und rußig, total unbrauchbar. Ich habe also das erste halbe Jahr meiner Lehrzeit Schutt gefahren, er musste ja weggeräumt werden. Da gab es keine Klagen oder Beschwerden. Aber stundenweise war ich doch in der Werkstatt tätig, Holz richten, zusammenkehren. Mehr nicht. Und heimlich Text lernen …

Ein wenig naiv war ich natürlich. In den ersten vierzehn Tagen kam ein Geselle und sagte: „Heiz in der Waschküche ein und mach heißes Wasser. Das brauchst du, um die Hobelbänke zu waschen." Ich habe natürlich gehorcht, bin in die Waschküche gegangen und habe kräftig eingeheizt. Als ich gerade mit dem Kübel voll heißem Wasser über den Hof ging, kam die Meisterin daher: „Was machst denn da?" „Ich soll die Hobelbänke waschen." Hab ich schon fast eine Watsch'n gehabt : „Blöder Bua, du, wer wascht schon Hobelbänke?!" Und hat mich zurückgeschickt. Das war so die Art, einen Anfänger reinzulegen.

Es dauerte dann sehr lange, bis ich tatsächlich mit der Tischlerei in Berührung gekommen bin. Zuerst mussten wir zu zweit, ich, der G'spote, also der Lehrling, der zuletzt gekommen war, und der vor mir, Holz vom Holzplatz holen. Der Holzplatz war am Rande der Stadt, und natürlich mussten wir mit eigener Kraft den Plateauwagen ziehen. Wer hatte schon ein Lastauto? Wir legten also die Bretter und Pfosten drauf, und dann ging's los, zurück in die Werkstatt. Die Straßen waren nicht annähernd so schön asphaltiert wie heute, es rumpelte dahin auf dem Stöckelpflaster.

Daheim war dann der Holzplatz zu richten. Es ist eine ganz wichtige Arbeit für einen Tischler, die Bretter so zu stapeln, dass die linke Seite nach unten, die rechte nach oben schaut. Alles geordnet nach Länge, drei-, fünf-, sechsmetrig. Sie durften sich nicht verbiegen, sie mussten ganz gerade sein. Auch das hatte ich zu lernen. Wenn wir einen Stoß, vielleicht so zwei Meter hoch, drei Meter breit, aufgeschichtet hatten, und der Meister kam zur Kontrolle und auch nur ein Brett lag verkehrt, mussten wir alles wieder abdecken und das eine Brett ordentlich drauflegen. Das waren keine Schikanen, das waren absolute Notwendigkeiten. Es tut mir weh, wenn ich heutige Tischler sehe, wie die mit dem Holz umgehen. Ich kann nicht anders, als ein Brett richtig hinzulegen.

Dann kam das Hobeln. Mit der Hand. So lange, bis man endgültig wusste, was ein Hobel ist. Am Anfang habe ich mehr Schiefer in der Hand gehabt, als Späne am Boden lagen, bis ich es wirklich konnte. Es gibt viele Tischler, die das nicht mehr beherrschen. Ich kenne einen, der hat nicht einmal einen Hobel in seiner Werkstatt. Es ist so ein schönes Gefühl, wenn der Span so fein ist, dass er aus dem Hobel zischt! Erst in der zweiten Hälfte vom ersten Lehrjahr durfte ich mein erstes Werkstück anfertigen, einen Schemel. Dann ein Stockerl. Die Gesellen haben sorgfältig kontrolliert, ob auch alles in Ordnung war, dann wurden die Stücke verkauft.

Es hat mir Freude gemacht, als Tischler zu arbeiten. Obwohl: Anstrengend war es schon. Zuerst einmal der Weg. Ich musste vom Kriegsspital, wo wir wohnten, jeden Tag in die Stadt gehen, das waren rund vier Kilometer. Autobusse gab es damals ja nicht, und ein Rad besaß ich auch nicht. Und wenn, hätten es mir die Russen sofort weggenommen. Damals fing die Arbeit um sieben Uhr an, ich bin also um sechs Uhr von daheim weggegangen. Neuneinhalb Stunden betrug die Arbeitszeit pro Tag, eine Stunde war Mittagspause. Man wärmte auf dem Ofen das Mittagessen, das man in einem Reindl mitgebracht hatte, nach dem Essen lag man eine halbe Stunde auf der Hobelbank und hat sich ausgerastet. Und dabei habe ich meinen Text gelernt. Dann ging es weiter, bis zum Abend.

In meinem zweiten Jahr kam der nächste G'spote, ich war bereits der zweite Lehrbub. Und obwohl ich schon ein bisschen selbstständiger arbeiten durfte, machte mir die Tischlerei immer weniger Freude. Und das lag an einem einzigen der Gesellen, an dem, der mich zu beaufsichtigen hatte.

Wir hatten drei Gesellen, einer war Kommunist, einer Sozialdemokrat und der dritte, dem ich unterstellt war – ja, der hat sich immer mit seiner politischen Einstellung gebrüstet. „Schau her!" Er schob den Hemdärmel bis zur Achsel hoch und er zeigte mir die eintätowierte Nummer der SS.

Wenn er irgendeine Arbeit gemacht hat, eine Türe reparieren, einen Fensterstock anfertigen, was auch immer, und er brauchte ein Stemmeisen, nannte er, wie es üblich ist, nur knapp eine bestimmte Zahl: 20er, 24er, das ist die Breite. Wenn er 20er sagte, und ich habe ihm irrtümlich das 18er-Eisen gegeben, gab es gleich eine mit der verkehrten Hand ins Gesicht. Nicht nur ein-

# Gesellen-Brief

Von der unterzeichneten Innung wird bekundet, daß auf Grund des vorgelegten Lehr= und Gesellenprüfungs=Zeugnisses

Karl Meerkatz

geboren am 17.November 1930 in Wiener Neustadt

Bezirk Wiener Neustadt Land Nied.Österreich zuständig

nach Katzelsdorf Bezirk Wr.-NeustadtLand Nied.Österr.

das Tischler - Handwerk bei Carl Herbst,Tischl.M.

in Wiener Neustadt von 3.I.1946 bis 2.I.1949

und den umseitig genannten Lehrmeistern in der vorgeschriebenen

Lehrzeit von -drei - Jahren erlernt und die Gesellenprüfung am

13.-15. Dez.1948 vor der Prüfungskommission der Tischler - Innung

bestanden hat und somit zum Gesellen gesprochen wird.

Wr.-Neustadt , am 2.Jänner 19 49

Der Innungsmeister:

BERNHARDT – WIEN VI.

*Geschafft! Am 2. Jänner 1949 bekam ich meinen Gesellenbrief.*

mal. Ständig. Oder er kritisierte: „Immer in das blöde Theater-
heftl einschauen und net aufpassen!", und schon hatte ich wieder eine. Er hat mich manchmal so geschlagen, dass mir das Blut
aus der Nase geronnen ist. Keiner von den anderen Gesellen hat
das je gesehen, keiner hat es sehen wollen.

Aber es gab auch einen anderen. Er war in der kleinen Werkstatt,
dort, wo die feineren Arbeiten an den Möbeln zu verrichten
waren. Mit ihm kam ich besonders gut zurecht, von ihm habe ich
auch einiges gelernt. Er ist heute ein alter Herr von 86 Jahren.
Meine Schwester wohnt in Lichtenwörth, und im übernächsten
Nachbarhaus ist er daheim. Ich habe meiner Schwester oft
gesagt, „Lass ihn schön grüßen." „Den sehe ich ja nie, der ist ein
bisserl krank", meinte sie. Doch dann rief sie mich an: „Stell dir
vor, ich habe ihn zufällig getroffen. Er lässt dich auch sehr schön
grüßen. Er freut sich so über dich, dass du es so weit gebracht
hast." Den anderen würde ich gerne wiedersehen, den SSler, er
wird schon noch leben, er war Burgenländer. Was er mir wohl
sagen würde …?

Ich habe mich beim Meister beschwert, aber das hat gar nichts
genützt. „Geh, Karli, ist doch nicht so schlimm …", war alles,
was ich von ihm hörte. Ich habe lange durchgehalten, bis zur
Mitte des zweiten Lehrjahres. Damals habe ich schon ordentlich
gearbeitet und hatte den Auftrag, im Dorotheum in Wiener
Neustadt etwas zu reparieren – wir sind ja auch auf Stör gegangen. Und zwar oft, weil ja knapp nach dem Krieg viel kaputt
war, vor allem Fenster und Türen. Aber eines Tages hat es mir
endgültig gereicht. Viel habe ich zwar nicht verdient als Lehrbub, aber ein bisschen was konnte ich sparen. Das Dorotheum
lag gegenüber vom Bahnhof. Und ich bin in der Früh nicht dort
hinein gegangen, um meine Arbeit zu machen, sondern in den
Bahnhof und habe mir eine Fahrkarte gekauft. Ich wusste ganz
genau, bis wohin ich mit meinem Ersparten kommen würde, ich
hatte mich vorher erkundigt: bis zum Semmering, und genau bis
zum Semmering ging die Russenzone.

Bei mir kommt immer wieder der Drang zur Freiheit durch. Ich wollte frei sein, ich wollte mich nicht schlagen lassen. Ich wollte ich sein. Auch damals schon, als kleiner Tischlerlehrling. Ich konnte ja niemandem erzählen, was mir Tag für Tag angetan wurde. Ich war der so genannte Schwarze, politisch. Weil ich bei den Pfadfindern war, weil ich in die Kirche gegangen bin. Und der blöde Bub mit seinem Theater! Deswegen hat er mich geschlagen, nicht wegen eines falschen Stemmeisens oder einer verlegten Zange. Aber wer hätte mir das geglaubt? Meine Eltern hätten nur gesagt: „Geh, blöder Bua. Wird schon nicht so arg sein." Und der Chef: „Hearst, Karli, sei net so, jeder kriegt einmal a Watsch'n." Das hat damals dazu gehört, aber bei mir eben nicht. Drum wollte ich weg, ich habe das nicht mehr ausgehalten.

Das Geld hat mich also bis zum Semmering getragen, und dann ging ich los, so weit die Straße reichte. Ich bin einfach marschiert. In meinem Arbeitsg'wand, mit meinem Tascherl mit dem Essensreindl. Damals gab es nicht die vielen Autos wie heute, auch fast keine Traktoren. Irgendwann im Laufe des Vormittags kam mir doch ein Lastwagen entgegen, das einzige Auto, das fuhr. Dann war Mittagszeit. Ich hatte Hunger, habe mich am Straßenrand niedergesetzt, mein Reinderl aufgemacht und, unvergessen, meine einbrennten Hund, also eingebrannte Erdäpfel, gegessen. Nicht viel, vielleicht die Hälfte, der Appetit war nicht sehr groß. Anschließend habe ich mein Reinderl wieder zugemacht, bin aufgestanden, und weiter ging's. Immer der Straße nach …

Am späten Nachmittag, ich war gerade durch eine Ortschaft gegangen, kam mir dieser Lastwagen hinten nach, er fuhr also in die andere Richtung, wieder nach Hause. Der Fahrer blieb stehen und fragte: „Bua, wo willst denn hin?" „I waß net, wo's halt hingeht." „Ich fahre bis Bruck an der Mur, willst mitfahren?" Also fuhr ich bis Bruck an der Mur. Dort bin ich am Abend so um sechs, halb sieben angekommen. „Was willst jetzt machen?"

„Schauen, dass ich eine Arbeit krieg. Wissen Sie vielleicht, wo ich schlafen könnte?" Ja, da gibt es ein billiges Wirtshaus.

Er hat mich aussteigen lassen, ich bin zu dem Wirtshaus gegangen und habe ein Bett gekriegt, In einem Zimmer mit fünf anderen. Und am nächsten Tag? Gleich aufs Arbeitsamt! „Ich hätte gern eine Arbeit. Ich komme aus Wiener Neustadt …" Ich habe alle notwendigen Angaben gemacht, wie es sich gehört. Es war eine andere Zeit, man hatte ein ganz anderes moralisches Empfinden als heute. Es war keine Frage, dass ich mir sofort, wirklich sofort, eine Arbeit suchen würde. So was wie „aussteigen" hat es nicht gegeben.

Am Arbeitsamt erfuhr ich: „Tischler werden nicht gesucht, aber du kannst bei einem Bäcker anfangen, der braucht einen Lehrling." Gut, gehe ich zu dem Bäcker. Er hat mich freundlich aufgenommen und mir unter dem Dach ein Zimmerchen gegeben. Ich habe beim Meister das Essen gehabt und ein paar Schilling verdient. Und als Bäckerlehrling habe gleich alles Mögliche machen müssen, was halt ein Bäcker so zu tun hat. Und ich hab's gern getan. Es ging so weit, dass ich in den paar Wochen, die ich dort war, auch Brezeln schlagen konnte. Natürlich habe ich gewusst, dass sich meine Eltern Sorgen machen. Die Zeit war ja immer noch unsicher, Leute wurden verschleppt, Männer und Frauen verschwanden einfach. Aber ich habe mich nicht gerührt, denn ich wusste, was passieren würde: Die Mutter wird kommen und mich zurückholen. Nach drei oder vier Wochen habe ich dann doch eine Karte geschrieben, und am übernächsten Tag war die Mutter da. Sie hat geweint, was ich denn mache, warum ich ihnen so Sorgen bereite. Und dann der befürchtete Satz: „Du musst wieder nach Hause kommen, das geht nicht, du kannst nicht dableiben."

Dem Bäcker haben wir die ganze Geschichte erzählt, und auch der hat mir gut zugeredet: „Geh heim, mache deine Lehre fertig! Alles andere wäre saublöd." Also musste ich zurück nach Wiener Neustadt. Meine Mutter ist mit mir zum Herbst gegangen: „Der

Karli hat es nicht mehr ausgehalten, er ist weggelaufen, weil er dauernd g'haut wird." Und wieder die gleichen Beschwichtigungen: „So schlimm ist es nicht, Karli, i waß eh, bist a braver Bua." Aber es hat keine acht Tage gedauert, habe ich wieder eine sitzen gehabt. Das hat mir dann die Tischlerei verleidet. Ich habe die eineinhalb Jahre noch fertig gemacht, mein Gesellenstück war ein Nachtkastl, und drei Monate später bin ich weg.

Aber den Beruf hatte ich, so ging ich nach Wien, um mir Arbeit zu suchen. Ich bekam ein Zimmer in einem Gesellenheim in der Gebrüder-Lang-Gasse bei der Kirche Maria vom Siege, im dritten Stock, gemeinsam mit einem anderen Burschen. Und dann? Wieder aufs Arbeitsamt! Ja, sie hätten eine Arbeit. In einer Möbelfabrik. Also gut, ich wurde aufgenommen. Das war vielleicht was! Die haben nur Küchenkredenzen gemacht, und ich hatte die Aufgabe, in die oberen Türln die Gläser einzusetzen, und zwar geätzte Gläser mit Muster, ziemlich teuer. Ich habe natürlich gleich eines kaputt gemacht, dann ein zweites. Man musste den Hammer an die winzigen Stifterln ansetzen und – bumm – das Glas war hin. Vierzehn Tage habe ich mich abgeplagt, dann hatte ich genug, diese stupide Arbeit hat mir nichts gegeben.

Wieder aufs Arbeitsamt. „Da hätten wir etwas, in einer Sargtischlerei." „In einer Sargtischlerei?" „Warum nicht, Arbeit ist Arbeit!" Es war eine riesige Halle, sechs, sieben Meter hoch, und drinnen befand sich, aufgeschlichtet bis fast an die Decke, ein Sarg nach dem anderen. Ich bin wie erschlagen davor gestanden: Nein, ich will keinen Sarg machen! Und bin wieder gegangen – und aufs Arbeitsamt: „San S' mir nicht böse …"

Das nächste Angebot: In einer Antiquitätentischlerei wird jemand gesucht. Das hörte sich gut an. Leider weiß ich nicht mehr, wo sie war. Heute noch würde ich hingehen, um zu sehen, ob es sie noch gibt. Die Werkstatt, im Souterrain gelegen, von der Straße aus drei, vier Stufen hinunter, war klein und schrecklich angeräumt, denn drinnen standen nicht nur vier Hobel-

*„Für die Bauernbühne wird es schon reichen!" – Ich habe Alfred Neugebauer sehr verehrt, aber das wollte ich nicht von ihm hören.*

bänke, sondern auch all die schönen alten Möbel, die zu reparieren und restaurieren waren. Es war verrußt und verdreckt, die Decke war schwarz vom Ofen. Und doch: Ich rieche die Politur heute noch. Wir waren zu viert. Der Altgeselle, der wesentlich jünger war, als ich jetzt bin, etwa 55, sechzig, der zweite war um die fünfzig, der dritte vierzig. Und ich mit meinen zwanzig Jahren.

Dort, in dieser kleinen Werkstatt, habe ich gelernt, mit Antiquitäten umzugehen, was mir bei allen Restaurierungsarbeiten in meinem Salzburger Haus zugute gekommen ist. Alles, was ich völlig verwahrlost und daher billig gekauft oder auf Hamburgs Straßen im Sperrmüll gefunden habe, eine Biedermeierkommode, einen Empire-Kartentisch, konnte ich mit diesem Wissen herrichten. Man hat mir gezeigt, wie man poliert, wie man die Politur richtet und sie richtig aufträgt. Das konnte ich ja nicht, das ist ja ein eigener Vorgang, den heute fast kein Tischler mehr beherrscht. Dabei wird Schellack mit Spiritus angesetzt, damals noch mit reinem Spiritus, und mit einem Stoffballen in regelmäßig kreisenden Bewegung auf Edelholz oder furnierte Möbel aufgetragen.

Die Gesellen, alle tüchtig und geschickt, hatten aber eine fatale Angewohnheit: Politur auf den Ballen, dann die Flasche angesetzt und einen Schluck getrunken. Alle drei haben Politur gesoffen! Sie waren ständig in Trance, von der Früh bis zum Abend. Und dann haben sie mich noch von Zeit zu Zeit aufge-

44

fordert: „Geh, Karl, geh rüber zum Greißler und hol uns ein Glaserl Rumverschnitt." So für zwischendurch. Und das Blöde: Sie haben mich zum Mittrinken gezwungen. Das hat dazugehört. Aber ich hab's nicht lange ausgehalten, nach vier, fünf Monaten bin ich auf und davon. Ich war ja auch immer angetschechert.

Als nächstes bekam ich Arbeit bei Wasicky in der Siebensterngasse. Das war ein Möbelgeschäft, ein teures Möbelgeschäft. Mit einer Werkstatt für Reparaturen und einer, in der die Möbel hergestellt wurden. Und dort fehlte jemand. Ich kam zu zwei Herren, beide so um die fünfzig, ausgesprochene Handwerker, wunderbare Männer. In diesem Raum standen die Furnierpresse und ein großer Ofen, der die Werkstatt aufheizte. Es musste beim Furnieren sechzig, siebzig Grad haben, denn der Leim durfte nicht kalt werden. Eine mörderische Hitze, wir sind alle drei in der Unterhose herumgelaufen. Wir hatten den Auftrag, in einem Jahr drei Schlafzimmer zu machen, aus den edelsten Hölzern und mit allem, was damals dazugehörte: Bett, Kasten Psyche, Chemisette. Ich erinnere mich noch heute, was sie gekostet haben, ein Vermögen: das große 70.000 Schilling, die beiden kleineren 45.000 und 35.000. Wer sie bestellt hat? Ich weiß es nicht. Er muss aber sehr reich gewesen sein, denn um das Geld haben andere damals ein ganzes Haus gebaut.

Der Mann aus der Reparaturwerkstatt hat, unselige Erinnerung an die Antiquitätentischler, enorm gesoffen. Am Freitag gab's Geld, und jede Woche ist er gleich nach der Arbeit bei einem Branntweiner in der Neubaugasse eingefallen. Seine Frau passte ihn vor der Werkstatt ab und wollte den Wochenlohn – vergebliche Mühe. Bis zum Branntweiner ist sie ihm bettelnd nachgelaufen, und während er drinnen Stamperl um Stamperl gesoffen hat, stand sie weinend vor der Tür. Auch zu mir ist sie gekommen: „Karl, kannst du ihn nicht aufhalten, den Martin?" Nein, das konnte ich natürlich nicht, wie denn? Das hat mir so wehgetan. Jeden Freitag dasselbe.

Mit Mädchen lief in dieser Zeit für mich gar nichts, zu meinem großen Bedauern habe ich keinen Stich gemacht – wie man damals so sinnig sagte. Obwohl: Jemanden kennen zu lernen, gab es genug Gelegenheiten – zum Beispiel die großen Bälle. In der Mariahilferstraße befand sich ein Kostümverleih, da habe ich mir einen Smoking, Hemd, Fliege ausgeborgt. Schwarze Schuhe, zwar keine Lackschuhe, aber ordentliche, hatte ich selbst. Ich verdiente damals gar nicht so schlecht und konnte mir das eine oder andere Vergnügen leisten. Und weil's gar so schön war, bin ich drei Tage hintereinander auf einen Ball gegangen Der letzte fand am Sonntag im Konzerthaus statt. Ich habe dort zwei Mädchen kennen gelernt, bin mit ihnen nach dem Ball in eine Kellerbar gegenüber vom Akademietheater noch etwas trinken gegangen und habe erwartet und gehofft … Doch so um fünf Uhr, vielleicht sogar ein bisschen später – weg waren sie, vom Schwarzenbergplatz fuhren sie mit der Straßenbahn nach Hause.

Ich ebenfalls. Um halb sieben kam ich daheim an, habe den Smoking ausgezogen, hingeschmissen, und bin aus dem Haus, in die Arbeit, ohne zu schlafen. Ich war fertig. Ich hatte einen großen Tisch zu politieren, mit Intarsien, sehr schön. Und mitten im Arbeiten, es war so neun Uhr, bin ich mit dem Kopf auf diesen Tisch gefallen und eingeschlafen. Der Stoffballen hat natürlich in die Politur ein Loch gebrannt. Ich wurde wachgerüttelt. „Was ist denn mit dir los?", fragte der Juniorchef. „Entschuldigung, ich bin auf Bällen gewesen …", und habe ihm alles erzählt. „Bua, geh ham und schlaf dich aus, und morgen kommst wieder." Ein sympathischer Mensch. Von ihm bekam ich auch den Rat: „Karl, weißt eh, was ein Mann braucht? Ein Feuer, ein Messer und ein Präservativ." Na ja, Letzteres habe ich leider nicht gebraucht.

Obwohl …. Von irgendjemandem bekam ich eine Freikarte für *Schwanensee* in der Volksoper. Vor mir saßen, sie nahmen die ganze Reihe ein, Blinde. Das hat mich fasziniert. Blind, und dennoch verfolgten sie mit Freude das Ballett. Sie haben offenbar nicht nur die Musik gehört, sondern auch die Schwingungen der

Tanzenden gespürt. Ich hatte an diesem Abend gerade so viel Geld, dass ich mir in der Pause eine Wurstsemmel kaufen konnte. Und bin dann zu Fuß nach Hause ins Gesellenheim gegangen. Damals war am Gürtel der Strich, die Damen standen auf der Straße. Und beim Vorbeigehen hat mich eine sofort ang'haut: „Na, Burli, was ist?" Ich blieb stehen. „Komm, geh mit." Es war eine etwas Korpulentere, und sie hat mich fest am Arm genommen. „Schau her", zeigte sie mir winzig kleine Bilder mit gezacktem Rand, auf denen man Sachen gesehen hat, die wir gerne gemacht hätten. „Nein, ich kann heute nicht, ich komm am Freitag, ich habe jetzt kein Geld." Bis zu einem Wirtshaus, heute ist dort ein Parkplatz, hat sie mich gezogen. „Naa, ich komm nächste Woche." Da hat sie angefangen mich zu beschimpfen, „Hurenbankert" war noch das Feinste. Ich habe solche Angst bekommen – vielleicht hört ihr Zuhälter dieses Geschrei und kommt –, dass ich gerannt und gerannt bin. Bis vor meine Tür.

Bei Wasicky bin ich geblieben, bis zur großen Arbeitslosigkeit Mitte 1951. Man musste Leute entlassen, unter anderem auch mich. Ich gab das Zimmer im Gesellenheim auf, ging nach Wiener Neustadt, und da wurde die Idee geboren, in die Schweiz zu gehen, ins damalige Paradies.

Habe ich das Theater und den Wunsch, Schauspieler zu werden, in meiner Wiener Zeit ganz aus den Augen verloren? Nein, überhaupt nicht. Ich sah es als gutes Omen an, dass ich in einer Ruine auf dem Gürtel, ich stöberte in der Bombenruine herum, Bücher von Shakespeare, Schiller und Goethe, ein Soufflierbuch und Schminke gefunden habe. Ob dort ein Schauspieler gewohnt hatte? Ich lernte daraus so manche Rolle, das Soufflierbuch halte ich auch heute noch in Ehren. Natürlich wollte ich Schauspielunterricht nehmen, natürlich am Reinhardt-Seminar. Arbeitshose, Jopperl, Dialekt, ich kam gerade bis zum Portier, der mich abwimmelte: „Wir sind schon voll!" Ebenso schnell war meine Karriere als Statist zu Ende. *Aida* im Theater an der Wien. Ich war einer der fünfzig Soldaten. Wir standen auf einer

Pyramide und sollten den Einzug der Helden bejubeln. Ich habe wohl etwas zu heftig mein Schwert geschwungen – und schon kullerte der Helm meines Vordermannes – klack, klack, klack – die Treppen hinunter. „Sofort raus, nie wieder!" brüllte der Statistenmeister nach der Vorstellung, und das war's dann auch.

Ich bin häufig ins Theater gegangen. Ins Ronacher, ins Akademietheater. Alfred Neugebauer habe ich unendlich verehrt und bewundert. Und einmal traute ich mich sogar: „Herr Kammerschauspieler, darf ich Ihnen vorsprechen." Ja, ich durfte. Ich hatte den Mortimer vorbereitet, eine Passage aus den *Räubern*, etwas aus einem Anzengruber-Stück. Und legte meine ganzes Herzblut hinein. Er hörte mir zu und sagte dann mit ruhiger Stimme: „Für die Bauernbühne wird es schon reichen!" Aber ich gab nicht auf. In einer Zeitungsannonce wurden junge Schauspieler gesucht, Milo Schreiber, der am Reinhardt-Seminar unterrichtete, wollte eine Theatertruppe für eine Tournee zusammenstellen. Ich meldete mich natürlich sofort. Da ich kein Schauspieler wäre, müsste ich zuerst einmal Rollen studieren, erklärte er mir, und er würde mich unterrichten. Milo Schreiber wohnte in einer winzigen Wohnung in der Hadikgasse. Wenn ich einmal in der Woche zu ihm kam, ging seine Frau in die Küche. Wir arbeiteten an verschiedenen Monologen und eines Tages – es war im Winter, in dem Zimmerchen war es unendlich warm – sank mein Kopf mitten im Rezitieren auf den Tisch und ich schlief ein. Für diese Stunde brauchte ich nicht bezahlen. Ein knappes Jahr lang kam ich. Dann konnte ich mir die Stunden nicht mehr leisten. Hundert Schilling bin ich ihm sogar schuldig geblieben: „Geben Sie mir das Geld, wann Sie können!" Viele Jahre später, als ich schon bekannt war, habe ich erfahren, dass seine Witwe, sie lebte in einem Seniorenheim, immer erzählt hat: „Der Merkatz schuldet meinem Mann noch hundert Schilling!" Ich hätte ihr das Geld so gern gegeben, doch leider war sie bereits tot, als ich von dieser Geschichte erfuhr.

*Kleine Pause mit Hanno Pöschl während der Dreharbeiten zum „Spritzen-Karli". Das Lachen ist mir kurze Zeit später vergangen ...*

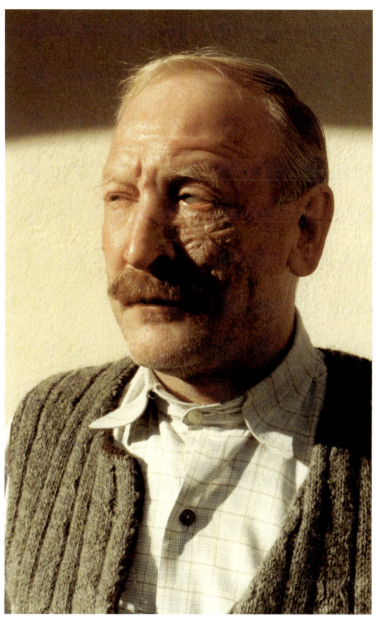

*Ja, das bin ich … und das auch! 1976 drehte ich unter der Regie von Axel Corti Roseggers „Jakob der Letzte".*

In „Der Unfisch", meine Partnerin war Bibiane Zeller, spielten auch
zwölf Gänse mit. Nach dem Drehen hieß es: Wohin damit? Na gut,
ich nahm sie halt mit nach Hause.

# „Wo, bitte, geht's hier zum Theater?"

## Zürich und das Bühnenstudio

Mai 1951. Ich hatte meine Arbeit bei Wasicky in Wien verloren und ging heim nach Wiener Neustadt. Ich wollte Schauspieler werden, hatte bei Milo Schreiber bereits Sprechunterricht genommen, spielte bei der Laientruppe der Pfadfinder, aber irgendwie musste es weitergehen. Die Arbeitslosigkeit war damals sehr groß, und vielen Österreichern ging es nicht anders als heute den Menschen aus dem Ostblock, die bei uns das Paradies auf Erden sehen. Und für uns war eben die Schweiz das Paradies. Schon allein die Schokolade! Durch die amerikanischen Besatzer hatten wir die harte „Cadbury" kennen gelernt, später gab es nur die Zehn-Groschen-Bensdorp. Ich überredete meinen Freund Steinbrecher Karl, mitzukommen. Natürlich brauchte man für die Schweiz eine Arbeitserlaubnis, und natürlich hatten wir die nicht. Wir wollten sie uns erst in der Schweiz beschaffen und reisten als Besucher ein, das war problemlos möglich. Wir fuhren mit der Bahn Wien–Zürich, und knapp vor dem Grenzbahnhof Buchs zogen wir unsere Pfadfinderuniformen an, und als der Zöllner kam, erklärten wir: „Wir fahren zu einem Jamboree!" und sind als Pfadfinder eingereist. An der nächsten Station zogen wir uns wieder um, und unbehelligt stiegen wir in Zürich aus.

Wir kamen am späten Vormittag an, wussten nicht, wohin, und durchstreiften zunächst die Stadt. Es wurde Abend, erst dämmrig, dann finster – wo sollen wir übernachten? Genug Geld für ein Hotel hatten wir nicht, gut, bleiben wir einfach am Bahnhof, da gibt es Bänke, da können wir uns ausruhen. Das ging bis Mitternacht, dann wurde der Zürcher Bahnhof geschlossen. Wir strolchten wieder ein bisschen herum, die Straßen waren menschenleer. Dann haben wir aber doch einen Schlafplatz gesucht. Vor dem Haupteingang standen zwei große Telefonzellen. Wenn man hineintrat, ging das Licht an. Da kam ich auf die glorreiche Idee, wir könnten uns doch auf das Pult setzen, wo das Telefonbuch lag, und die Füße aufs Telefon legen. Karl ging in die eine Zelle, ich in die andere, aber es hat nicht lange gedauert. Nach einer halben Stunde fielen uns die Füße herunter: Wir müssen uns etwas anderes suchen! Als wir mit dem Zug angekommen waren, hatten wir bemerkt, dass sich auf der einen Seite ein Verschubbahnhof befand. Damals war alles noch nicht so abgesperrt wie heutzutage, also sind wir hinein und fanden in einem Bremserhäusl mit einer Bank unsere erste Nachtruhe in Zürich.

Der zweite Tag. Zürich war für uns, eine neue Erfahrung, eine Stadt ohne die „Vier im Jeep". Wohin sollte ich mich wenden? Wir begegneten einer Gruppe in Uniform, wie Soldaten. Jedoch mit Musikkapelle, Fahne und frommen Liedern. Wir kannten sie nicht, es war die Heilsarmee. Von diesen Leuten bekamen wir eine Adresse, wo wir Unterkunft finden würden, und das für nur einen Franken die Nacht. Es war eine Herberge der Heilsarmee. Wir mussten um sechs Uhr abends dort sein, und bekamen je eine Bettstelle zugewiesen, in einem Saal mit etwa sechzig Betten, die alle belegt waren. Es gab eine Waschstelle und eine Toilette im Saal. Und einen Eingang, der auch der Ausgang war. An einer Seitenwand befanden sich Fenster mit Balken, sie wurden um acht Uhr geschlossen, ebenso die Eingangstür. Ich glaube, um zehn Uhr wurde das Licht gelöscht. Ich will die Zustände nicht weiter schildern, wir waren froh, ein Nachtlager zu haben. Aber um sechs Uhr Früh, als die Tür aufgesperrt wurde, waren wir die ersten an der frischen Luft. Der zweite Tag verlief beinahe ebenso. Wir fragten Leute, solche, die nicht Schwyzerdütsch gesprochen haben, wo wir Arbeit finden könnten und wurden ans Arbeitsamt verwiesen. Und ein Nachtquartier? Im Niederdorf, damals eine zwielichtige Straße, fanden wir die

„Herberge zur Heimat". Sie wurde uns für drei Nächte zur Heimat. Die Zimmer waren durchwegs mit sechs Betten belegt. Der Steinbrecher Karli hatte das Glück, neben dem Fenster zu liegen. Man musste auch um acht Uhr im Zimmer und im Bett sein. Karl öffnete sofort das Fenster, wurde aber beinahe unter Mordandrohung gezwungen, es sofort wieder zu schließen. Das Licht blieb aufgedreht, und als ich in der Nacht wach wurde, saß vor meinem Gesicht auf der Decke eine weiße Maus und machte Männchen. Sie war nicht die einzige Maus in diesem Haus. Als wir nach drei Tagen die gastliche Stätte verließen, hatten wir zwar keine Mäuse, dafür aber andere Tierchen bei uns.

Wir hatten am Bahnhof einen Mann kennen gelernt. Ich weiß nicht, ob er homosexuell war – wir wussten schon, wie oder was –, aber er ist uns nicht zu nahe getreten. Er war der Hausmeister und Gärtner vom Mädchenpensionat Sankt Josefsheim, das von Nonnen geführt wurde. Vom Bahnhof war es nur einige Minuten entfernt, und er hat uns eingeladen, zu ihm zu kommen, wenn wir etwas brauchen sollten. An der Klosterpforte könnten wir auch etwas zu essen bekommen. Das haben wir am nächsten Tag wahrgenommen und bekamen eine Suppe und ein Semmerl, ein Bürli, wie man das in der Schweiz nennt. Als wir uns nach dem Hausmeister erkundigten, schickte uns die Schwester Pförtnerin ins obere Haus, wo er seine Wohnung hatte. Wir fragten ihn, ob er wüsste, wo wir schlafen könnten, und er bot uns an: „Ihr könnt bei mir bleiben." Wir haben etliche Tage bei ihm auf Matratzen geschlafen, heimlich, die Schwestern haben nichts davon gewusst. An der Pforte holten wir uns das Essen, und weil wir Pfadfinder waren, die jeden Tag eine gute Tat machen mussten, aber auch aus Dankbarkeit für Kost und Logis, haben wir im Garten ausgeholfen. Und so sahen uns auch die Schwestern. Aber unsere Hilfe war willkommen, also gab es keine Schwierigkeiten.

Karl und ich waren auf Arbeitsuche und sind aufs Arbeitsamt gegangen. Man hat keine Papiere verlangt, denn am Amt hat man automatisch angenommen, dass wir die entsprechenden Genehmigungen besitzen würden, denn ohne hätten wir ja nicht einreisen können. Man wusste ja nichts von unseren Trick. Also vermittelte man uns ins „Feldschlösschen" in der Nähe vom Bahnhof, dort wurden zwei Schankburschen gesucht. Das „Feldschlösschen" war ein Restaurant mit Bierausschank und eigener Brauerei. Wir bekamen die Anstellung, brauchten aber noch die Arbeitserlaubnis.

Das war wesentlich leichter, als es heute ist, denn man hat Arbeitskräfte gesucht, aber wir mussten wieder nach Österreich. Der Patron, Herr Hitz, kümmerte sich um die Papiere, während wir in der Nähe von Bregenz darauf warteten – wieder in einem Kloster. Nach einer guten Woche bekamen wir alle Unterlagen und sind ganz offiziell über Buchs eingereist. Keine Pfadfinderuniform, kein Schmäh von einem Jamboree. An der Grenze mussten wir aussteigen und wurden untersucht, vor allem auf Tbc. Dann kam ein Zöllner, hat uns vorne beim Bund die Hose aufgehalten, Hemd hatten wir ja nach der Untersuchung noch keines an, streute uns TTD hinein, und wir konnten in den nächsten Zug einsteigen. Gegen Abend sind wir in Zürich eingetroffen.

Oben in der Mansarde des Feldschlösschens bekamen Karl und ich ein winziges Zimmer. Und so begann meine Arbeit in Zürich. Ich war Schankbursche im ersten Stock im Restaurant, Karl arbeitet im Parterre in der Bierschwemme. Ich lernte Bier einschenken, und den Servierdamen mit den Speisen behilflich zu sein, was eben alles nötig war, damit der Gast zu seinem Essen kam. Die Patronin, Frau Hitz, hatte die Oberaufsicht. Möglicherweise war mir mein schauspielerisches Talent behilflich, auf jeden Fall lernte ich sehr schnell Schwyzerdütsch, und nach einigen Monaten mit halbwegs gutem Verdienst kaufte ich mir einen guten Anzug und durfte danach im Restaurant die Gäste begrüßen und an die Tische führen. Ich bin zum Chef de Range aufgestiegen.

*Als ich im Züricher „Feldschlösschen" arbeitete, leistete ich mir hin und wieder einen Theaterbesuch – leider viel zu selten.*

Alle, die im „Feldschlösschen" beschäftigt waren, wohnten in der Mansarde. Neben uns hatten vier Italienerinnen ihre Zimmer, eine Französin, eine Schweizerin, Olivia, zwei Italiener. Ernesto, der Hausbursche, ein zuckerkranker Schweizer, homosexuell. Um elf Uhr war Dienstschluss, da waren die Mädchen bereits oben. Karl verliebte sich Hals über Kopf in eine Italienerin und wollte in der Nacht immer bei ihr sein. Doch statt dass er einfach durch die Tür gegangen wäre, kein Mensch war am Gang, niemand, ist er im fünften Stock aus dem Fenster gestiegen, über die Dachrinne gerutscht und in ihr Zimmer hinein. Er blieb bei ihr bis vier Uhr in der Früh und ist dann wieder über das Fenster zurück. Aber es war nichts: „Erst wenn wir geheiratet haben!" Und dabei blieb sie.

Wir jungen Leute hatten ein gutes Verhältnis zueinander und oft nach Feierabend viel Spaß. Dass der Patron und seine Frau nicht eingeschritten sind, um unseren Übermut ein wenig zu bremsen, gemerkt haben sie sicher, was wir so getrieben haben, verdanken wir wahrscheinlich nur ihrer Gutmütigkeit. Und der Tatsache, dass wir trotz allem anständig gearbeitet haben. Sogar mehr, als unbedingt notwendig war.

Die hölzerne Schank, etwa vier Meter lang, dazu noch zwei Meter um die Ecke, sollte renoviert werden. Ich habe mich angeboten in meiner Freizeit, das hieß nach Dienstschluss, als Tischler diese Arbeit zu übernehmen. Das nötige Werkzeug, Hammer, Stemmeisen, Hobel, noch aus meiner Lehrzeit (das halte ich heute noch hoch in Ehren), führte ich mit, das andere, Schleifmittel und Politur, besorgte ich mir. Ich fühlte mich wie ein Hamburger Zimmermann auf der Wanderschaft. Ich begann nach der Sperrstunde um Mitternacht, arbeitete bis drei Uhr, vergönnte mir eine Ruhezeit bis halb zehn Uhr, und um zehn Uhr war wieder Dienstbeginn. Nach einigen Nächten war ich bis zur Besteckschublade für die Serviertöchter vorgedrungen. Ich nahm sie heraus, und darunter war der Innenraum vom so genannten Schnapskasterl, voll der besten und teuersten Schnäpse, Whisky, Cognac, Pernod, Absinth. Ich habe mir einen genehmigt, die Schublade wieder zugeschoben – und Feierabend. Natürlich habe ich meinem Bettnachbarn Karl alles berichtet. Nächster Tag, Dienstschluss.

Als Schankbursche war ich verpflichtet, alles hinter der Schank abzuschließen, auch jenen Teil, an dem ich an der Vorderseite die Schublade herausziehen konnte. Die Schlüssel wurden dem Patron übergeben und ein „Guats Neitli" gesagt. Den Karl bat ich allerdings vor dem Patron: „Bitte bring mir doch den Hobel herunter, ich habe ihn oben vergessen!" Karl kam natürlich mit dem Werkzeug, ich habe etwas gehobelt, geschliffen, dabei viel Staub gemacht und nebenbei Karl das Geheimnis gezeigt. Anfangs haben wir nach jeder Verkostung die Gläser gespült und die Schublade hinein geschoben. Nach einer Stunde blieb jedes Glas ungespült und die Schublade auf der Schank. Wir schwankten bereits kräftig, als plötzlich die Türe aufging. Flaschen standen herum, wir waren blau – um Gottes willen, wer kommt da? Ernesto. Wir haben zu dritt gesoffen wie die Räuber. Wir haben gemischt und gemixt und geschüttelt, bis wir nicht mehr stehen konnten. Karl war halb tot, den mussten wir in den fünften Stock schleppen.

Knapp vorm Einschlafen habe ich mir trotz meines Dusels noch große Sorgen gemacht. Ernesto ist zuckerkrank, er darf doch keinen Alkohol trinken, noch dazu süßen Likör. Außerdem hatte er ein neues Medikament ausprobiert, das er sich nur einmal am Tag spritzen musste. Hatte er daran gedacht? Ich bin zu ihm ins Zimmer – aufwachen, hast du schon gespritzt? Nein, es muss sein – eine Ohrfeige – patsch, patsch –, und endlich ist er aufgestanden, voll angezogen, hat den Schrank mit den Medikamenten aufgemacht und sich durch die Kleidung seine Spritze gegeben.

Am nächsten Tag. Neben der Schank war ein kleiner Aufzug mit zwei Fächern, der die Speisen von der Küche nach oben ins Restaurant brachte. Es war Mittagszeit, das Restaurant voller Gäste, zu so einer Zeit pressiert es. Ich wartete schon auf eine Felche.

*Oje, ein Loch im Socken! Aber ich hatte damals in Zürich ganz andere Probleme: Wie wird man, bitte sehr, Schauspieler?*

Der Lift kam, ich öffnete, und drin saß grinsend Ernesto. Ich schlug die Tür zu und schickte ihn wieder hinunter in die Küche. Der nächste Lift kam. Ich öffnete zögernd, drinnen stand auf einem Silbertablett, schön garniert, die Felche. Eifrig, wie ich nun war, nahm ich das Tablett ohne Tuch heraus, aber es war so heiß, dass ich es fallen ließ. Der Fisch rutschte vom Tablett bis vor die Füße der Patronin, einen schönen langen Weg, und dort blieb er liegen. Nichts sagen, tun, als ob nichts passiert wäre! Die Patronin schaute freundlich zu den Gästen Ich habe mich hinge-kniet, mit einem Plaid die Felche vorsichtig wieder aufs Tablett geschoben, garniert, nach einem „Jetzt!" hochgehoben und der Serviertochter überreicht. Wir beide beobachteten, wie der Gast den Fisch genüsslich gegessen hat.

Die Buffetdame, etwa fünfzig, war immer sehr adrett angezogen, schwarzes geblümtes Kleid, weiße Schürze darüber. Tadellos, kein Fleckchen, kein Stäubchen. Doch einmal, es war ein Silvesterabend, fiel mein Blick zufällig auf sie: Was hat die um die Knöchel? Leicht rosa. Ich schaue genauer … ist ihr doch der Hosengummi gerissen und die Hose hinuntergerutscht! Ich sagte zu ihr: „Luagat Sie, Frau Bräunle!" Sie ist kreischend ins Büro des Patrons geflüchtet.

Das war der Auftakt, aber es ging weiter. Natürlich wollten wir feiern, und so habe ich eine Chiantiflasche, eine von diesen bauchigen, geklaut, sie zwischen die Beine geklemmt und am Gürtel, unter der Schürze, festgemacht. Man muss sich meinen Gang vorstellen! Ich bin damit kurz vor Mitternacht in den fünften Stock zu den Italienerinnen, die nicht mehr arbeiten mussten, und habe mit jeder ein Vierterl getrunken. Macht nach Adam Riese vier Vierterln, und das in fünf, sechs Minuten, ich hatte es ja eilig, ich musste ja wieder hinunter. Und unten bin ich in die Bierschwemme zum Karl – „Alles Gute zum neuen Jahr!" –, die schmale Wendeltreppe hoch zum Buffet, die Türe auf und einfach umgekippt. Vor der Patronin. Das war mein Silvester 1951/52.

Als wir im Garten vom Josefsheim ausgeholfen haben, lernten wir zwei Mädchen kennen, die uns nicht aus dem Kopf gegangen sind. Zwei sehr artige Mädchen, die aber nichts dagegen gehabt hätten, wenn wir auf Besuch gekommen wären – heimlich. Um Mitternacht sind wir da, versprachen wir ihnen. Um ins Haus hinein zu kommen, alle Türen waren zu, sind wir hinauf zur Universität, über eine Balustrade, und durch einige Gärten in den Garten des Klosters. Rechts stand das Haus der Nonnen. Eine sah offenbar, wie wir Steinchen an das helle Fenster der Mädchen warfen. Plötzlich ging im Haus das Licht an. Der Schatten einer Schwester bewegte sich durch den Hausflur. Alles klar, wir warten noch ein wenig. Ein wenig? Wir sind eine Stunde geblieben, das Licht brannte weiterhin. Nach ein Uhr: Da tut sich nichts, gemma, denselben Weg zurück, über die Balustrade. Plötzlich stehen da zwei Männer: Halt, Polizei. Woher kommen Sie? Was machen Sie in den Gärten, Sie wurden beobachtet? Sind Sie Einbrecher, oder was? Können Sie sich ausweisen? Wir konnten uns nicht ausweisen, aber wir konnten angeben, wo wir arbeiteten. Reiner Wein, wenn er auch nicht zum Trinken war. Die beiden hatten, scheint's, Verständnis, schmunzelten und ließen uns laufen. Mit ihrem VW fuhren sie die Straße hinunter in den Park und drehten das Licht aus. Wir beobachteten, wie sie uns bis zum „Hotel Feldschlösschen" folgten. Wir taten so, als würden wir beim Nachtportier klingeln. Da waren wir ihnen seriös genug, und sie gingen wieder zu ihrem VW.

Ich hatte einen Tag in der Woche frei und bin ins Theater gegangen. Nicht jedes Mal, das hätte ich mir nicht leisten können, aber so oft wie möglich. Vor dem Schauspielhaus, auf diesem schönen Platz mit der großen Linde, befand sich auch das Bühnenstudio Zürich. Eine Schauspielschule! Ich meldete mich an und wurde aufgenommen.

Im „Feldschlösschen" habe ich gekündigt. Die Patronin hat sich sehr gefreut, dass ich in die Schauspielschule gehe und hat mir kostenlos eine kleine Rumpelkammer im fünften Stock zu Verfügung gestellt. Eine Studentenverbindung, die sich immer im Lokal getroffen hat, ich kannte sie, ich musste ihnen einige dreißig Becherle Bier bringen, hatte im Kasten in diesem Zimmer ihre Fahnen und Wimpel. Mehr als dieser Kasten und ein Bett passten nicht hinein. Dem österreichischen Kindermädchen der Patronin habe ich erzählt, das ich zum Theater will. Sie lachte mich aus: „Das wird nie was mit dir! Wetten wir um zwanzig Franken?" Vor fünf Jahren kam das Geld. Wir haben uns getroffen, sie wohnte außerhalb von Klagenfurt.

Im Sommer war ich daheim in Wiener Neustadt und zu Semesterbeginn fuhr ich wieder nach Zürich. Die erneute Einreise war kein Problem, ich war ja in der Schweiz gemeldet, nur hatte ich nicht angegeben, dass ich zu arbeiten aufgehört hatte. Im Zug Richtung Zürich, man fuhr vierzehn Stunden und er war bummvoll, ergatterte ich einen Platz in einem Sechserabteil. Mir gegenüber in der Mitte saß ein Amerikaner, rechts ein älterer Herr, die anderen Fahrgäste waren drei Frauen. Draußen im Gang standen die Leute. Ich langweilte mich und döste vor mich hin. In St. Pölten stieg eine junge Frau mit einem eleganten Mantel ein und blieb vor meinem Abteil stehen. Ich, als schneidiger Kavalier, stand nach einiger Zeit auf und ging vor das Abteil, um die Rückseite auch von der Vorderseite zu sehen. Sie hat mir gut gefallen. Ich bot ihr meinen Platz an, da ich bereits wusste, dass der amerikanische Soldat in Linz aussteigen und die Frau neben mir Platz wechseln würde.

Nach Linz saßen wir dann nebeneinander. Wir kamen ins plaudern, der ältere Herr bot Schnaps und Wein an, gegen Abend wurden alle müde, und wir kamen uns näher und näher. Um zehn Uhr ging das Licht aus, nur ein kleines Lamperl brannte, und unter den in meiner Ecke hängenden Mänteln waren wir schnell auf Du und Du. Der Wein hat seine Schuldigkeit getan. Um drei Uhr kamen wir nach Buchs, sie musste nach Bregenz umsteigen. Dieser Zug ging allerdings erst um sieben Uhr. Ich konnte sie doch nicht allein auf dem Bahnsteig stehen lassen! Also stieg ich mit aus. Jeder einen Koffer in der Hand, haben wir um drei Uhr in der Früh ein Zimmer gesucht. Und in einem kleinen Hotel eines gefunden. Wir hätten auch auf dem Bahnhof bleiben können, denn geschlafen haben wir auch in diesem Zimmer nicht. Sie fuhr um ein Uhr mittags nach Bregenz, ich um zwei Uhr nach Zürich. Wir haben uns fest versprochen, uns wieder zu sehen. Sie hat mich tatsächlich einmal besucht, da wohnte ich noch im Feldschlösschen, in der Rumpelkammer. Wir sind in mein Zimmer geschlichen, leise, ganz in Hoffnung versunken, zaghaft war es beinahe so weit … heftiges Klopfen. Wir haben uns nicht gerührt. Erneutes Klopfen. Und dann: „Herr Merkatz, sind Sie da?" – „Ja …?" – „Wir wollen die Fahnen holen!" Es waren die Studenten. Wir haben uns angezogen, sind gegangen, und ich habe sie nie wieder gesehen.

Das Semester begann im August 1952, und ich musste allmählich das Zimmer im „Feldschlösschen", es war ja nur eine Notlösung, räumen. Ich hatte den Kontakt zu den Nonnen im Josefsheim nie

*Der grandiose Gustav Knuth war mein Lehrer an der Züricher Schauspielschule ...*

verloren, half ihnen immer wieder aus und durfte nun bei ihnen wohnen. Wohnen? Ich „logierte" neben der Waschküche, in einer kleinen Kammer, auf einem großen Bügeltisch mit zwei Walzen. In Betrieb war er nicht mehr, und auf einer Matratze ist es halbwegs bequem gewesen. Fürs Mittag- und Abendessen habe ich im Kloster gearbeitet, bis ich doch ein billiges Zimmer fand, in einem Haus in Niederdorf zwischen einem Puff und einem Kabarett.

Alles war mir recht, Hauptsache, ich konnte im Bühnenstudio Zürich studieren! Meine Lehrer waren Gustav Knuth und Walter Richter, beide sollte ich später noch näher kennen lernen, Knuth spielte auf meinen Wunsch sogar ein kleine Rolle, die eines Berliners, im *Bockerer*. Er war sehr charmant zu den Studentinnen und schäkerte mit ihnen herum. Ich auch, aber mir nahm man es übel. Einmal wollten mir die Mädels, denen ich offensichtlich auf die Nerven ging, einen Denkzettel verpassen und unsere Spracherzieherin war ihre Komplizin. Sie wohnte am Stadtrand von Zürich und gab am Sonntag eine Gartenparty. Wir tranken Kaffee, plauderten, und dann hatte jemand eine Idee: Spielen wir Blindekuh! Ich war dran. Binde vor die Augen, und auf einmal bekomme ich links und rechts eine Watsch'n, dass mein Kopf nur so wackelte. Ob ich mich danach etwas zurückgehalten habe? Ich hab's vergessen ...

Da ich untertags bei den Nonnen arbeitete, habe ich hauptsächlich die Abendkurse besucht und bin, zum Beispiel in Kostümkunde, oft selig eingenickt. So fest, dass ich einmal das Ende des Unterrichts nicht mitbekam. Alle gingen, und als ich aufwachte, saß ich im Dunkeln. Eingesperrt hat mich die Bagage aber zum Glück nicht. Anfang Dezember bekam ich eine Vorladung von der Fremdenpolizei. „Herr Merkatz, wir haben festgestellt, Sie gehen in das Bühnenstudio und arbeiten nicht mehr im „Feldschlösschen". Freut uns, freut uns sehr. Aber Sie müssen nachweisen, dass Sie für das ganze Jahr das Geld für den Lebensunterhalt und die

*... genauso wie Walter Richter. Beide wollten mir aber keinen Privatunterricht geben.*

Schule haben. Wie viel Geld haben Sie denn?" Ich griff in die Tasche, zog das Portemonnaie heraus, und legte einen Rappen auf das Pult. „Nun ja, das ischt ein bischchen zu wenig! Jetzt müssen wir Sie leider abschieben."

Sie können mich doch nicht abschieben! Sie müssen doch Verständnis haben. Ich will doch studieren und Schauspieler werden. „Also gut", sagte er, „wissen Sie was, gehen Sie doch aufs Arbeitsamt, vielleicht finden Sie etwas. Ja, ich fand etwas: „Bäckerausläufer beim Gnädiger, der Fahrer ist verunglückt. Sie können das machen, bis sie das Geld für die Fahrt Zürich–Wien beisammen haben." Es waren Beamte, die doch etwas Mitgefühl hatten. Ich lieferte mit dem Fahrrad Brot, Gebäck und Butter in Geschäfte und an private Kunden, verdiente etwa siebzig bis achtzig Franken und konnte auch noch beim Gnädiger wohnen. Einen Tag vorm heiligen Abend bin ich nach Wiener Neustadt gereist. Erst nach drei Monaten durfte ich wieder als Arbeitnehmer in die Schweiz. Bei meinem Freund Durst Fritzl habe ich ein wenig als Tischler gearbeitet, um mein Reisegeld zu verdienen. Ein wenig von meinen Eltern dazu, und im März bin ich zurück.

Mein erster Weg führte mich zum Gnädiger: „Schön, dass du kommst, unser Ausläufer ist noch immer im Krankenhaus." Ich wurde wieder angestellt, ging wieder ins Bühnenstudio, aber es wurde immer schwieriger für mich, weil ich früh aufstehen und liefern musste, und untertags arbeitete ich in der Bäckerei. Wie einst in Bruck an der Mur. Brot backen oder verbrennen, wie's mir einmal passiert ist, Punschkrapferl machen …

Ein junger Konditor, Otto, war früher Trapezkünstler, wir haben uns sehr gut verstanden. Als im Mai der Zirkus Knie in Zürich gastierte, sind wir hingegangen und haben beschlossen: Weißt was, wir werden Clowns! Ich Parterreclown, er auf dem Trapez. Wir haben auch schon ein Programm erstellt und sind bis zum alten Herrn Direktor Knie vorgedrungen. Er war nicht einmal abgeneigt – „Vielleicht im Herbst, wir werden sehen!" –, und so lange der Zirkus in Zürich war, habe ich ihn immer wieder besucht. Und dabei den großen Charlie Rivel kennen gelernt. Er saß an seinem Tisch im Zirkuswagen, hatte das lange weiße Hemd schon an, hat sich geschminkt, hat die rote Nase aufgesetzt. Und ich bin in de Arena gestanden, wenn er sein berühmtes „Uiiiiiii!" ausseufzte.

So, und jetzt mache ich einen kleinen Ausflug in die Zukunft. Ende 2003 las ich in Salzburg in einem Zirkus mit zwei Artisten Henry Millers *Das Lächeln am Fuße der Leiter*. Vor der Generalprobe stand in den Salzburger Nachrichten ein Artikel darüber, der Regisseur war Schweizer und ich habe im Interview diese Geschichte aus Zürich erzählt. Am Nachmittag der Generalprobe rief jemand in unserem Haus am Irrsee an. Meine Frau hörte sofort, dass es ein Schweizer war, aber – nicht der Regisseur. Der Mann stellte sich vor: „Ich heiße Otto, ich weiß nicht, ob Sie mich kennen, ich war ein Freund von Karl." – „Sind Sie der Otto, mit dem mein Mann zum Zirkus wollte? Warum rufen Sie gerade heute an?" Der kann doch den Artikel nicht gelesen haben, dachte meine Frau. „Ja, wissen Sie", erzählte Otto, „ich wollte mich ja schon oft melden, aber meine Frau sagte immer: Du mit deinen alten Geschichten, er weiß doch gar nicht mehr, wer du bist." Und ob!

Zufall? Nein! Wer glaubt schon an Zufälle!

Zurück nach Zürich. Ich habe Gustav Knuth und Walter Richter gefragt, ob sie mir Privatunterricht geben könnten. Beide lehnten ab, aber Walter Fried, ebenfalls Lehrer am Seminar, fand sich bereit: „Ich gebe Ihnen gerne Unterricht, aber denken Sie einmal nach, was wichtig ist. Sie wollen Schauspieler werden?" – „Ja, das will ich!" – „Oder wollen Sie Mensch werden?" – Ich war perplex. Ein Mensch, das bin ich ja. Und weiter meinte er: „Wenn Sie ein Mensch werden, brauchen Sie nicht Schauspieler werden, dann brauchen Sie nur Sprachunterricht nehmen. Oder Rollenstudium betreiben. Mehr brauchen Sie nicht. Denn wenn Sie Mensch sind, können Sie schauspielern. Ich gebe Ihnen acht Tage Zeit, überlegen Sie sich das."

Ich war etwas irritiert. Mensch werden? Ich saß daheim, beim Bäcker in der Mansarde, und dachte nach. Ich muss Mensch werden! Die Schauspielschule kann ich immer noch machen, aber Mensch werden?

„Ja", sagte ich nach acht Tagen, „ich würde das gerne machen." Von März bis August, einmal in der Woche, haben wir über das Verhältnis zum eigenen Sein gesprochen. Nicht über Ziele. Das, was man tut, das, was man gibt, kommt wieder zu einem zurück. Er hat die Bibel in die Hand genommen, schlug an irgendeiner Stelle auf, zeigte mit dem Finger auf eine Zeile, und dann las er. Und über das, was da stand, sprachen wir. Wir saßen in seinem Zimmer, eng wie das von Milo Schreiber in Wien, oft gingen wir auch spazieren. Ich habe sehr viel von ihm gelernt, auch wie man sich zu anderen Menschen verhält. Dadurch habe ich in meinem Leben vieles für nicht für so wichtig gehalten, wie ich das bei anderen Menschen gesehen habe. Etwas erreichen zu wollen ist wichtig, es ist ein Ziel. Nur die Umstände, wie man es erreicht, haben mit dem Menschsein zu tun. Das In-sich-Sein ist ein Zustand der Reife und Erkenntnis. Diesen Weg muss man gehen, um das zu erreichen, was man will. Es ging und geht mir immer nur darum, mein Bestmögliches zu geben. Ich habe mich sehr tief und intensiv auf diese Gespräche eingelassen. Sollte ich doch Schauspieler werden? Oder zum Zirkus? Oder nach Frankreich, mit dem Fahrrad, in die große Freiheit? Als ich im März nach Zürich gefahren war, hatte ich mein Fahrrad aus Wiener Neustadt mitgenommen. Das alte Puch-Fahrrad vom Vater, im Krieg habe ich es ruiniert, nach dem Krieg wieder repariert. Dann dachte ich an Fried: Sie müssen in sich hören.

Von meinen Haus aus ging es rechts Richtung Frankreich, links Richtung München. Mein Hab und Gut habe ich auf mein Fahrrad gepackt. Im Zimmer saß ich auf dem Bett. Ich hatte langes Haar, Bastschuhe, Hosen, die bei den Knien abgerissen waren, ein Ruderleiberl, schwarz-weiß gestreift. Ich bin in mich versunken. Habe mein Innerstes gefragt: Wohin soll ich? Welchen Weg soll ich nehmen? Soll ich nach rechts, nach Frankreich? Keine Antwort, nichts, Stille. Soll ich nach links, nach München? Nichts, Stille. Und plötzlich unendlich laut ein Jaaaaa! Ich bin über diese Stimme sehr erschrocken, bin aufgestanden, zum Fahrrad, bin die Straße nach links weg gefahren und habe Zürich verlassen. Zwei, drei Tage war ich unterwegs, wenig Verkehr, ich erinnere mich an schöne Straßen, links und rechts nur Birken.

Hundemüde kam ich am Abend in München an. Wo kann ich übernachten? Ich bin herumgefahren. Ich komme in eine breite, elegante Straße. Da steht ein Riesenhotel, nur der Eingang war beleuchtet, davor ein Livrierter. Ich gehe hin zu ihm: „Haben Sie ein Zimmer frei?" Es war das „Vier Jahreszeiten". Er hat mir empfohlen: „Fahren Sie zu den Kapuzinern."

Einmal habe ich bei den Kapuzinern übernachtet, Kapuziner waren mir von Wiener Neustadt aus nicht fremd. Am nächsten

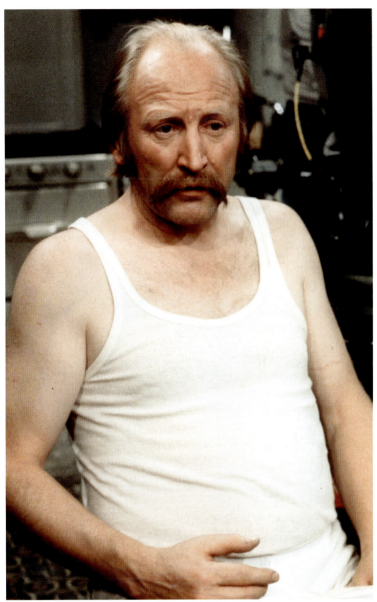

*Keine andere Fernsehserie in Österreich hatte je so starke Reaktionen hervorgerufen wie der „Echte Wiener". Begeisterte Zustimmung und heftige Ablehnung hielten sich die Waage.*

*„Ein echter Wiener geht nicht unter": Ein Team, das perfekt zusammenpasste.*

*Waren wir damals noch alle jung!*

*Auf dem Höhepunkt der „Mundl"-Begeisterung fragte eine Zeitung:*
*Wer ist der berühmteste Österreicher? Nummer 1 wurde der damalige*
*Bundeskanzler Bruno Kreisky, Nummer 2 – Edmund Sackbauer.*
*Erich Sokol machte dazu eine Karikatur.*

Tag bin ich wieder in der Stadt herumgefahren, auf der Suche nach einem Theater, einer Schauspielschule. Da gibt es doch ein großes in München, habe ich gewusst. Ich bin wieder bei den „Vier Jahreszeiten" gelandet, in der Maximilianstraße, wie ich heute weiß. Hier muss es doch ein Theater geben … Es ist gegenüber, schräg gegenüber, aber ich habe es nicht gesehen. Und eine Schauspielschule. Es gibt doch eine Schauspielschule in München. Nichts. Ich habe Passanten gefragt: „Entschuldigen Sie, wissen Sie …?" Nein.

Am Nachmittag bin ich zum Bahnhof gefahren, habe das Fahrrad aufgegeben und mir eine Fahrkarte nach Salzburg gelöst. In Salzburg habe ich mir ein Zimmer genommen, und am nächsten Tag begann erneut die Odyssee: Wo geht's hier zum Theater? Als ich über die Staatsbrücke ging, blieben die Leute stehen und haben mich angestarrt. Lange Haare, abgerissene Hose und Bastschuhe: „Ein Existenzialist!" Und bitte, wo ist das Theater? Da drüben! Ich bin rüber und stand vor dem Theater. An der linken Seite war eine Tür, der Eingang mit dem Bühnenpförtner. „Können Sie mir sagen, wo es in Salzburg eine Schauspielschule gibt?" Er zeigte auf die nächste Tür. Und so kam ich ins Mozarteum.

# „Haben Sie ein Zimmer für mich?"

## Im Mozarteum

In Salzburg hatte ich also mehr Glück als in München: Ich fand die Schauspielschule, das Mozarteum, das damals von Professor Bernhard Paumgartner geleitet wurde. Ich füllte die nötigen Unterlagen aus – „Bereiten Sie bitte Texte für die Aufnahmsprüfung vor." – und verbrachte den Sommer in Wiener Neustadt. Ich frischte die Rollen auf, die ich bereits konnte und mit denen ich bei Alfred Neugebauer nicht gerade den Vogel abgeschossen hatte, den Mortimer und den Franz Moor. Und ich besuchte vor allem alte Freunde. Den Durst Fritzl, zum Beispiel, mit dem ich früher schon herumgetischlert hatte. Er arbeitete im Kapuzinerkloster, er machte in einem Zimmer eine Wandverkleidung. Ich ging zu ihm, wir plauderten – „Treffen wir uns doch einmal, machen wir irgendwann etwas!" –, ein Freundesgespräch eben. Da kam der Quardian, Pater Hugolin, herein, ich kannte ihn, denn ich hatte beim Ministrieren öfter ausgeholfen, und wir begrüßten uns. „Wieder einmal daheim? Was machst du? Bist noch immer Tischler? Kannst gleich dem Fritz helfen." Da kam mir eine Idee: „Ich gehe im September nach Salzburg, an die Schauspielschule. Ich kann ihm schon helfen, wenn Sie mir helfen. Ich brauche in Salzburg ein Zimmer. Haben Sie nicht eins für mich?" – „Das werden wir gleich haben." Er ging hinaus, und zehn Minuten später kam er zurück. „Ja, ich habe ein Zimmer für dich." – „Wo?" – „Im Kloster." So hatte ich ein Quartier, und Fritzl und ich haben gemeinsam die Wandverkleidung fertig gemacht.

Die ersten Schritte im Mozarteum. Das Vorsprechen fand im Arbeitszimmer vom Seminar statt, vor Professor Rudi Leisner,

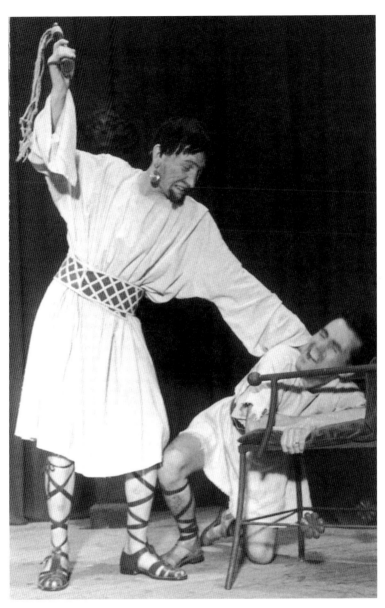

Warum die Peitsche, fehlen mir die Worte? Das kann ich mir nicht vorstellen! Aber ein Schauspieler muss eben alles können! Das Stück hieß
übrigens „Das Weib des Pilatus".

*Die ersten Kritiken konnten sich sehen lassen!*

der das Seminar führte, seiner Frau – „die Leisnerin" haben wir
immer gesagt – und der Spracherzieherin Professor Gottwald.
Ich hockte im Flur auf einem Fensterbrett und wartete, wie alle
anderen die herumstanden. Neben mich setzte sich ein längerer
Kerl als ich, Max Stitz, und wir kamen ins Plaudern. Er war
eigentlich Schriftsteller und hatte nie vor, auf einer Bühne zu stehen. Er wollte das Theater von der Seite des Schauspielers kennen lernen. Später wurden wir gute Freunde und besuchen uns
noch heute. Er wohnt in Salzburg.

Und dann war es für mich soweit. Franz Moors Worte: *„Siehe, mir deuchte, ich hätte ein königlich Mahl gehalten, und mein Herz wär' guter Dinge, und ich läge berauscht im Rasen des Schlossgartens, und plötzlich traf ein ungeheurer Donner mein schlummerndes Ohr; ich taumelte bebend auf, und siehe, da war mir's als säh' ich aufflammen den ganzen Horizont in feuriger Lohe, und Berge und Städte und Wälder wie Wachs im Ofen zerschmolzen und eine heulende Windsbraut fegte von hinnen. Meer, Himmel und Erde – da erscholl's wie aus ehernen Posaunen: Erde, gib deine Toten, gib deine Toten, Meer! Und das nackte Gefild begann zu kreißen, und aufzuwerfen Schädel und Rippen und Kinnbacken und Beine, die sich zusammenzogen in menschliche Leiber und daherströmten unübersehlich, ein lebendiger Strom ...“*

Ich kam durch, alle, die angetreten waren, kamen durch. Und so begann meine Seminarzeit. Sie bestand aus Rollenstudium, Spracherziehung und, was uns allen am meisten Freude machte, den ersten Auftritten. Das Schauspielseminar hatte in St. Peter, früher war es das Refektorium, einen Saal zur Verfügung, in den ein Theater eingebaut wurde. Es war nicht sehr groß, es hatte zirka 200 Plätze und eine schönen Bühne. Das Rollenstudium fand zum Teil auf der Bühne statt, um ein Raumgefühl zu bekommen. So sprach ich dort den Mortimer aus *Maria Stuart*: *„Ich zählte zwanzig Jahre, Königin, in strengen Pflichten war ich aufgewachsen, im finstern Hass des Papsttums aufgesäugt, als mich die unbezwingliche Begierde, hinaustrieb auf das feste Land ...“*
Ich zählte ja nicht viel mehr als die zwanzig Jahre, so habe ich mich ganz scharf in diese Rolle des Mortimer gelegt, und nach einiger Zeit sagte Professor. Leisner: „Mein Lieber, für einen jugendlichen Helden passt eigentlich der Name Merkatz nicht. Sagen wir ab heute Metz, das ist der Anfang und das Ende von Ihrem Namen." Ich habe das hingenommen, vielleicht fühlte ich mich auch als jugendlicher Held. Aber es dauerte nicht lange, bis ich als jugendlicher Komiker, es war in *Zeitgenossen*, die Lacher

auf meiner Seite hatte. Und so sagte Leisner beim nächsten Rollenstudium: „Herr Metz, für einen jugendlichen Komiker passt Merkatz besser." Und so blieb mir mein Name, bis heute, wenn auch: Meine Frau hieß mit Mädchennamen Metz.

Meine ersten Lobeskritiken bekam ich vor allem von Elisabeth Effenberger, der Kultur-Grande-Dame der Salzburger Nachrichten, mit der wir später dann sehr intim befreundet waren. 1988 hat sie einen Schlaganfall erlitten und kann seitdem nicht mehr sprechen und sich nicht mehr bewegen. Aber wenn ich sie besuche und ihre Hand halte, habe ich doch den Eindruck, dass sie es spürt, dass sie leicht reagiert. Erst kürzlich habe ich ein paar ihrer wunderschönen Gedichte vorgetragen:

*Du bist umschlossen von der Ewigkeit.*
*Doch ihr Gewölbe ist wie dünnes Glas;*
*du siehst die Grenzen nicht; du lebst die Zeit*
*und deine Schritte sind des Weges Maß.*
*In deinen Händen wird das Korn zum Brot*
*und über deinem Scheitel stehn die Sterne.*
*Ein jeder Tag gebiert dich neu im Kerne*
*und jede Nacht reift deinen neuen Tod.*

Axel Wagner, Tom Krinzinger, Kurt Weinzierl hatten gerade ihren Abschluss gemacht, als ich ins Seminar eintrat. Axel spielte gleich in Wien und wurde ein wunderbarer Schauspieler, der aber sehr früh gegangen ist. Tom bekam ein Engagement in Deutschland, war zwei Jahre draußen, aber mit seinem Nestroy'schen Charme konnte er dort nicht glücklich werden. Er ging nach Wien, wurde kurz darauf an die Burg engagiert und bekam gleich am Anfang eine schöne große Rolle. Dann vergingen die Jahre, er hat seine Wehmut im Alkohol zu vergessen versucht und ist daran zugrunde gegangen. Und Kurtl, mit dem ich sehr viel gespielt habe, mit ihm verbindet mich eine Schauspielerfreundschaft bis heute.

Nur Kost und Logis im Kloster war zu wenig. In den Sommerferien war ich Requisiteur bei den Salzburger Festspielen, 1954 sogar bei zwei Opern, bei *Così fan tutte* und beim *Freischütz*. Schuh inszenierte *Così*, Karl Böhm dirigierte. Ich ging immer wieder zu Schuh und fragte: „Herr Professor, darf ich Ihnen vorsprechen?" – „Ja, ja, morgen, morgen …" – „Danke, Herr Professor!" – Am nächsten Tag wieder: „Herr Professor …" – „Ja, morgen, morgen, heute habe ich keine Zeit." Das ging die ganzen vier, fünf Wochen hindurch, aber es kam nie dazu. Natürlich war ich enttäuscht. Und beim *Freischütz*? Dazu möchte ich eine kleine Geschichte erzählen … Es war bei der Generalprobe, kurz vor der Wolfsschlucht-Szene. Kaspar zählt beim Kugelgießen – ein, zwei, drei – und dann kommen – huhhh – die Geister. Und aus einem Sarg erscheint die tote Mutter. Plötzlich wird der Inspizient nervös: „Die tote Mutter, wo ist die tote Mutter?" Nicht da. Große Aufregung, dann die Lösung, ich schlage vor: „Ich lege mich in den Sarg!" Ich habe mir ein weißes Kleid angezogen, in der Maske wurde mir schnell eine Frauenperücke aufgesetzt, und dann habe ich mich in den Sarg gelegt. Ich wusste ja genau die Einsätze – ein, zwei, drei … und der Deckel geht auf, und die Mutter winkt.

Die Generalprobe war vorbei, wir standen herum, plötzlich rief der Regisseur Günter Rennert von unten herauf: „Wer war heute die tote Mutter?" Etwas aufgeregt bin ich zum Souffleurkasten gegangen: Entschuldigen Sie, ich war's!" Kurzes Schweigen, dann: „Ab heute spielen nur Sie die tote Mutter!"

Übrigens: Wilhelm Furtwängler dirigierte diese Aufführung. Große Namen …

Bei *Jedermann* war ich in der Tischgesellschaft, während meiner Seminarzeit spielte ihn Will Quadflieg. Ich erinnere mich, er musste sich in einer Szene auf mich stützen. Bei einer Aufführung, es war im damaligen großen Festspielhaus, weil es regnete, ist er mir dabei auf den rechten Fuß getreten, und er sagte „Entschuldigen Sie bitte!" Mitten im Spiel! Wir haben uns später ken-

*Unser Theater in St. Peter – hier machten wir Mozarteum-Seminaristen unsere ersten Schritte auf einer Bühne.*

nen gelernt, und ich habe es ihm erzählt. Da war er schon ein älterer Herr. Ja, und dann habe ich noch ein Verbindung zu Quadflieg, wenn auch keine persönliche ... Später wird davon die Rede sein. Ich habe ihn sehr bewundert und werde einen Balladen-Abend mit ihm im Hamburger Schauspielhaus nie vergessen. Er stand vor einem schwarzen Vorhang, dunkel angezogen. Und trug eineinhalb Stunden en suite Balladen vor. Heute würde dieser Sprachduktus im Theater nicht mehr ankommen, die Sprache hat sich ja total geändert. Ich habe zum Beispiel den Klaus Kinski nie ausgehalten, seine Interpretation von Villon – „Ich bin so wild nach deinem Erdbeermund ...“, das war mir zu viel Manierismus.

Ich wohnte also damals dank Pater Hugolin aus Wiener Neustadt im Kapuzinerkloster und war dort gut aufgehoben. Den Brügelweg hinunter brauchte ich nur fünf Minuten ins Mozarteum. Pater Quardian hatte mir eine alte Zelle zugewiesen, alle anderen waren in der Nazizeit umgebaut worden. In der ersten

*Wir waren Kollegen am Mozarteum, der Schriftsteller Max Stitz und ich, und wir sind bis heute Freunde geblieben.*

Nacht … das muss ich erzählen. Um drei Uhr wurde ich wach, der Fußboden, oder war's der alte Schrank, knarrte, und mir war, als sei jemand vor meinem Bett. Die zweite Nacht, das gleiche unruhige Erwachen. Ich wusste, dass es eine Werkstatt gab, und machte mir eine Nachttischlampe mit Schalter. Währenddessen kam der Bruder Pförtner und ich erklärte ihm: „Ich mache mir eine Lampe, den es geistert in der Nacht." Da lachte er und sagte: „Da sind die Alten gekommen, um zu schauen, wer da ist." Dann erklärte er mir, was in der Chronik steht: „‚Wenn uns wer aus dem Kloster vertreiben will, werden wir ihn vertreiben.' Bei dir waren sie nur, um zu sehen, wer du bist." Die dritte Nacht war ruhig. Und so blieb es auch die nächsten zwei Jahre.

In den vierziger Jahren wurde das Kloster kurzfristig geräumt, es sollte eine Jugendherberge werden. Die Bibliothek mit zehntausenden Bänden schüttete man einfach in die Apsis der Kirche, die Folianten hat man als Stützen davor gelegt. Das mit der Jugendherberge hat allerdings nicht geklappt, dafür wurden

Familien, deren Wohnungen ausgebombt waren, im Kloster einquartiert. Als ich am Landestheater engagiert war, erzählte ich einmal in der Garderobe, dass es in meiner Klosterzelle gegeistert hatte. Mein Garderobier horchte auf. Ja, seine Tante war im Kloster einquartiert, aber alle Bewohner sind wieder ausgezogen – wegen der Geister. Sie sagten, dass sie jede Nacht von zwölf bis ein Uhr schlurfende Geräusche und das Klappern von Rosenkränzen gehört hatten, und wenn sie nachschauten, sahen sie immer dunkle Gestalten, die hinüber zur Bibliothek schlurften. Das Kloster steht auf dem Kapuzinerberg mit Blick auf die Festung Hohensalzburg und hinunter auf die Salzach und die Altstadt. Eines Tages kam Oskar Kokoschka und malte vom Klostergarten aus sein bekanntes Bild von Salzburg. Ich bin oft dabei gestanden und habe ihm zugeschaut. Nachdem er für den Tag fertig war, hat er das Bild im Flur neben der Werkstatt an die Wand gelehnt. Einfach hingelehnt, und da stand das halbfertige Bild. Ich hab es mir immer wieder angeschaut, wenn er nicht da war. Eines Tages dachte ich mir: Niemand weiß, wo es hingekommen ist, ich nehm's, einfach. Aber – nein, die wüssten ganz genau, dass ich es war … Kürzlich habe ich Bilder von einer Kokoschka-Ausstellung im Fernsehen gesehen und zu Martha gesagt: „Stell dir vor, wenn ich dieses Kokoschka-Bild damals mitgenommen hätte, das sind jetzt fünfzig Jahre her, wenn ich das heute anbieten würde …" „… würden sie dich verhaften", sagte Martha.

Als der Salzburger Dom wieder instand gesetzt war und eröffnet wurde, durfte ich für einen Lichtbildvortrag die Fotos machen. Und durch dieses Fotografieren hatte ich im Kloster ein unvergessliches Erlebnis. Es war immer relativ still, aber eines Nachts hörte ich ein hin und her Rennen. Das war nicht normal, ist eingebrochen worden? Am Morgen fragte ich Bruder Gorgonius, was denn los gewesen sei. Er sagte mir, ich soll es nicht herumerzählen, aber „wir haben heute Nacht unerlaubt die große Gruft geöffnet". Der etwa zwei Meter große Gruftdeckel ist dabei abgerutscht und in zwei Hälften gesprungen. Die Feuerwehr musste kommen, um ihn hochzuheben. Kurz und gut, später kam Pater Quardian Theoderich zu mir und sagte: „Du machst doch gerade vom Dom die Fotos. Mach doch auch Fotos von der Gruft." Und dann sagte er noch: „Wir haben auch die Pestgruft aufgemacht, und dort unten ist das Herz von Paris Lodron, das musst du auch fotografieren."

Ich stieg zuerst in die Gruft, Bruder Gorgonius hatte schon Licht nach unten gelegt. Die Hälfte der Gruft war bis knapp an die Decke voll Knochen und davor, damit sie nicht vorrutschen, fünf aufrecht stehende Särge, die Deckel davon lagen an der Seite. In den Särgen standen aufrecht vier mumifizierte Kapuziner und ein weltlicher Geistlicher mit einem Blumenkranz auf dem Kopf. Er hatte noch einen Schlapfen an. Die Kapuziner hatten unter dem Bart ein Barttuch, damit er nicht einfällt. Der erste Moment war für mich natürlich schauerlich, aber Bruder Gorgonius sagte: „Die tun einem nichts!" Ich fotografierte. Danach ging's zur Pestgruft. Der Einstieg war nicht sehr groß, Gorgonius hatte auch hier schon Licht gemacht. Eine Leiter ragte herauf und ich stieg etwa zwei Meter hinunter. Ich musste, ob ich wollte oder nicht, auf all die Knochen und Schädel steigen, denn anders ging es nicht. Es krachte und knackte ununterbrochen. Auf der rechten Seite war ein starkes Brett, auf dem lag ein mumifizierter Kapuziner, auf seiner Brust war eine Menge Kalk. Dies war Conte Ferrari von Alan, Beichtvater und Freund von Paris Lodron, des Erzbischofs von Salzburg. Und an der linken Seite, neben seinem Kopf, sah ich in einer Nische eine leicht vergoldete und silbrige Urne in Herzform. Ich nahm sie heraus und brachte sie zu Pater Quardian. Er öffnete die Urne. Drinnen war das faustgroße, fasrige, mit Verband und Watte umwickelte Herz von Paris Lodron, gestorben am 15. Dezember 1653. Er nahm es heraus und gab es mir in die Hand. Ich hatte das Herz von Paris Lodron in der Hand! Ich fotografierte die Urne auf rotem Samt und brachte sie wieder an ihren Platz.

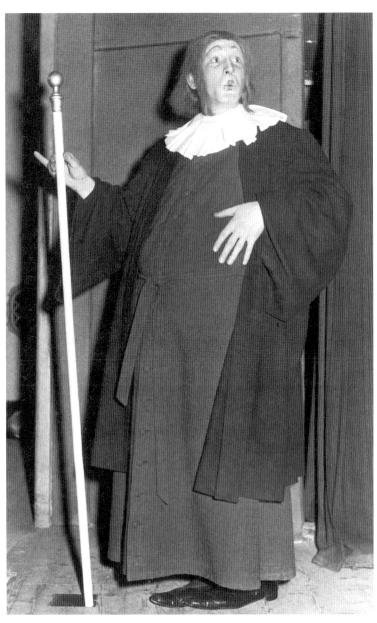

*Na, Mahlzeit, da haben sie mich ja kräftig ausgestopft! Und diese Riesenlatschen! Das Stück hieß „Paracelsus", der Rest ist mir entfallen.*

Während meines Studiums am Mozarteum war ich nicht nur Requisiteur – und tote Mutter – bei den Festspielen, ich arbeite auch als Statist und verdiente damit ein paar Schilling. Im Volksgarten wurde ein Film gedreht, ich musste in der fünfzehnten Reihe eines Zirkus sitzen und „Bravo" schreien. Ich hatte meine Studienkollegin Mira mitgenommen. Neben mir saß ein junger Mann, und wir haben uns unterhalten. Mira hat ihm sehr gefallen. Anschließend gingen wir etwas trinken, und er hat Mira sehr heftig bedrängt und bestürmt, doch nichts lief. Er

*„Der Merkatz macht sich!" So begann eine Kritik der Pirandello-Komödie „Wollust und Anständigkeit". Wundert Sie mein zufriedenes Lächeln?*

ist regelrecht zu ihren Füßen gelegen, aber sie sagte nur: „Lass mich doch in Ruh!" Wir waren ziemlich angeheitert und der junge Mann war, jetzt sage ich es, Thomas Bernhard. Er studierte Musik am Mozarteum, machte 1957 seinen Abschluss, aber ich habe ihn nicht aus dem Seminar gekannt. Er arbeitete damals als Journalist bei verschiedenen Zeitungen. Wir haben uns öfter getroffen und uns viel über Theater unterhalten, über Gedichte, übers Leben und vor allem Sterben. Er war fasziniert vom Tod. Er war ja an einem unheilbaren Lungenleiden erkrankt und hatte Jahre in Sanatorien verbracht, was ich aber alles nicht wusste. Nach einer unserer Touren begleitete er mich nach Hause. Wir gingen in dunkler Nacht den Brügelweg auf den Kapuzinerberg und nach dem Tor stiegen wir auf die Mauer. Sie war nur etwa einen Meter hoch, aber auf der anderen Seite ging es sechzig,

*„Für einen jugendlichen Helden passt der Name Merkatz nicht, Sie heißen ab sofort Metz", beschloss Seminarleiter Professor Rudi Leisner. Er überlegte sich die Sache aber bald wieder.*

siebzig Meter hinunter. Den Abend über hatten wir uns über Theater und Dichtkunst unterhalten, und in unserer romantischen Stimmung standen wir oben und haben Rilke rezitiert, haben über die Dächer von Salzburg hinaus geschrieen: *„Reiten, reiten, reiten, durch den Tag, durch die Nacht ..."*

Wir hielten uns an den Händen und Bernhard sagte: „Springen wir"! Dann standen wir ruhig, haben still in die Nacht geschaut, bis ich sagte: „Nein, steigen wir wieder runter." Er ist hinunter gegangen in die Stadt, ich hinauf ins Kloster ...

Bevor ich nach Heilbronn ging, haben wir uns ein letztes Mal getroffen. Am Hanuschplatz in Salzburg stand nachts immer ein Würstelstand. Jeder ein „Burenhäut'l" in der Hand, so haben wir uns verabschiedet. Er bezahlte, achtzig Schilling. Am Morgen fuhr ich in mein erstes Engagement. 1970, ich war bereits am Thalia Theater engagiert, wurde sein erstes abendfüllendes Stück, Ein Fest für Boris, in der Regie von Claus Peymann im Schauspielhaus uraufgeführt. Er war anwesend. Nach der Vorstellung habe ich mir gedacht: Jetzt muss ich zu ihm gehen! Und bin vom Zuschauerraum zur seitlichen Bühnentür hinter die Bühne. Ich sah ihn, blieb vor ihm stehen, er sah mich ebenfalls – „Ja servus, Merkatz!" – und hat mich umarmt. Aber er war umringt vom Intendanten und seinen Anhängseln, alle haben gedrängt, „Komm, wir müssen weiter!", und wir konnten uns nicht unterhalten. Und wieder haben wir uns aus den Augen verloren. 1984 flogen wir nach Australien. Kurz vor dem Start unserer Maschine wollte ich mir noch etwas zum Lesen kaufen. In der Buchhandlung standen zwei Exemplare von Holzfällen, ich habe sofort eines gekauft. Das Buch war in Österreich aus dem Handel gezogen worden, weil sich der Komponist Gerhard Lampersberg in der Hauptfigur erkannte hatte und verunglimpft fühlte. Und dann saß ich im Busch bei Perth an einem Lagerfeuer und las Holzfällen. Noch aus Australien schrieb ich Thomas Bernhard einen Brief und sagte ihm, wie sehr mir das Buch gefallen hatte.

*7. 2. 85.*

*Mein lieber Bernhard.*
*Nach einem künstlerischen Abendessen im Busch, ich sitze romantisch an einem Lagerfeuer, habe das Bedürfnis dir einige Zeilen zu schreiben.*
*Da in Österreich nicht erlaubt, in Baden Baden gekauft, resp. in Karlsruhe, habe ich dein Buch „Holzfällen", in Australien, fern von jedem Verbot enthoben, in der „Nullabor" – hunderte Km ohne Baum – und das ist Tatsache – zu lesen begonnen. Mittlerweile auch ausgelesen und sollte dir es nichts ausmachen von einen Schauspieler, der nur gelegentlich am Volkstheater, wie es so schön heißt, auftritt, sagen zu lassen, dass es mich hervorragend unterhalten, angeregt zum Denken und es sich mit meinen Empfindungen deckt – so würde es mich besonders freuen.*
*Oftmals denke ich an die Salzburger Zeit zurück. An unser Kennenlernen im Zirkus als Filmstatisten und das etliche Male Philosophieren, Rilke, Stefan Zweig, und auch das Stehen an der Mauer auf der Imbergstiege u.s.w.*
*Ich bin froh, dass wir uns kennen lernten, und für mich ist es ein Teil meiner salzb. Erfahrungen.*

*Die Jeannie, als ich ein Bub war mit etwa 7–8 Jahre, hatten unsere Hausherren eine schon ältere Tochter, und das war Jeannie Ebner. Ich lernte sie später als älterer Knabe, so mit 40, wieder kennen.*

*Es ist so gut, dass sich immer Kreise bilden, Kettenglieder u.s.w. schließen.*

*Du hast das Buch geschrieben und alles ist so wie es ist, und das ist großartig – ich kann nicht schreiben, aber empfinden, und das ist auch schon etwas. – OK. Mein Lieber.*

*Mit meiner lieben Frau bin ich auf einer Australien-Reise. Dass heißt, wir leben für ein halbes Jahr woanders! Wir fahren rund um Australien. – Im Zelt. –*

*Wir sitzen lustigerweise im Augenblick unter Kiefern – und das ist kein Austr. Baum. – Etwa vor 80–100 Jahren eingeführt. In den Riesenschonungen angepflanzt um für die Industrie Holz zum Fällen zu haben.*

*Die Nacht bricht schnell herein, das Feuer brennt auch schon nieder, Mücken oder Ameisen grabbeln an mir herum. Außerdem bin ich schon müde!*

*Ich hoffe wir begegnen uns wieder einmal, so wie damals in Hamburg.*

*Herzliche Grüße von mir Merkatz.*


Ich habe nie Antwort bekommen. Vor etwa zehn Jahren, Bernhard war bereits tot, ist meine Tochter Josefine zu seinem Wohnhaus im oberösterreichischen Ohlsdorf gefahren. Seine Schwester hat das Anwesen betreut, und wenn sie da war, konnte man es besichtigen. Josefine hat nicht gesagt, wer sie ist. Bernhards Schwester hat sie herumgeführt und gefragt, ob sie eine Beziehung zur Literatur habe. Ja, in gewisser Weise, sie ist am Theater. Wer sind Sie? Die Tochter vom Merkatz. Da ist die Frau stehen geblieben und hat gesagt: „Kommen Sie. Alles, wie Sie es da sehen, ist nicht mehr angerührt worden seit seinem Tod." Und sie ist mit Josefine hinein in sein Arbeitszimmer gegangen. Und

*Von den Salzburger Festspielen an die „Burg": In „König Ottokars Glück und Ende" spielte ich den Benesch, hier mit Nicholas Ofczarek und Johannes Krisch*

*In den achtziger Jahren spielte ich häufig in Wien Theater. An welche Stücke erinnere ich mich besonders gern? Zum Beispiel an „ Mit besten Empfehlungen" in den Kammerspielen.*

*Jetzt verrate ich ein kleines Geheimnis: Die wunderschöne Krone, die ich in „Merlin" trug, habe ich nach dem Ende der Vorstellungen mitgehen lassen.*

*Als Student am Mozarteum habe ich in Jedermanns Tischgesellschaft mitgespielt, 2005 war ich Gott und der arme Nachbar. Hier eine Szene mit Tobias Moretti und Peter Simonischek.*

hat auf den Schreibtisch gezeigt: „Schauen Sie, was da liegt." Es war mein Brief. Das hat mich sehr gerührt, ich habe geheult, als mir Fine das erzählte. Er hat alle Briefe weggeschmissen, nur meinen behalten. Ich habe danach einen sehr schönen Bernhard-Abend in Salzburg gehalten, seine Schwester nahm meine Einladung an und war dabei. Sie kam nachher auf die Bühne und hat mir eine Kopie des Briefes gegeben. Ja, und im Frühjahr 2005 war ich in Bernhards Haus in der Nähe von Gmunden. Es ist ganz einfach, aber sehr schön. Er hat es 1972 gekauft, und heute gehört es seinem Bruder. Bernhard hat alles so belassen, wie es ursprünglich war, zum Beispiel liegen die Leitungen noch über Putz. Aber er ließ sich ein Klo einbauen, für ihn allein, Besucher mussten nach wie vor aufs Häusl hinters Haus gehen …

Es gäbe noch einiges übers Mozarteum zu erzählen, aber wo anfangen, wo aufhören? Wir waren gerade auf der Bühne in St. Peter. Karl Blühm, ein Schauspieler, unterrichtet uns im Rollenstudium. Ein Mann kam ins Theater und wollte ihn sprechen. Beide gingen nach hinten und wir standen herum als Blühm den Gang nach vorn kam und freudig ausrief: „Die Probe ist zu Ende, ich gehe weg. Ich habe soeben das Angebot von den Salzburger Festspielen bekommen, die ‚Stimme des Herrn' zu sprechen!" Sechs Jahre hat Blühm aus dem Domturm gesprochen: *„Fürwahr mag länger das nit ertragen, dass alle Kreatur gegen mich ihr Herz verhärtet böslich …"* 2005 habe ich diese Rolle übernommen. Sie wird als Person dargestellt und mit der Rolle des armen Nachbarn zusammengelegt. 2004 spielte es so ein sehr liebenswerter Kollege, Rudolf Wessely, nun bin ich an der Reihe zu sagen: *„Darum will ich in rechter Eil Gerichtstag halten über sie und Jedermann richten nach seinem Teil. Wo bist du, Tod, mein starker Bot? Tritt vor mich hin."*

# „Entschuldigung, ich such' das Fräulein Metz …"

## Erstes Engagement und Heirat

1955 bestand ich die Abschlussprüfung am Mozarteum mit Auszeichnung, und das brachte außer Ruhm und Ehre auch Bares. 7.000 Schilling, Geld, das ich dringend brauchte. Denn ich hatte bereits ein Engagement in der Tasche und im Vertrag stand schwarz auf weiß: Straßen- und Abendanzug sind mitzubringen. Natürlich bewarben wir Studenten uns schon vor der Abschlussprüfung bei unzähligen Bühnen, ich hatte das Glück, zu einem Vorstellungsgespräch im Kleinen Theater in Heilbronn eingeladen zu werden. Ich fuhr hin. Es war der letzte Spieltag der Saison. Eine Viertelstunde vor Beginn der Vorstellung kam ich an, verlangte nach dem Intendanten und wurde zu ihm geführt: „Merkatz, ich soll mich vorstellen!"

„Um Gottes willen!" Walter Bison, ein nobler Herr, immer wie aus dem Ei gepellt, hob mit einer bedauernden Geste beide Arme. „Tut mir leid, ich habe keine Minute Zeit für Sie. Ausgerechnet am letzten Abend kommen Sie daher! Nein, wirklich, es geht nicht!"

Ich stand da wie ein begossener Pudel, tief deprimiert. Offenbar habe ich ihm Leid getan.

„Also gut, kommen Sie morgen um zehn Uhr!"

Ich war am nächsten Tag pünktlich im Theater, wurde aufgefordert, auf die Bühne zu gehen, und Bison setzte sich in die vorletzte Reihe des Zuschauerraums: „Sprechen Sie bitte vor!"

Ich hatte fünf oder sechs Stücke vorbereitet – darunter die Rollen des Franz Moor und des Mortimer – und legte los. Als ich

*Ein Bild, das mir eine schlechte Nachred' bringen sollte: Ich spielte mit Karin Pette in „Gaslicht" und schickte Martha ein Szenenfoto nach London. Ihre Schwester war entsetzt über den „alten Mann".*

„Was kann der Sigismund dafür, dass er so schön ist …“ Der Karl hat jedenfalls im „Weißen Rössl“ in Heilbronn sein Bestes gegeben.

fertig war, mein ganzes Herzblut hatte ich hineingelegt, herrschte zuerst einmal tiefes Schweigen. Und dann: „Haben Sie noch etwas?!
Ich: „Ich lerne gerade den Zwirn aus *Lumpazivagabundus* von Nestroy."
Er: „Aha, Sie lernen gerade. Dann lesen Sie es wenigstens."
Ich nahm das Textbuch aus der Tasche und las:

„**Leim:** *Ich war nur in eine Einzige verliebt.*
**Zwirn:** *In eine Einzige? Brüder! Das ist ja gar nicht der Müh wert, dass man davon redt. Wie ich in der Lehr war, war ich schon in Zehne verliebt. Mein erster Meister, zu dem ich als G'sell kommen bin, hat ein schön's jung's Weiberl g'habt, das Weiberl hat mir g'fallen, und ich ihr auch, denn ich war damals ein sehr liebenswürdiger Jüngling. – Einmal gibt mir das Weiberl ein Bussi, da kommt der Meister dazu, und der Esel hat sich drüber so aufg'regt, dass mir sein Weib ein Bussi geb'n hat, und jagt mich auf der Stell davon. – Mein zweiter Meister hat fünf Töchter g'habt – das waren Zwilling – da war ich aber in alle fünfe zugleich verliebt. – Einmal haben wir Pfänder g'spielt – no du weißt, das geht auch mit'n Bussel geben aus.*
**Knieriem:** *Allemal.*
**Zwirn:** *Wie wir die Pfänder ausg'löst haben, kommt der Meister dazu – der geht her, gibt mir für eine jede Tochter zwei Watschen und jagt mich fort.*
**Knieriem** : *Zwei Watschen? Das ist zu viel.*
**Zwirn** : *Nicht wahr? Ich wär ja hinlänglich zufrieden gewesen, wenn er mir für eine jede Tochter eine Watschen gegeben hätte, aber zwei Watschen, das ist ja ein offenbarer Luxus."*

So ganz verstand Bison das Österreichische nicht. „Ja, was mach' ich denn nur mit Ihnen?", dachte er laut nach. „Wissen Sie was, wenn Sie auch Inspizient machen und die Requisite übernehmen, engagiere ich Sie!"

Unserem lieben und geschätzten Komiker-Kollegen Karl Merkatz (genannt "Meerkater") und seiner Gemahlin Martha wünschen wir Unterzeichneten einen glücklichen Ehestart, sowie eine harmonische sonnige Ehe.

Toi Toi Toi!!!

DAS ENSEMBLE DES KLEINEN THEATERS HEILBRONN.

*Das Ensemble des Kleinen Theaters Heilbronn gratuliert Martha und Karl Merkatz zur Hochzeit.*

Ich hatte meine erste Anstellung an einem „richtigen" Theater. Zurück in Salzburg, ich wohnte noch bei den Kapuzinern, begann eine geschäftige Zeit: Ich musste mich ja einkleiden. Ich machte einen Schneider in Freilassung ausfindig, der mir um exakt 7.000 Schilling einen Straßenanzug und einen Smoking anfertigte. Nach Maß. Und für jeden Anzug musste ich dreimal zur Probe fahren, hin und her, jedes Mal über die Grenze, insgesamt zwölfmal. Nie gab es Probleme, aber allmählich kannte mich der Zöllner schon. Ausgerechnet bei der letzten Fahrt, ich war besonders fröhlich, denn die Anzüge passten tadellos, waren bezahlt, sollten nach Heilbronn geschickt werden, fragte er streng: „Haben Sie etwas zu verzollen?". Ich, ausgelassen, deutete auf meinen Bauch und verkündete theatralisch: „Ja, Kaffee und Kuchen!"

Mehr hab' ich nicht gebraucht! „Aha", meinte er, hob die Brauen und musterte mich von oben bis unten. „Kommen Sie mit mir!" Er brachte mich, langsam vor mir her schreitend, in einen kleinen Nebenraum. Dort musste ich mich ausziehen, splitternackt, mich tief, tief hinunterbeugen – und wurde gewissenhaft von hinten untersucht. Ein unvergessliches Erlebnis!

Von meinem Ersparten kaufte ich mir in der Lieferinger Hauptstraße ein Fahrrad mit Hilfsmotor, besucht meine Spezl'n in Wiener Neustadt, hörte mir gelassen Kommentare an wie „der Karl spinnt, der wird jetzt Schauspieler!" und machte mich Ende Juli auf den Weg ins erste Engagement. Auf meinem Fahrrad mit Hilfsmotor, mit leichtem Gepäck, fuhr ich über bereits fertige Teilstücke von Autobahnen, bis mich die Polizei runterholte.

Ich fand schnell ein Zimmer bei einer älteren, strengen Frau, die – wie könnte es anders sein? – Damenbesuche nur bis zehn Uhr duldete. Das Theater hieß Kleines Theater Heilbronn, und so klein war das Ensemble ebenfalls. Die Proben begannen. Wir spielten Klassiker, Operette, Modernes, quer durch den Gemüsegarten.

Ich plauderte öfter mit Herrn Färber, unserem Techniker und Kulissenfahrer, seine Frau sang im Chor. Das Paar war befreundet mit einem jungen Mädchen – was für ein Mädchen! Achtzehn, sehr hübsch, sehr schüchtern. Ich habe mich intensiv an sie heran gemacht und stach alle anderen Verehrer aus – dachte ich zumindest. Doch Martha, Martha Metz, war alles andere als begeistert von den Annäherungsversuchen des verrückten Huhns aus Österreich. Der, zu ihrem Entsetzen, einen knallroten Pullover mit Fledermausärmeln trug, gestrickt von einer Jugendfreundin.

Martha erzählte mir von ihrer Familie, die aus Bijeljina im ehemaligen Jugoslawien kam. Doch als Deutschstämmige holte man sie 1942 heim ins Reich. Und nach vielen Irrwegen fanden sie in Heilbronn eine neue Heimat. Ich berichtete über meine Träume, Wünsche und Pläne. Und mit ihrer großen Sensibilität merkte sie sehr wohl die Leidenschaft, die ich für meinen Beruf empfand. Wir entdeckten, dass wir einander eigentlich schon früher hätten begegnen können: Als Sechs-, Siebenjährige hatte Martha kurze Zeit in der Nähe von Wiener Neustadt verbracht.

Im ersten Jahr meines Engagements in Heilbronn schlug das Schicksal voll zu. Im November 1955 hatte ich einen schweren Unfall. Mit meinem Fahrrad mit Hilfsmotor, das kaum 25 Stundenkilometer fuhr, stieß ich in einer Kurve mit einem entgegenkommenden Motorrad zusammen und erlitt einen komplizierten Oberschenkelbruch. Schrecklich und belastend, dass der Fahrer des Motorrads dabei gestorben ist. Ich kam ins Krankenhaus, der Bruch wurde genagelt, damals eine noch sehr junge Technik, und musste bewegungslos liegen. An meinem Bein hingen Gewichte, bleischwer, ich war völlig hilflos. Aber doch nicht so sehr, dass ich mein Ziel, Martha, aus den Augen verloren hätte.

Was fiel mir nicht alles ein! Ich ließ sie bitten, mich zu besuchen. Ich ersuchte sie, mir Bücher aus meiner Wohnung zu bringen, zu lüften, einen Mantel von rechts nach links zu hängen. Kurz: Ich habe es geschafft, sie zu beschäftigen. Wenn es ihr zu lästig wurde, für mich den Schani zu spielen, schickte sie ihren kleinen Bruder Willi. Er war sechs, sieben und huschte mit den Worten: „Das soll ich von der Martha bringen!" schnell wieder aus dem Krankenzimmer. Aber dann ließ sie sich doch erweichen und tauchte persönlich auf. Offenbar gewöhnte sie sich schön langsam an mich.

*Kaum zu glauben, dass mich Martha erst an unserem Hochzeitstag zum ersten Mal auf der Bühne gesehen hat. Ich spielte den Oberkellner Pelikan in „Die Zirkusprinzessin".*

*3. November 1956, unser Hochzeitstag. Sieht man dem Brautstrauß an, dass er mit der Schere gestutzt worden ist?*

Der Bruch war noch komplizierter, als man ursprünglich angenommen hatte. Und das Pech verfolgte mich weiter. Als mich zwei Pfleger auf dem Weg zum Röntgenraum ungeschickt aus dem Bett hoben, brachen sie mir erneut das Bein. Große Aufregung, Vorwürfe, Schreiduelle mit dem Chefarzt, dem ich Pfuscherei vorwarf. Ich fürchtete, meinen Beruf nicht mehr ausüben zu können. Deshalb empfahl mir der Arzt wiederum die damals noch sehr junge Therapie, das Nageln. Es gelang. Und nach acht Monaten schleppte ich mich mühsam auf Krücken vorwärts. Ich sorgte mich um mein Engagement, schließlich hatte ich kaum drei Monate gespielt. Erst im August 1956 konnte ich endlich wieder auf die Bühne!

Einmal, als ich schon ein wenig mit Krücken gehen konnte, paschte ich kurzerhand aus dem Krankenhaus ab und humpelte zu Martha. Mindestens ein halbe Stunde quälte ich mich ab, bis ich endlich vor ihrem Haus stand. Ich läutete – nichts. Ich läutete nochmals, diesmal schon heftiger – nichts. Dann sah ich in der Waschküche im Souterrain eine Frau mit einem Kopftuch. Ich werde sie nach dem Fräulein Metz fragen. Vielleicht weiß sie … Ich plagte mich hinunter, alles war voll Dampf. „Entschuldigen Sie, bitte …" Die Frau mit dem Kopftuch drehte sich erschrocken um – es war Martha!

Sie war die Frau, die ich heiraten wollte! Als es mir etwas besser ging, nahm ich all meinen Mut zusammen. Ich besuchte unangemeldet die Familie und war doch ein wenig erschrocken, dass ich mitten ins Mittagessen platzte. Ohne es mit Martha vorher abgesprochen zu haben, bat ich ihren Vater um ihre Hand. Ich konnte es direkt sehen: Allen ist augenblicklich der Appetit vergangen.

Messer und Gabeln wurden weggelegt, jeder saß stocksteif auf seinem Sessel. Und das hatte seinen guten Grund. Der lag zum Glück nicht in meiner Person.

Als Martha sechzehn war, starb ihr Mutter. Von diesem Zeitpunkt an sorgte sie für ihre Familie, zwei jüngere und einen älteren Bruder. Ihre Schwester Erna war schon verheiratet und lebte in England. Ihr Vater, ein Schneidermeister, brauchte sie dringend. Natürlich gab man sie nicht gern her! Man hatte schon so viel mitgemacht, und jetzt auch noch das! Ohne Martha, wie sollte es weitergehen? Es ging.

Ende Juli 1956 fuhr Martha, damals schon meine Braut, zu ihrer Schwester nach London. Da ihr Vater kein Geld hatte, es aber damals üblich war, den Mädchen eine Aussteuer mitzugeben, machte er mir einen Vorschlag: Ich sollte kostenlos in Marthas verwaistem Zimmer wohnen und für das ersparte Geld unseren Hausstand anschaffen. Ich nahm an und versuchte mich nützlich zu machen. Doch alle Versuche, zum Beispiel für die Buben zu kochen, schlugen total fehl.

Ich schrieb täglich Briefe. Flehte Martha an, zurückzukommen, nicht die geplanten drei Monate zu bleiben, schickte ihr Rosen, schickte ihr ein Bild von mir. Und dieses Bild führte zu einem großen Missverständnis. Es zeigte mich in meiner Rolle als Inspektor in *Gaslicht*, weißhaarig, auf alt geschminkt. Ihre Schwester sah es, war überzeugt, dass dieser Alte nicht der richtige sein kann und versuchte Martha „diesen unpassenden Menschen" auszureden und in England zu bleiben. Alle Beteuerungen – nur eine Rolle! – waren vergeblich.

Martha kam am 31. Oktober zurück. Ich hatte alles vorbereitet für die Hochzeit am 3. November. Unterschreiben musste sowieso ihr Vater, da Martha noch nicht 21 Jahre war. Sie brachte ein Kleid aus England mit. Es war mir nicht gut genug für meine künftige Frau, also erstanden wir in einem schicken Geschäft einen Traum in Beige. Mit dunklem Pelzbesatz um den Ausschnitt. Viel zu teuer für unsere Verhältnisse!

Für elf Uhr war die Trauung im Standesamt angesagt. Es war ein wunderschöner Tag, die Sonne strahlte, man brauchte nicht einmal einen Mantel. Ich hatte an diesem Vormittag Probe und bekam daher nicht mit, was sich daheim alles an Aufregungen abspielte. Martha musste beim Friseur endlos warten, kam auf den letzten Drücker nach Hause, vergaß in der Hektik, das Unterkleid anzuziehen, und musste entdecken, dass der Brautstrauß, Spinnenchrysanthemen in Gelb, schon braune Spitzen hatte. Marthas praktische Großmutter machte kurzen Prozess, nahm eine Schere und „frisierte" ihn So! Auf zum Rathaus! Doch wer noch nicht da war, war der Bräutigam, der bis kurz vor elf Uhr im Theater einen Shakespeare probte, im grauen Anzug.

Aber es ging sich alles aus. Das Heilbronner Rathaus ziert eine große Uhr mit Glockenspiel, zur vollen Stunde kommt ein Hahn heraus, und mit seinem Kikeriki erschienen wir. Als wir mit unserer Begleitung die prachtvolle Treppe zum Trauungssaal hinaufstiegen, kam uns munterem Völkchen ein Brautpaar mit Begleitung entgegen – alle in schwarz und mit tieftraurigen Gesichtern.

Wir lachten, so wollten wir nicht rauskommen.

Das Hochzeitsessen fand in der Wohnung statt. Und weil Marthas Taufpatin gar so unglücklich war, dass wir nicht zuerst kirchlich geheiratet hatten (wir holten es später in Wiener Neustadt nach), schenkte sie ihr ein weißes Brautkleid – und mit dem saß Martha dann an der Tafel.

Am Abend hatte ich Vorstellung in Neckarsulm. Unsere paar Gäste feierten munter weiter, meine Frau fuhr mit mir ins Theater. Und sah mich, das erste Mal auf der Bühne. Wir spielten *Die Zirkusprinzessin*, ich gab den Oberkellner Pelikan. Und ein Kollege baute in den Text ein: *„Unser Pelikan hat heute Hochzeit!"* Großes Hallo auf der Bühne und im Zuschauerraum.

In der Wohnung meines Schwiegervaters haben wir das große Schlafzimmer bezogen, er nahm mit einem kleinen Kabinett vorlieb. Und jedes einzelne Möbelstück in unserem kleinen Reich, Tisch, Bett, Kommode, Sessel, stammte von meiner Hand.

In Heilbronn habe ich meine Frau kennen gelernt, wir waren glücklich und zufrieden, und doch …

Wir probten Arthur Millers *Hexenjagd*. Vom Zuschauerraum aus rief mir Intendant Bison zu: „Merkatz, Arschbacken zusammen und hier, aus dem Tschum spielen!" Dabei schlug er sich auf den Solar Plexus. Ich ging an die Rampe und sagte ganz ruhig: „Herr Intendant, Arschbacken auseinander und von hier" – ich griff mir ans Herz – „mit Freude muss man Theater spielen! Ich kündige!" Ich verließ das Theater am Ende meiner zweiten Spielzeit und war arbeitslos.

„Was ihr wollt" am Salzburger Landestheater – es war nicht ganz das, was ich tatsächlich wollte.

# „Ich wohn' da drüben – wo's brennt!"

## Am Salzburger Landestheater

Habe ich in Heilbronn aus einer Laune heraus gekündigt? Um einem kurzen Ärger Luft zu machen? Nein! Ich hatte ganz konkrete Vorstellungen, wie man Theater zu spielen hat. Und auch wenn nicht alle Blütenträume reifen, wie Goethe im *Prometheus* sagt – ich wollte der Figur einer Rolle so nahe wie möglich kommen. Bin oft gescheitert und hab's oft geschafft.

Zuerst stellte sich die Frage: wohin? Ohne Arbeit, ohne Wohnung, nur mit ein paar Möbelstücken, die ich in Heilbronn getischlert hatte. Eine große Kiste wurde verkleidet und zu einem Schrank umfunktioniert, in den wir den ganzen Kleinkram packen konnten. Es zog uns nach Wiener Neustadt, zurück zu meinen Wurzeln.

Bei meinen Eltern, sie hatten nur eine kleine Wohnung, konnten wir nicht wohnen, also suchten wir eine Unterkunft. Herr Nörer, ein allein stehender älterer Herr mit einem kleinen Häuschen, vermietete eine winzige Mansarde. Zu klein für zwei, wie er uns erklärte. Doch dann hat er Martha lange angeschaut und ist weich geworden: Im Krieg war er in Jugoslawien sehr verliebt in eine junge Frau. Als Martha sagte, sie sei in Jugoslawien, in Bijeljina, geboren worden, da war's um ihn geschehen. Martha, so erklärte er mit Tränen in den Augen, könnte ja seine Tochter sein. Sie war es natürlich nicht, aber wir hatten unsere Unterkunft. Und bekamen aus dem Garten Obst und Gemüse.

Die Idee, in Wiener Neustadt ein eigenes Kellertheater aufzumachen, ein Theater für junge Menschen, tauchte immer wieder kurz in meinem Kopf auf und gefiel mir von Tag zu Tag besser.

Nichts zu arbeiten zu haben war nie und ist auch heute nicht mein Ziel.

In Wiener Neustadt gibt es immer noch die Wehranlage an der alten Stadtmauer. Darunter befinden sich die Katakomben, große Gewölbe, die ich aus meiner Jugendzeit gut kannte. Meine Verbündeten: Lehrer, Professoren und der Kommandant der Militärakademie, die erkannten, dass es frischen Wind braucht, um die Jugend ins Theater zu bringen. Der Amtsweg: Ich musste mir eine Konzession besorgen. Im Kulturministerium suchte ich an, doch dort hieß es, Wiener Neustadt habe schon eine, fürs Stadttheater, ich möge mich an die Stadt wenden. Das Haus wurde vom Badener Stadttheater mit Gastspielen lediglich bespielt, und das auch nur an Wochenenden.

Mein Weg führte mich zum zuständigen Stadtrat. „Das freut mich aber sehr, dass jemand an so etwas denkt, dass jemand etwas für die Jugend tun möchte." Er war sehr freundlich. „Aber wissen S' was, gehen Sie doch zuerst einmal ins Ausland und werden Sie was. Und dann kommen Sie wieder."

Aus der Traum, ich weinte ihm nicht nach. Den Grund für diese Abfuhr erfuhr ich später: Er war der Verwahrer der Konzession und wollte selbst so ein Projekt ins Leben rufen, und nun kommt so ein Junger und hat ganz konkrete, Erfolg versprechende Pläne – das geht doch nicht!

Wir wohnten also bei Herrn Nörer in der Blumengasse, und ich schaute mich intensiv nach einem Engagement um. Viele Bewerbungsbriefe waren unterwegs, nichts hat sich getan! Dann, endlich, ein Schreiben vom Salzburger Landestheater! Ich möge mich vorstellen kommen.

Unser Zimmerchen war zu klein, um laut lernen zu können, also ging ich in den großen Park der Militärakademie. Abseits saß ich auf einer Bank, rezitierte, keinen störte es. Auch nicht die Dame, die mit ihrem Schäferhund einen Spaziergang machte. Aber ich schrak hoch, als der Hund plötzlich zu bellen anfing, an mir vorbei raste und einen Hasen ins Gebüsch verfolgte. Ich hörte nur

*„Anatevka", von Dietmar Pflegerl inszeniert, wurde vom Stadttheater Klagenfurt ins Theater an der Wien geholt.*

*11. 11. 1993, Premiere von „Der Mann von La Mancha" im Stadttheater Klagen*

*Das zweite Mal, dass ich „Warten auf Godot" spielte. Mit der Inszenierung im Stadttheater Klagenfurt war ich aber nicht sehr glücklich.*

ein Quieken, dann Stille, das Viech hatte den Mord hinter sich gebracht. Und sein Frauerl verschwand mit ihm hinter den Büschen.

Ich warte ein paar Minuten, dann schlich ich mich zum Tatort. Ich sah den prächtigen Feldhasen regungslos liegen, kaum verletzt, schnappte ihn und steckte ihn in meine Aktentasche. Am Militärposten vorbei – hoffentlich merkt er nichts – brachte ich den Hasen nach Hause. Martha bereitet ihn wunderbar zu.

Am nächsten Tag fuhr ich mit dem Zug nach Salzburg, als Wegzehrung hatte ich eine panierte Hasenhaxe mit. Ich ließ es mir gut schmecken. Kaum war der letzte Bissen unten – um Gottes willen – was ist, wenn der Hund Tollwut gehabt hat? Ich sah mich schon in Krämpfen winden – was tun? Nichts kannst tun, redete ich mir selbst gut zu, wird schon nichts passieren. Weshalb sollte der nette Hund Tollwut haben? Allmählich beruhigte ich mich … Und als ich ins Theater kam, war ich bereits wieder Herr meiner Sinne.

Intendant Fritz Klingenbeck, unter Kollegen wurde er nur „Zinserl" genannt, er war einen Kopf kleiner als ich, stand hinter dem Pult im Betriebsbüro. Nein danke, vorsprechen brauche ich nicht, er kennt mich ja, aber leider …

„Im Moment ist nichts frei, Herr Merkatz, aber wenn sie an Ort und Stelle wären und ich Sie jederzeit kurzfristig erreichen könnte – ja, da sähe ich schon eine Chance. Wiener Neustadt ist halt doch ein bisserl weit." Was wie eine fadenscheinige Ausrede klingt, ist nur aus der Zeit heraus zu verstehen. Wir schrieben das Jahr 1957, wer war damals schon uneingeschränkt mobil? Ja, Branov, der Tenor, später lernte ich ihn kennen. Er fuhr ein brennrotes Cabriolet.

Was also tun? Keine Frage, auf nach Salzburg! Und wieder stellte sich die leidige Wohnungsfrage. Vorerst campierten wir, anders kann man es nicht nennen, bei einer Freundin aus Seminartagen, Mira. Eine ungemein hilfsbereite, herzliche Person mit einem großen Hund, der ihre guten Eigenschaften angenommen hatte. Er hatte nur einen Nachteil, er stank gottesfürchterlich. Martha war sein besonderer Liebling, nur war meine Frau damals schon schwanger, und es gab Gerüche, Aroma Hund gehörte eindeutig dazu, die ihr den Magen umdrehten.

Ich meldete mich beim Arbeitsamt an und bekam monatlich 480 Schilling. Eine Freundin, Eveline, sie war in einer Trafik angestellt, vermittelte uns ein Zimmer bei einer lieben, sehr alten und reichlich verwirrten Dame. Wir waren selig, denn die Wohnung lag wunderschön, über dem Arabia, gegenüber vom Café Bazar. Zizerlweise brachten wir Kleider und Wäsche von Miras Wohnung, sie lag nicht weit entfernt, zu unserer neuen Bleibe. Martha schlug noch vor, alles auf einem Haufen beim Fenster zu stapeln, denn es könnte ja sein, dass die alte Dame neugierig ist, sich umschaut und über unseren herumliegenden Kram stolpert. Für den Transport der letzten Habseligkeiten borgte ich mir ein Leiterwagerl aus. Martha ging inzwischen in die Trafik, um Meldezettel zu besorgen.

Ich wollte gerade die Brücke überqueren, traf ich einen alten Spez'l: „Hallo, servas, was machst, wie geht's, wo marschierst mit dem Leiterwagerl hin?

„Ich ziehe gerade um, dorthin …" – ich drehte mich um und zeigte mit der Hand auf das Haus – „ … wo's brennt …!

Feuerwehr, Leiter, neugierige Menschen.

Martha war vor mir eingetroffen. Sie hatte, in Gedanken versunken, weder Leute noch Feuerwehr bemerkt. Ein Polizist hielt sie auf: „Fräulein, hier können Sie nicht durch!" „Aber ich wohne doch da!" So ließ man sie durch das Durchhaus zum hinteren Eingang. Wo ich dann, durch eine Seitengasse kommend, mit meinem Leiterwagerl auftauchte. Nun saßen wir beide auf dem Gehsteig und weinten. Alles im Eimer. Aber wie das Leben so spielt: Während wir wie zwei Häufchen Elend vor den Trümmern unserer bescheidenen Existenz standen, konnten wir uns Minuten später das Lachen nicht verkneifen. Ein Kohlenwagen kam daher und der Fahrer schüttete seelenruhig, während oben

*Fredl Polaschek und seine Frau Hilda: Mit ihnen wollten wir nach Australien auswandern, aber es kam anders ...*

eine Wohnung lichterloh brannte, das Heizmaterial in den Keller. „Legt er nach, damit es nicht ausgeht?"

Dank Marthas Umsicht, bis zum Fenster unseres Zimmers war das Feuer nicht gedrungen, konnten wir unsere Sachen unversehrt herausholen. Aber die Kleider stanken fürchterlich nach Rauch. Am nächsten Tag stand in der Zeitung: „Junges Künstlerehepaar total ausgebrannt." Daraufhin meldete sich eine Dame, die uns ein Zimmer anbot, ebenfalls schön gelegen, am Platzl vor der Staatsbrücke.

Wir kamen hin, läuteten, eine äußerst adrette Person öffnete uns und führte uns in einen kleinen Raum. Zwei schmale Betten, eine Kommode, ein Tisch, ein Sessel und Bilder, Bilder eines jungen Mannes. „Mein Sohn ist im Krieg gefallen, das war sein Zimmer. Sie können es gerne haben. Aber sie dürfen nichts verändern. Sie dürfen auch nicht gemeinsam in einem Bett schlafen, und die Fotos müssen genau so stehen bleiben."

*Mit dem Selbstauslöser aufgenommen. Ein Schauspieler wird doch ein bisserl eitel sein dürfen!*

Danke, da zogen wir lieber in ein Zimmer in einer Wehrmachts-baracke in der Alpenstraße. 400 Schilling im Monat, 480 bekam ich Arbeitslose. Zu wenig zum Leben, zu viel zum Sterben. Aber es gab ja die Kapuziner!

Ich wollte wieder einmal zum Theater, um nachzufragen, ob vielleicht jemand gebraucht werde. Als ich an der Salzach ent-langging, am Mozartsteg vorbei, kam mir ein Kapuziner entge-gen, Pater Ubald. Wir begrüßten uns freudig, und er sagte: „Gut, dass ich dich treffe. Vorne an der Staatsbrücke hat mir eine Frau gerade 500 Schilling gegeben. Ich soll das Geld jemandem schenken, der es braucht, und nun kommst du daher. Hier, da hast du es." Er lachte, und ging den Mozartsteg hinüber. Die Kapuziner waren wieder einmal unser Rettung. So hatte auch Pater Ubald die Idee, die Bibliothek, sie liegt nicht in der Klau-sur, zu ordnen. Von Pater Quardian bekam Martha die Erlaub-nis, mitzugehen.

Während meiner Studienzeit hatte ich ja am Kapuzinerberg gewohnt. Ich wusste daher, dass die unschätzbar kostbaren Bücher der Mönche während der Nazizeit lieblos hinter den Hochaltar geworfen worden waren. Man hat sie zwar nach dem Krieg hervorgeholt, von systematischer Ordnung konnte aber keine Rede sein.

Meine Frau und ich machten uns also an die Arbeit. Oktober, November, es wurde langsam kalt und kälter. Martha wurde dicker und dicker. Wir schnitten uns von Handschuhen die Spitzen ab, trugen Pullover, Mäntel, Schals – und froren weiter in den eisigen Räumen mit den dicken Mauern. In das Refektorium, den Speisesaal der Patres, durften wir nicht, Martha schon gar nicht. So wärmten wir uns zu Mittag in der

*Freut mich, danke! Nur leider, Schüler von Alfred Neugebauer war ich nie.*

Küche in der Gesellschaft von Bruder Gorgonius, dem Pförtner. Läutete die Glocke, holte er eine Schüssel Suppe und klaute der Köchin auch hin uns wieder ein Stück Fleisch für die Hungrigen draußen in der Kälte. Wir hatten Glück, wir saßen in der Küche. Die Patres hatten sich in der Klausur, in einer kleinen Zelle, eine Handbibliothek eingerichtet. Pater Ubald meinte zu der frierenden Martha: „Setz dich doch da rein, ich bringe dir einen Elektrostrahler." Wie angenehm, sie hatte es wärmer und konnte die Bücher, die ich ihr brachte, in Ruhe katalogisieren. Und da, ein kleines Wunder. Ich nahm aus dem Haufen von zehntausenden Büchern einen Stapel – und hatte plötzlich eine Bibel anno 1500 und ein paar Jährchen in der Hand. Ich sagte es Pater Quardian, und er kam in die Handbibliothek. Er blieb in der Tür stehen: „Um Gottes willen!" Ich sagte: „Ja, das ist die Bibel!" Und er: „Nein, nicht die Bibel, die Martha. Sie darf hier nicht sitzen, das Zimmer gehört zur Klausur." Martha musste sofort gehen, zurück in die Kälte der großen Bibliothek. Er schaute sich die Bibel an und war überglücklich, dass dieses wertvolle Buch während der Nazizeit nicht entdeckt worden war. Wer weiß, was damit geschehen wäre. Pater Quardian musste aber den Vorfall mit einer Frau in der Klausur dem Provinzial nach Innsbruck melden. Glückliches Ende: Martha durfte bleiben. Ich glaube die Tatsache, dass wir diese Bibel gefunden haben, hat ihr dieses Privileg eingebracht.

Auf unserer Tür im Barackenzimmer hatten wir eine Zeitungsseite mit einem Jahreshoroskop geklebt, und das verhieß den Skorpionen eine große Wende zum Positiven. Ich fühlte mich angesprochen, aber das Jahr ging ja schon zu Ende. Wo blieb die Wende? Weihnachten stand vor der Tür, und unsere achtzig Schilling waren bis auf einige aufgebraucht. Aber wir hätten doch so gerne einen Weihnachtsbaum, und wenn er auch nur klein wäre.

Am heiligen Abend gingen wir auf den Christkindlmarkt und überlegten: zehn Schilling haben wir noch. Sollen wir uns etwas zu essen kaufen oder einen Weihnachtsbaum. Ein Burenhäutl zum Beispiel wäre eine Delikatesse. Aber ein 24. Dezember ohne Bäumchen? Wir finden sicher einen auf dem Domplatz!

Es war schon Abend, die Lichter auf dem Christkindlmarkt waren verführerisch, die Glaskugeln glitzerten und leuchteten. Zehn kleine Kugelchen in verschiedenen Farben, das Stück einen Schilling (nebenbei: diese Kugeln haben wir noch heute und verwenden sie immer noch). Dazu um zwei, drei Schilling kleine Tortenkerzen, ein bisschen Lametta. Während Martha den Christbaumschmuck kaufte, erstand ich heimlich an einem Nebenstand ein Paar rote Fäustlinge, die billigsten. Fünfzehn Schilling hatte ich gespart, und dafür bekam ich sie auch. Und dann zum Domplatz, zu den Christbäumen. Die Händler räumten die traurigen Überreste bereits zusammen. „Soll ich einfach einen nehmen?" raunte ich Martha zu, „die werden sowieso weggeschmissen." Nein, wir bekamen einen kleinen Wipfel geschenkt.

So schmückten wir am heiligen Abend des Jahres 1957 diesen Wipfel. Es waren unsere schönsten Weihnachten und vielleicht auch die traurigsten. Wir hatten aus dem Kloster ein Stück gelben amerikanischen Käse, zwei Zwiebeln und ein Stück Brot. Ich weiß nicht mehr, ob wir auch gegessen haben. Ich hatte für Martha eine kleine Geschichte auf meiner Schreibmaschine heruntergeklappert, die und die roten Fäustlinge waren mein Weihnachtsgeschenk. Wir saßen da und schauten in die Kerzen. Da klopfte es an der Tür. Ich öffnete – Pater Ubald stand vor mir mit einer großen Schachtel in der Hand: „Gesegnete Weihnachten. Da hat mir jemand so ein Riesenpaket geschickt, aber ich habe ja, was ich brauche. Jetzt wollte ich es schnell vorbeibringen. – Nein, nein, ich habe keine Zeit, ich bin schon wieder weg!" Und wie eine Erscheinung verschwand er.

Hatten wir geträumt? Nein, denn als wir auspackten, lagen vor uns die herrlichsten Köstlichkeiten. Wurst, Salami, Schinken, Käse. Die Wende?

Sie kam nach den Feiertagen, als wir die Hoffnung bereits aufgegeben hatten.

Die Hausfrau klopfte an die Tür: „Herr Merkatz, das Landestheater für Sie am Telefon!" Ich soll zum Intendanten kommen, er wolle mich sprechen.

In der nächsten halben Stunde war ich im Theater. Die Vorgeschichte: Im Landestheater war ein Inspizient angestellt, der

*Thomas Bernhard, mit ihm verband mich eine aufrichtige Freundschaft.*

meistens schon während der Probe stockbesoffen war. So auch an diesem Tag. Man warf ihn hinaus. Und stand ohne da. Der Merkatz könnte doch …

„Wir brauchten Sie als Inspizienten", so Intendant Fritz Klingenbeck, „aber in *Eisenbahnheiraten* müssten Sie auch eine Rolle in übernehmen."

„Ist viel Text?" Ich sah ich mich schon die Nacht durchlernen.

„Nein, nein, Sie müssen nur die Koffer am Bahnhof abgeben und sagen: ‚Do san's!'" Die Nacht war gerettet!

Ab dieser Zeit war ich am Landestheater engagiert. Sehr glücklich bin ich am Anfang nicht gewesen. Dankbar, ja, dankbar, eine Anstellung zu haben, eine größere Wohnung, vom Theater zur Verfügung gestellt. Ich renovierte die etwas abgewohnte Wohnung und tapezierte sie – mit unserer ersten Gage. Aber Inspizient und kleine Rollen? Doch es blieb nicht dabei, es wurde ein richtiger Inspizient eingestellt. Für die Kollegen und für Regisseure war ich Schauspieler und bekam im Verlauf des Jahres schöne Rollen. In *Ninotschka* zum Beispiel. Weinzierl, Elias und ich spielten die drei komischen Russen mit guten Erfolg. Aber meine Vorstellung von Theaterarbeit war eine andere. Damals war das Burgtheater das Höchste, auch das Schauspielhaus in Hamburg, Zürich. Mit Regisseuren von solchen Häusern wollte ich arbeiten. Joseph Meinrad war mir ein großes Vorbild, nicht zu denken, was Gustaf Gründgens damals für das Theater bedeutete. Während der Salzburger Festspiele – was für Schauspieler! Was die konnten, das wollte ich auch. Ich sagte mir, was der Meinrad kann, werde ich nie können. Martha meinte: „Was willst du denn, du bist doch erst am Anfang." Aber gerade an diesem Anfang wollte ich mehr, darum bin ich ja auch von Heilbronn weggegangen. Und ich war nicht allein mit meinem Wollen, ich lernte einige wunderbare Kollegen kennen, die genauso die Vorstellung lebten, das Theater müsste verändert werden. Helmuth Matiasek, Werner Schneyder, Kurt Weinzierl, Franzl Tragen, Charly Brand, Felicitas Ruhm, sie heiratete später Walter Richter, der mein Lehrer in Zürich war, Mario Haindorf. Haindorf? Da erinnere ich mich doch an eine kleine Episode … Er spielte den *Geizigen* von Molière. Ich stand bei seinem großen Monolog hinter ihm. Er macht seine Sache großartig, aber plötzlich begann das Publikum zu lachen, wo es eigentlich gar nichts zu lachen gab. Ich merkte, wie Haindorf anfing, sich darüber zu ärgern. Dann sah ich plötzlich den Grund des Gelächters: Auf der Bühnenrampe lief eine kleine Maus, ganz gemächlich kletterte sie auf den Souffleurkasten, auf dem höchsten Punkt machte sie Männchen, lief wieder runter, die Rampe entlang und verschwand hinter dem Vorhang. Zornig ging Haindorf nach dem Monolog ab, der Beifall kümmerte ihn wenig. In der Garderobe schimpfte er und machte mich verantwortlich, dass das Publikum ihn, wie er meinte, ausgelacht hatte. Ich erzählte ihm von der Maus, er beruhigte sich wieder und lachte natürlich auch darüber. Wir wurden gute Freunde. Er kam immer wieder zu uns nach Hause und brachte uns teuren Meinl-Bohnenkaffee.

Ja, und solche Geschichten und Geschichterln gibt es am Theater genug. Eine muss ich noch erzählen:

Wir gaben ein Gastspiel in Bad Gastein, *Jeanne* von Jean Anouilh, diese schöne Partie hatte Feli Ruhm. Es war drei Minuten vor Ende der Vorstellung. Ich stand in meiner Ritterrüstung neben ihr. Der Heldenvater, Kollege Cossovel, auf der anderen Seite. Jeanne, auf dem Scheiterhaufen, murmelte: „*Oh Rouen, Rouen, bist du wirklich meine Todesstadt?*" In diesem Augenblick: Kurzschluss in ganz Bad Gastein. Ich tastete mich zum Inspizientenpult, dort wusste ich eine Taschenlampe, schnappte sie und leuchtet damit Feli ins Gesicht. Sie sprach weiter: „*Oh Jesus!*"

*Agnes:* „*Arme kleine Jeanne, es ist zu dumm. Meint ihr, sie leidet schon?*"

*Charles:* „*Das ist ein böser Augenblick, der überstanden werden muss.*"

Darauf Cossovel: „Ich gehe in die Garderobe!" und ging ab. In diesem Augenblick war das Licht wieder da und wir lachten alle so, als wäre eine Komödie zu Ende …

An etlichen Theatern in Deutschland hatte ich mich beworben, an Häusern, wo ich glaubte, meine Vorstellung von Theater verwirklichen zu können. Aber es kamen nur Absagen. Oder gar nichts. Da ich der Meinung war, ich werde das nicht erreichen, was ich wollte, sagte ich mir: Wenn gar nichts weitergeht, könnte man doch alles hinter sich lassen und auswandern. Nach Australien zum Beispiel. Wir hatten zwar schon ein Kind, Gitta war am 2. Juli 1958 geboren worden, aber warum sollten wir es nicht schaffen, drüben Fuß zu fassen?

Meinen alten Freund aus Laientheatertagen Fredl Polaschek habe ich schon in meiner Züricher Zeit animiert, in die Schweiz zu kommen. Er hat sich damals schön hochgearbeitet im Hotelwesen, aber so ganz zufrieden war er auch nicht.

„Wir gehen nach Australien, kommst mit?", überfiel ich ihn, und er sagte ohne auch nur eine Sekunden nachzudenken ja. Hilda,

*„Wo ist der Ring? Gib ihn sofort her, tepperter Bua!" Am 10. August 1957 hat uns Pater Bernhard in Wiener Neustadt kirchlich getraut.*

seine Freundin aus der Theaterzeit, war mit ihm zusammen, und sie wollte mit. Martha und ich haben im Salzburger Konsulat für die Einreisegenehmigungen eingereicht, er und Hilda in der Wiener Botschaft. Nach vier Wochen bekam er bereits Bescheid: Vorladung zur Untersuchung und vierzehn Tage später kann es, wenn alles in Ordnung ist, losgehen.

Zu Ostern 1959 war's für Fredl und Hilda soweit. Wir luden sie zum großen Abschiedsfest nach Salzburg ein und kauften dafür einen Truthahn, ein Riesenvieh, das kaum ins Backrohr passte. Und wie lange der brauchte, um gar zu werden! Nach dem Essen brachten wir unsere Freunde unter Tränen und Beteuerungen – „Bald kommen wir nach!" – zum Bahnhof. Sie fuhren bis Genua, dann drei Monate mit einem Schiff nach Australien. Und wussten nicht, was sie erwarten würde: Sie mussten in einem Auffanglager perfekt Englisch lernen, um als Einwanderer im Berufsleben gute Aussichten zu haben. Fredl konnte schon gut Englisch und so sind beide früh aus dem Lager weg in ihre eigene Zukunft.

Zwei Wochen später bekamen wir die Aufforderung zur Untersuchung, den Tag danach sollten wir schon dort sein. Martha und ich saßen im Zimmer, Brigitta schlief schon. Waren wir glücklich, alles hinter uns lassen zu können? Der Gedanke, drüben mit einem Kleinlaster von Farm zu Farm zu fahren und als Tischler Fenster, Türen, Möbel zu reparieren, gefiel mir. Doch das wäre für mich nur der Anfang gewesen. Das Ziel war doch wieder die Bühne. Die Sprache so zu lernen, dass ich es in Sydney am Theater versuchen könnte.

Martha stand immer zu mir, was das Theater anbelangte, ohne sie hätte ich es nie schaffen können. So stellten wir an diesem Abend ein Orakel: Wenn morgen keine Nachricht von einem Theater kommt, so gehen wir zur Untersuchung, und ab nach Australien!

Der nächste Tag. Wir saßen beim Frühstück, über unsere Stimmung will ich mir heute keine Gedanken mehr machen. Es läutete. Der Briefträger brachte ein Telegramm. Agentur Alois Starke, Angebot nach Nürnberg für zwei Jahre.

„Ich glaub's nicht, ich fass' es nicht, da erlaubt sich doch jemand einen Scherz mit uns, irgendein Idiot will uns reinlegen. Aber nicht mit mir!" Martha blieb ruhig. „Ruf an und erkundige dich, ob es tatsächlich stimmt." Ich rannte zum Telefonhüttl, bekam jemanden von der Agentur an den Apparat: „Ja, es handelt sich um ein seriöses Angebot."

Die Details: In Salzburg hatte ich 1.700 Schilling monatlich verdient, bei den Städtischen Bühnen Nürnberg sollten es 1.500 Mark sein. Wir waren Millionäre.

# „Frau, wir tapezieren nicht mehr!"

## Nürnberg – Salzburg – Köln

Salzburg ade – wir machten uns also im Sommer 1960 mit unserer bewährten Umzugskiste auf den Weg nach Nürnberg. Das Theater stellte uns eine Wohnung in der Albrecht-Dürer-Straße Nr. 9 zur Verfügung. Wir waren die Erstbezieher, so brauchte ich nicht zu renovieren. Gegenüber war ein Gasthaus, wo ich mir mein erstes Bier holte.

„Ich ziehe gerade da drüben ein", sagte ich zum Wirten.

„Sind Sie Österreicher?", fragte er

„Ja, hört man's?"

„Was machen Sie denn?"

„Ich bin am Stadttheater."

„Ah, Sie sind Schauspieler! Der Werner Krauß, ein berühmter Kollege von Ihnen, war auch am Stadttheater und ist oft bei mir gesessen. Genau da, an dieser alten Holzsäule ist er immer gelehnt. Der hat was vertragen, sag' ich Ihnen!" Später bin ich auch öfter an der Säule gelehnt, aber so geeicht wie der Krauß war ich lange nicht.

Natürlich hat man sich am Theater Anekdoten über den Krauß erzählt, ich habe sie alle erfahren … Sie spielten *Sommernachtstraum*, Krauß war der Zettel. Die kleinen Elfen standen vor den Büschen im Wald und Krauß dahinter. Unbemerkt vom Publikum kitzelte er sie und nahm sie bei der Hand. Und eines Tages hielt er etwas anderes hin zum Greifen. Er wurde angezeigt, bekam eine Geldstrafe – 350 Mark, hieß es – und wurde entlassen.

Bereits einen Monat vor Beginn der Spielzeit waren wir übersiedelt, und da ich kein Einkommen hatte, wollte ich mich arbeitslos melden. Hin zum Arbeitsamt! Der Haupteingang war zuge-

*Wie würde wohl unsere zweite Tochter heißen, wenn ich vor ihrer Geburt nicht „Wie heißt du, Josefine?" gespielt hätte? Meine Partnerin Felicitas Ruhm war jedenfalls Taufpatin.*

sperrt, ich sah keine Klingel, nichts. Arbeitet hier keiner am Arbeitsamt? Ich ging das Gebäude entlang, schaute, durch die Fenster hinein und sah drinnen Leute herumgehen. Also doch. Endlich ein Seiteneingang offen. Hinein.

Ein Beamter hinter seinem Pult. Wenn ich mich recht erinnere, aß er gerade seine Jause. „Ja, bitte?"

„Ich möchte mich gern arbeitslos melden."

„Ja, da sind Sie schon richtig bei mir."

„Gut, dann möchte ich mir gern anmelden."

„Haben Sie Papiere?" Damals stand im Pass noch die Berufsbezeichnung, bei mir Tischler. „Ich bin aber Schauspieler und mein Vertrag am Theater fängt nächsten Monat an."

„Sie sind der einzige Arbeitslose, wegen Ihnen werden wir nicht das Arbeitsamt aufsperren. Sie können in den vier Wochen in eine Möbelfabrik als Kontrollor gehen. Sie sind ja Tischler, das haben sie ja gelernt."

Waren das noch paradiesische Zeiten, ein einziger Arbeitsloser in ganz Nürnberg!

Natürlich nahm ich für die kurze Zeit keine Stelle an. Die vier Wochen waren bald vorüber, und die Spielzeit begann. Ich machte im ersten Jahr eine ganze Menge und weiß nicht mehr, was alles. Eines der Stücke aber ist mir bis heute unvergessen: *Wie heißt du, Josefine?* Mit Felicitas Ruhm, damals die Frau von Regisseur Helmuth Matiasek, als Partnerin. Ich hatte für diese Rolle Stoppelhaare, schwarz gefärbt – als blonder werdender Vater. Unsere zweite Tochter kam am 13. April 1962 zur Welt, und da wir keinen Namen finden konnten, nannten wie sie Josefine. Fine wurde in der Frauenkirche getauft, Feli war ihre Taufpatin. Als sie das Baby zum Taufbecken trug, stolperte sie über einen Teppich und wäre beinahe hingefallen, wir haben sie gerade noch auffangen können.

Ja, die Kinder! Kurt Weinzierl, ein lieber Freund aus Salzburger Tagen, wurde ebenfalls nach Nürnberg engagiert und bekam die Wohnung unter uns. Er hatte zwei sehr lebhafte Töchter, und wenn ich ihn abholte, um gemeinsam zur Probe zu gehen, dauerte es endlos, bis ich ihn aus dem Haus brachte. Eine hing links an seinem Hosenbein, die andere rechts, es war ein Geschrei und ein Theater.

Einmal kam ich mit einem neuen Hut. Ich stand wartend im Wohnzimmer. Der Kurtl wollte ihn sich genauer anschauen. Nix da. Die Pippi riss ihn mir aus der ausgestreckten Hand, warf ihn auf den Boden und trampelte wie verrückt darauf herum. Barbara, die Kleine, stand daneben und staunte. Und der Kurtl? Hat gelacht und gelacht: Was soll ich machen, so sind sie nun einmal. Den Hut habe ich nie mehr getragen.

Josefine war damals noch sehr klein, mit Gitta haben die Weinzierl-Kinder oft gespielt. Um die Ecke war ein Lebensmittelgeschäft. Als meine Frau eines Tages einkaufte, präsentierte ihr die Besitzerin eine Rechnung: Wie bitte?

Martha war überrascht. Und unsere Tochter erklärte: Wir haben was zum Naschen gekauft und gesagt, die Mama zahlt später.

Salzburg hat uns nicht verlassen. Helmuth Matiasek kam nach Nürnberg, und wir diskutierten nächtelang übers Theater, über ein neues, anderes, modernes Theater. Wie auch immer, wir wollten der Welt ein Haxl ausreißen. Wenn ich mir heute das Theater anschaue, passiert nichts anderes als wir wollten. Die Zeiten haben sich nicht geändert am Theater.

Zugegeben, ich wusste schön langsam, was ich wollte. Und mit Regisseuren hatte man halt so seine Probleme. *Biedermann und die Brandstifter* von Max Frisch. Es war ein wunderbares Stück, aber während der Probe wurde es unerträglich. Hesso Huber hat jeder gefürchtet. Wir gerieten uns dermaßen in die Haare, dass ich sagte: „Ich gehe!" In der Kantine haben wir uns dann getroffen, und er sah ein, dass Schauspieler auch eine Meinung haben müssen. Später wurden wir gut befreundet und machten noch schöne Stücke miteinander.

Ich erinnere mich an die Regie des kleinen rothaarigen Rossmann. Ein echter Franke, mit fränkischem Dialekt. Es war auf einer Probe, die sich wieder einmal gezogen hat, weil der Regisseur an jedem Schritt, an jeder Handbewegung, an jedem Wort etwas auszusetzen hatte.

„Ich werde ihn döten", sagte ich.

Er: „Das heißt nicht döööten, das heißt teeeten".

Ich: „Das heißt nicht teten, das heißt töten".

Im Prinzip gab ich ihm Recht, nur Österreichisch ist eben nicht Fränkisch. So ging's die ganze Probe. Er war ein Netter, aber wenn er etwas vorgemacht hat, klang es wie eine Persiflage.

Matiasek war ein aufstrebender Regisseur. Er hatte in Wien eine kleine Kellerbühne geleitet und wurde 1962, als jüngster Intendant, Leiter des Salzburger Landestheaters. Sollte sich damit unser aller Traum vom neuen Theater erfüllen? Wir waren die fünf Geschworenen: Helmuth Matiasek, Werner Schneyder, Charly Brand, Kurt Weinzierl und ich.

„Ich kann euch nur 3.500 Schilling im Monat zahlen," so Matiasek. Umgerechnet 500 Mark. In Nürnberg hatte ich 1.500 Mark. Als ich Generalintendant Karl Pschigode sagte, ich will den Vertrag nicht verlängern, meinte er, es würde um die Gage gehen: „Ich zahle dir 2.000 Mark!" Da war zu der Zeit viel Geld. Aber es ging mir nicht um das Geld, es ging mir um das Theater.

Mit fliegenden Fahnen gingen Kurtl und ich nach Salzburg. Für zwei Jahre. Voller Idealismus. Und ich habe zum Glück eine Frau, die all das mitmachte. Wir bekamen vom Theater eine Wohnung zugeteilt. Es war dieselbe, die ich schon einmal renoviert hatte, noch immer waren unsere Tapeten an den Wänden.

Ich habe viel in Nürnberg aufgegeben, aber die Chancen, unsere Pläne verwirklichen zu können, standen bestens. Wir zogen alle an einem Strang, und die Literatur bot neue, ungewöhnlich Stücke an. Eine Entwicklung, die schon in den frühen Fünfzigern mit *Warten auf Godot* eingesetzt hatte. Man brauchte nur das, was einem die jungen Autoren boten, umzusetzen, und mit Werner Schneyder hatte Matiasek einen ausgezeichneten Dramaturgen gewonnen.

*Drei der „fünf Geschworenen": Helmuth Matiasek (mit Hut), Kurt
Weinzierl und ich.*

Wir spielten Nestroys *Das Geheimnis des grauen Hauses*, Regie
Matiasek. Da begannen schon die ersten Experimente. Keine
Stühle, keine Tische, nur Requisiten. Wir sind in der Luft gesessen, angelehnt an die Wand, an die Sessel gemalt waren. Ehrlich
gesagt, ich wusste nicht, warum. Ich weiß es heute noch nicht.
Natürlich, während der Barockzeit hat man Stühle und Tische
auf die Kulissen gemalt, aber bei Nestroy im Biedermeier? Ich
persönlich habe damals sehr gute Kritiken gehabt. Es war eine
meiner schönsten Nestroy-Rollen und ich war der erste, der sie
nach Nestroy spielte.
Doch die Theaterlandschaft hat schon begonnen, sich allmählich
zu verändern. War es bereits das, was wir heute unter Regiethea-
ter verstehen? Es war zumindest ein Anfang, der sich einerseits
zu einem Auswuchs entwickelt hat, aber andererseits ist und war
es eine Notwendigkeit. Von den alten Griechen bis heute hat das
Theater überlebt. Lyrik, Literatur, Dichtkunst ist der Ausdruck
jeder Zeit. Und Theater ist der Vermittler unserer Gefühle.

Karl Meerkatz, einer der ursprünglich Begabten und bei aller Feinnervigkeit kräftig Konturierten aus dem österreichischen Schauspielernachwuchs, erlernter Tischler, hat nach seinen Anfängen in Nürnberg große Erfolge in Nestroyrollen, aber auch im modern-poetischen Schauspiel erzielt. Er will mit Helmut Matiasek, unter dessen Regie er zuletzt öfter spielte, zurück ans Salzburger Landestheater, an dem er schon einmal engagiert war und dessen Direktor nun Matiasek werden soll.

*Hauptsache, der Name ist richtig geschrieben … Halt, ist er ja gar nicht!*

Allerdings, in diese schöne Zeit am Salzburger Theater schlich sich eine Enttäuschung ein. „Ich kann dir nur 3.500 Schilling zahlen" klang mir noch in den Ohren, als ich draufkam, dass etliche Kollegen bedeutend mehr verdienten, Dirk Dautzenberg sogar das Doppelte bekam. Der Idealismus bekam eine leichte Schlagseite. Weinzierl traf es härter, er war mit Matiasek viel enger befreundet als ich und sah diese Gagenpolitik als Hochverrat an. Ich blieb ruhig, war aber sofort bereit zu wechseln, als ein Angebot aus Köln kam.

Wieder ein Theater in Deutschland. Ich nahm es an, da Matiasek mich in großzügiger Weise aus dem Vertrag ließ. Ich empfand das als Wiedergutmachung.

Das Schauspielhaus Köln befand sich ebenfalls in Aufbruchstimung, aber nur, was die Intendanz betraf. Oscar Fritz Schuh, der es geleitet hatte, übernahm die Nachfolge des amtsmüden Gustaf Gründgens im Schauspielhaus Hamburg. Arno Assmann wiederum sollte das Erbe von Schuh antreten, doch bis es soweit war, führte Gerhard Hirsch interimistisch das Haus.

Und wieder umziehen. 1963 ging's von Salzburg nach Köln, aber das gehört zu meinem Beruf. Es muss weitergehen, der Sturm und Drang darf nie enden.

Für einen Schauspieler darf es kein fremdes Terrain geben. Und schon gar kein Heimweh. Und was waren die österreichischen Theater gegen die großen deutschen? Nur mit dem Burgtheater konnten die deutschen nicht mithalten, da zog es mich hin, vielleicht kommt es einmal …

Wir bezogen eine Wohnung am Hansaring, im fünften Stock, mit einem kleinen Balkon. Daneben war ein Stundenhotel, und wenn mich meine Frau vom Theater abholte und aus dem Haus trat, standen immer wieder Autos auf der Straße: „Hallo, wie wär's, Fräulein?" Meine Martha wusste natürlich nicht, was da los war. Bis wir dahinter kamen. Was für ein Hotel das war.

Als wir wieder einmal von Theater kamen, sagte ich: „Geh du voraus, bleibe vor dem Haus stehen und lass dich von mir ansprechen." Gesagt, getan, wie im Theater. Ich winkte ihr – Hallo, Fräulein!" – und wir führten ein Gespräch nach dem Motto „Was kost's?" Ein Wagen blieb vor uns stehen. Martha sagte laut: „Fünfzig D-Mark!" Der Fahrer blickte begehrlich durchs Fenster Wir gingen ins Haus, und vom Balkon schauten wir hinunter. Er stand noch da, der Wagen. Nach einer Weile schauten wir wieder, und er stand noch immer da, der potentielle Kunde. Fünfzig Mark waren wohl zu billig, hätte er sonst so lange gewartet?

Wir wohnten erst vierzehn Tage in unserer Wohnung und waren am Renovieren, wie wir es immer machten, wenn wir eine neue Bleibe bezogen. Fast eine Manie von uns – alles muss neu und frisch und nach unserem Geschmack sein.

Mein erstes Stück war *Sommernachtstraum*. Ich spielte die Wand, Sabine Sinjen die Hermia. Sie war noch nicht lange mit Peter Beauvais verheiratet. Jahre später kauften sie ein Haus in Strasswalchen, wenn sie spazieren gingen kamen sie öfter zu uns auf einen kurzen Besuch.

Während der Proben krümmten sich die Kollegen vor lachen, wie komisch ich die Wand darstellte. Heute scheinen mir die Worte *„So hab' ich Wand nunmehr mein Part gemachet gut, und nun sich Wand hinwegbegeben thut"* fast wie ein Omen, denn aus hei-

*Eines meiner liebsten Stücke: Samuel Becketts „Warten auf Godot":*
*Ende der fünfziger Jahre spielte ich es in Salzburg, mehr als vierzig Jah-*
*re später in Klagenfurt.*

terem Himmel bekam ich ein Angebot vom Züricher Schau-spielhaus. Zürich, mir eine sehr lieb gewordene Stadt, in der ich begonnen hatte, im Bühnenstudio am Pfauen, gegenüber vom Schauspielhaus, zu studieren. Und am Schauspielhaus hätte ich immer so gern gespielt. Natürlich habe ich es sofort freudestrah-lend herumerzählt: „… *nun sich die Wand hinweg begeben thut.*“ Ich ging zum Interimsintendanten Gerhard Hirsch und bat um einen freien Tag, er aber sagte: „Herr Merkatz, in Zürich brau-chen Sie gar nicht mehr vorzusprechen, Sie gehen mit mir nach Hamburg zu Schuh.“

Schauspielhaus Hamburg. Als Student am Mozarteum war ich einmal mit Kollegen dort, stand vor dem für mich unerreichba-ren Theater und sagte: „Mensch, auf Knien würde ich herrut-schen!“ Und nun sollte dieser Traum wahr werden.

Ich hatte vor der Probe nach schnell Tapeten gekauft, und als ich am Nachmittag nach Hause kam, legte ich sie zur Seite und sag-te: „Frau, wir tapezieren jetzt nicht mehr fertig?“ Warum? „Frau, wir gehen schon nächstes Jahr nach Hamburg!“ Tapeziert habe ich trotzdem noch.

Arno Assmann war bereits im Haus, weil er einige Produktio-nen vorbereitete, und ich musste ihn um sein Einverständnis ersuchen, mich aus dem Zwei-Jahres-Vertrag zu lassen. Ich hat-te doch ein Angebot für die nächste Spielzeit ans Hamburger Schauspielhaus. Eines der Theater meiner Träume.

Assmanns Antwort: „Was wollen Sie von Gründgens, wenn Sie mich hier in Köln haben.“ Und er hat mich nicht weggelassen. An dieses Haus, an das ich immer wollte, soll ich nun nicht gehen können? Nur weil der Intendant auf den Zwei-Jahres-Vertrag bestand.

Aus Hamburg kam der Vertrag. Es war der 7. Oktober 1963. Ich bin nach einer Vorstellung, wir haben *Frieden* von Aristophanes gespielt mit Fitz Grieb in der Hauptrolle, daheim gesessen und habe vor lauter Aufregung und Freude eine halbe Flasche Whis-ky gebechert. Bis drei Uhr Früh saß ich philosophierend da, vor mir eine Ausgabe von *Theater heute*, doppelseitig Gustaf Gründgens als Mephisto. Selig, oben am Olymp!

Am Morgen vor der Probe schnell noch einen Blick in die Bildzeitung. Und was stand in Riesenbuchstaben auf der ersten Seite? Heute Nacht ist Gustaf Gründgens in Manila gestorben. Ich war schwer bedrückt, wie vor den Kopf geschlagen. Denn wenn er auch nicht mehr mein Intendant geworden wäre, er hat das Haus geprägt, hat seit 1955 eine legendäre Aufführung nach der andern geboten. Ich habe ihn nie persönlich kennen gelernt, schade, aber sein Mephisto …

Assmann blieb beim Nein, Schuh stellte mir ein Ultimatum: Jetzt oder nie. Ich wäre beinahe zwischen zwei Stühlen gesessen, aber letztlich klappte es doch: Kurz vor Weihnachten kam von Assmann lapidar „Gehen Sie, wenn Sie meinen!" Ich habe die Saison noch zu Ende gespielt. Und dann hinauf an die Elbe.

Kurz bevor wir aufbrachen, kam es noch zu einem dramatischen Ereignis. Wir hatten bereits eine Waschmaschine, eine Sonnenwerk, wie sie hieß. Rechts war die Schleuder, links war der Wäscheteil zum Kochen mit abnehmbarem Deckel. Wir waren beim Einpacken, alles war schon gerichtet, nur die letzte Schmutzwäsche musste noch gewaschen werden. Meine Frau trug die kleine Josefine am Arm, sie wollte am Becken daneben noch waschen. Fine wehrte sich und zappelte herum, schlug mit dem Bein den Deckel beiseite und kam mit dem Fuß in die heiße Lauge. Weinen, Krankenhaus. Es war die Zeit des Übersiedelns und wir mussten Fine im Krankenhaus Köln zurücklassen.

Dagmar, die Frau von Gerhard Hirsch, kümmerte sich liebevoll um sie. Und einige Tage später brachte sie uns Josefine endlich nach Hamburg.

# „Österreicher kann ich nicht brauchen!"

## Am Hamburger Schauspielhaus

Hamburg, die Stadt an der Elbe. Hummel Hummel, Mors Mors. An der Waterkant. Von hier geht es hinaus in die weite Welt, auch eine Sehnsucht von mir. Doch ans Schauspielhaus zu kommen ... Es war im August 1964, und wir blieben in der Hansestadt bis 1973. Mein großer Wunsch ging, scheint's, in Erfüllung, wer hat da nachgeholfen? Auf den Knien wollte ich heraufrutschen – es wurde mir sogar etwas einfacher gemacht.

Die Spielsaison begann im September, wir hatten genügend Zeit, uns in aller Ruhe einzurichten. Wir bezogen ein neues Reihenhaus, vom Theater zur Verfügung gestellt, am Rande der Stadt, in Schenefeld. Es gehörte natürlich dazu, das neue Haus neu zu tapezieren. Freunde, die es Jahre später bezogen, fanden meine Tapezierung immer noch vor. So wie es uns schon in Salzburg ergangen war. Schenefeld gehörte eigentlich schon zu Schleswig-Holstein, wuchs aber langsam an Hamburg heran. Es war eine sehr ländliche Gegend. Von der einen Nachbarin, die zwei Kühe hatte, holten wir immer unsere Milch, die andere züchtete Spargel. Wir wohnten beinahe zehn Jahre, schöne Jahre dort. Unsere Töchter sind in Hamburg eingeschult worden und aufgewachsen.

Und dann: Der erste Tag im Theater. Ich bin auf der Bühne gestanden. Sie war ganz leer. Vorhang zu. Halb beleuchtet, die Proben hatten noch nicht begonnen. Ein unbeschreibliches Glücksgefühl. Hier spielte Gründgens mit Quadflieg im *Faust*. Ich ging hinauf ins Büro, zu Professor Oscar Fritz Schuh, um meinem Einstandsbesuch zu machen. In diesem Moment ging die Tür auf, Schuh kam heraus, sah mich: „Ja, Merkatz! Sehen

*Ich hatte eines meiner Ziele erreicht, ich war am Hamburger Schauspiel-haus engagiert!*

138

Sie, hätten Sie mir damals in Salzburg vorgesprochen, hätte ich Sie heute nicht engagiert!"

Er konnte sich also ganz genau erinnern. An meinen Namen. An meine oftmalige Bitte, ihm vorsprechen zu dürfen. Zehn Jahre lagen zwischen unserem ersten Treffen in Salzburg, wo ich ihn regelrecht bedrängt hatte, mich anzuhören, und jetzt, meinem Engagement in Hamburg. Und ich habe ihn in dieser Zeit weder gesehen noch gesprochen, noch etwas gewollt von ihm. Ich war beeindruckt. Als er später als Theaterdirektor angegriffen wurde, bin ich immer auf seiner Seite gestanden. Wir waren dann – befreundet kann man nicht sagen, er war ja der Intendant – einander sehr nahe.

Oscar Fritz Schuh, Jahrgang 1904, war zu dieser Zeit bereits eine Legende als Theaterleiter und Regisseur und prägte entscheidend die Salzburger Festspiele mit. Aber er war in Hamburg nicht unumstritten, sein Stil galt als konservativ, veraltet, als hölzern. Heinz Reincke zum Beispiel, der die Ära Gründgens erlebt hatte, für den Gründgens ein Gott war, konnte sich mit Schuh nie abfinden. „Da kommt der hatscherte Hund daher, und sagt uns, was wir machen sollen!", äußerste er sich einmal sehr bösartig nach einer Probe, bei der ihm überhaupt nichts gepasst hatte. Schuh war behindert, er hinkte sehr stark und daraus ergaben sich halt skurrile Situationen! Zehn Kindern hat er während einer Probe einmal gezeigt, wie sie über einen Marktplatz gehen sollen.

„So, so müsst ihr es machen, so!" Und quälte sich ohne Stock mühsam vorwärts. Die Mädchen und Buben standen mucksmäuschenstill da, schauten ganz konzentriert zu – und dann hatschten und humpelten sie über die Bühne. Der Anblick war unbeschreiblich.

Es war natürlich etwas unglücklich, wenn er seinem Star Ruth Niehaus vorzeigte, wie sie eine Rolle zu spielen hat. „Dreh dich nach links, langsam, ganz langsam. Neige dabei den Kopf. Und dann schaust du auf und ein Lächeln …"

Nach jeder seiner Premieren gab Schuh in seiner Wohnung eine Feier. Er bewohnte das Haus von Gründgens. Es hatte ein riesiges Wohnzimmer, mittendrin stand ein Stuhl. Was heißt ein Stuhl, beinahe ein Thron! Martha und ich wurden immer eingeladen, und wir gingen gerne hin. Doch so mancher Kollege wie zum Beispiel Reincke mied diese Treffen wie die Pest. Zum Schuh? Niemals!

Schuh hatte also keinen guten Ruf bei den Kollegen aus der Ära Gründgens. Es war ja auch schwer, eine solche Nachfolge anzutreten. Außerdem wurde das Verhältnis Schuh–Niehaus, ein offenes Geheimnis, belächelt. Doch Schuh zeigte nie eine Regung. Alle Vorwürfe schluckte er hinunter. Er lächelte immer, wurde nie ausfällig oder laut.

Am Ende einer Premierenfeier, so um zwei Uhr Früh, waren nur noch Ruth Niehaus, Hermann Schomberg, Martha und ich, Frau Schuh und Professor Schuh da. Wir waren natürlich schon ein wenig ölig. Nicht Frau Schuh und Martha. Niehaus und Schuh hatten ein intensives Gespräch wegen der Rolle der Undine. Schuh wurde immer heftiger und begann Ruthi zu schimpfen. Was sie glaube, wer sie sei, sie sei eine miserable Schauspielerin. „Du kannst das nicht, du bist doch nur eine blöde Filmzicke!" Ruthi rannen die Tränen runter. Sie sprang auf, lief aus dem Zimmer … Schomberg saß in seinem Stuhl. Martha und ich wussten auch nicht, was los ist. Plötzlich schmiss Schuh seinen Stock in die Ecke und ohne Stock, holpernd und hinkend, an der Wand entlang, ging er durch das ganze Zimmer. Egal, ob etwas im Weg stand. Aber das Traurige, das Erschütternde war, es brach aus ihm der Schmerz heraus, alles, was man ihm vorgeworfen hat, alles, was er beim Theater wollte, bei der Oper, seine ganze Arbeit. Ich weiß heute nicht mehr die einzelnen Worte, aber ein Satz ist mir unvergessen: „Ich habe die Nachfolge von Gründgens angetreten, aber den Thron werde ich nie besteigen."

Niehaus spielte natürlich die Undine, ihr Partner war Michael Heltau.

*Nicht nur Gitta, auch die Kleine, Josefine, ist jetzt ein Schulkind. Meine beiden Töchter sind in Hamburg groß geworden.*

Auf einer Probe sagte Hermann Schomberg mit seiner tiefen, markanten Stimme zu mir: „Junge, du bist Österreicher!" Und ich kriegte auch da und dort die Anspielung mit, ich müsste ein wenig vom Österreichischen wegkommen. Ich horchte bei den Kollegen herum, und so bekam ich die Adresse einer Spracherzieherin. Glücklicherweise nicht weit von uns, in Blankenese. Ich stellte mich vor, es war eine ältere Dame, und sie nahm mich auf. Sprachübungen, Aussprache, Atemtechnik, was alles dazu gehört: *„Abraham saß nah am Abhang, sprach gar zaghaft, langsam, mannhaft ..."* Nach einigen Monaten sagte ich zu der netten Dame: „Gnädige Frau, ich kann bei Ihnen nicht weitermachen, ich klinge schon wie Will Quadflieg." Sie lächelte verständig und sagte: „Ja, Will Quadflieg war mein Schüler." Dass ich das österreichische Idiom behalten habe, hat eigentlich nie gestört.

*Frau, wir ziehen wieder um! Für einen Schauspieler darf es kein fremdes Terrain geben und schon gar kein Heimweh.*

142

In Hamburg spielte damals die Elite des ganzen deutschsprachigen Raumes: Rolf Boysen, Bernhard Minetti, Will Quadflieg, Joseph Offenbach, Charles Regnier, Agnes Fink, Alice Treff, Liz Verhoeven, Ingrid Andree, Ruth Hausmeister, Bruni Löbl. Und viele Kollegen aus Österreich. Die Ott, Louise Martini, Erni Mangold, Aglaja Schmidt, der Lohner, der Reyer, Leopold Rudolf, Michael Heltau … schier endlos ist die Liste. Ja, und Paula Wessely.

Als Frau Wessely als Gast am Schauspielhaus war, luden wir sie zu uns nach Hause ein. Meine Frau bereitete alles für ein schönes Abendessen vor. Unsere beiden Mädchen Gitta und Fine waren neugierig, wer kommt. Martha sagte ihnen, wir bekommen hohen Besuch und sie müssen oben bleiben und schlafen gehen. Wir waren mitten beim Abendessen, da tauchten plötzlich unsere Töchter auf. Sie grüßten so artig wie nie, ein paar freundliche Worte, und dann beide, mit einem Blick auf den Teller von Frau Wessely: „So was Gutes kriegen wir nie!" Die Wessely lachte, sie war ja selbst Mutter, und sie hat den beiden sogar ein paar Bissen zugesteckt. Es war ein sehr netter Abend. Ob sie sich nicht mehr daran erinnerte, als sie es, vielleicht zwanzig Jahre danach, ablehnte, mit mir zu drehen? Aber diese Geschichte will ich später erzählen …

Die besten Schauspieler waren also am Haus. Und die bekanntesten Regisseure. Peter Beauvais war einer von ihnen, ein introvertierter Mann. Ich kannte ihn ja schon aus Köln. Wir probierten in Hamburg Gorkis *Nachtasyl*, ich war einer der Asylbewohner. Wir hatten keine Probleme, und es ging alles gut. Aber wie es sich gehört für ein richtiges Asyl, gab es auch eine richtige Saufpartie. Heinz Reincke hatte Geburtstag. Nach einer Abendprobe waren Schomberg und Lohner bei Reinckes zur Feier. Es hatte, scheint's, bis zum Morgen gedauert. Und um zehn Uhr zur Probe waren Schomberg und Lohner nicht da. Nach einer Viertelstunde kam Schomberg mit schweren Schritten auf die Bühne. Die Stimmung war schon etwas gespannt. Wo bleibt Lohner?

Um elf Uhr kam er mit seinem leichten Gang. Beauvais sagte kein Wort. Um halb elf war die Szene der beiden zu Ende und sie konnten gehen. Ehe sie gingen, sagten sie zu Fritz Grieb „Wir sind im Astronautenstüberl." Die Probe ging weiter. Kurz danach war Grieb fertig. „Ich bin im Astronauten…" Ich war um halb eins fertig und ging ins Astronauten…

Die Nachmittagsprobe war für vier Uhr angesetzt. Schomberg und Lohner waren schon im Bereich des Blauen, Grieb hatte ebenfalls schon angesetzt, und nun ich … Um drei Uhr sagte ich, ich geh' jetzt. Durch den Seiteneingang kam ich in das Theater auf die Bühne, in das Asyl und in ein Bett. Ich wachte auf, als mich zwei Bühnenarbeiter aus dem Bett hoben und auf die schwachen Füße stellten.

Unten saß Beauvais und hat, wie es so seine Angewohnheit war, an seinem Taschentuch gekaut. Ich allein auf der Bühne, und er im Zuschauerraum. Ungeduldig, nervös, seit zehn Minuten wartend, dass ich aufwache. Und ich sagte „Guten Morgen, Herr Beauvais!" Er stand auf und sprach lauter als gewohnt „Die Probe ist aus!" und ging. Dabei war ich der einzige, der bei der Probe anwesend war, aber mich traf sein voller Zorn.

Die drei Astronauten haben bis in die Nacht durchgemacht und sind auch am nächsten Tag nicht zur Probe erschienen. Wieder war ich ganz allein. Um zehn Uhr: „Entschuldigung, Herr Beauvais, es ist niemand da!" Schweigen. Doch schön langsam tauchten sie alle auf, außer Lohner. Den rief man in seinem Hotel an, und kurze Zeit später war er tatsächlich zur Stelle. Doch in welchem Zustand! Nach ein paar Szenen brach Beauvais die Probe ab, es lief einfach nicht. Keinem einzigen hat er diesen Zwischenfall nachgetragen. Nur mir. Auf mich war er bis zur Premiere böse. Mit mir hat er kein Wort gesprochen. Mich hat er vollkommen ignoriert.

Peter Beauvais bin ich nach der Zusammenarbeit in Hamburg Jahre später wieder begegnet. Als wir 1970 in unser Haus im Salzburgischen gezogen sind, hat uns der Vorbesitzer erzählt: „Da

*Franz Antel sah den „Bockerer" im Volkstheater und beschloss augen-*
*blicklich: „Dieses Stück verfilme ich!"*

*„Der Bockerer" wurde ein sensationeller Erfolg, 1982 bekam ich dafür in Berlin das Filmband in Gold. Mit dem ersten Teil kann ich mich voll identifizieren, Teil zwei, drei und vier – na ja. Aber dem Publikum hat's gefallen.*

*Das Originalbuch von „Der Bockerer" wurde für den Film bearbeitet, ein wenig zu intensiv für meinen Geschmack.*

oben wohnt ein Kollege von Ihnen." Ein Kollege? Natürlich waren wir neugierig und sind hinaufgefahren, aber es war niemand da. Die Nachbarin wusste Bescheid: Es ist der Herr Beauvais mit seiner Frau, der Sabine Sinjen. Wir haben einen Zettel hingehängt. Eines Tages tauchten sie dann bei uns auf. Wenn sie spazieren gingen, kamen sie öfter zu uns auf einen kurzen Besuch. Wir freundeten uns dadurch an, und meine Tochter Gitta verband eine enge Freundschaft mit Sabine, bis zu ihrem letzten Weg. Für diesen Weg habe ich ihr auch das Kreuz gemacht. Sabine ist nun am Friedhof von Irrsdorf begraben. In einem schlichten Grab mit einem einfachen Stein. Worüber man im Ort sehr irritiert war: „A Sta, sonst nix!" Aber Sabinchen wollte es so. Einige Jahre später kam auch Sabines Schwester Frauke und hat ihre Ruhestätte nebenan.

Jahre nach Hamburg bekam ich vom Deutschen Fernsehen einen Anruf, ob ich nicht in einem Film eine Rolle übernehmen möchte. Regie: Peter Beauvais. Die Rolle ist nicht sehr groß, ein Arzt, der zu einem Sterbenden kommt. Das erste Angebot, dass mir Beauvais seit dem Debakel mit *Nachtasyl* machte. Er war zu der Zeit schon von Sabine geschieden, sie hatte einen Sohn, war mit dessen Vater verheiratet. Auch Beauvais hatte inzwischen wieder geheiratet, eine Australierin.

Ich konnte die Rolle zu meinem großen Bedauern nicht annehmen. Und nur ein paar Tage später ist Beauvais gestorben. Vielleicht naiv, aber manchmal habe ich gedacht: Hätte ich ihm helfen können? Hat er gespürt, dass ein Freund um ihn sein sollte, der ihn schätzt? Er bekam während der Dreharbeiten eine Herzattacke, am Set hat es niemand so ernst genommen, wie es tatsächlich war.

Beauvais hat nie über sein Privatleben gesprochen hat. Nur einmal, als die Geschichte mit Sabine auseinander ging, hat er sich mir ein wenig geöffnet. Er kam ganz allein nach Irrsdorf, es war tiefer Winter. Er konnte mit dem Wagen nicht bis zum Haus fahren und musste das letzte Stück zu Fuß gehen, sich mit zwei

Koffern durchkämpfen, bis zum Bauch im Schnee. Die Nachbarin, die das Haus versorgt hat, gratulierte ihm ganz erfreut zu seinem Sohn – dem Kind, das Sabine von einem anderen Mann bekommen hatte. Darunter litt er sehr. Aber Sabine hat ihn immer geliebt. Und als sie an Krebs erkrankt ist und vor einer schweren Operation stand, haben sie sich einvernehmlich scheiden lassen. Damit alles seine Ordnung hat. Sohn Simon und Günther Huber haben das Haus behalten.

Bevor Sabine gegangen ist, ein paar Tage vorher, hat sie uns noch alle in ihr Haus eingeladen. Sie brauchte lange, bis sie herunterkommen konnte, sie wollte sich für uns herrichten. Wir haben einen schönen Abend miteinander verbracht, für mich der letzte Abend mit ihr. Sie ist dann nochmals nach Berlin zurück und dort gestorben.

Frühmorgens hat man sie nach Irrsdorf gebracht. Man wusste nicht, wohin, kannte den Friedhof nicht. Und der Wagen mit ihrem Sarg ist auf der Suche nach der Kapelle noch einmal über den Berg, an ihrem Haus vorbei, heruntergefahren. Zufall?

Zur gleichen Zeit ist im Ort die Kirchenwirtin gestorben. Günther wollte nicht, dass Sabine mit jemand anderem in der kleinen Friedhofskapelle liegt, er wollte die ganze Nacht allein bei ihr wachen, mit ihr sprechen. So wurde ihr Sarg nach Straßwalchen gebracht. Es war eine kleine, stille Beerdigung. Und weil Sabine sie so liebte, hat Günther ihr blaue Glassteine aufs Grab gelegt. Dieses Buch, das Sie jetzt lesen, war noch nicht zu Ende geschrieben, als er, am 10. August 2005, zu ihr auf den Irrsdorfer Friedhof gezogen ist. Wenn meine Frau und ich einmal gehen müssen, werden auch wir uns hier wiederfinden.

Zurück nach Hamburg. Zurück in die späten sechziger Jahre. Theater spielen ist ernsthafte Arbeit, jeder gibt sein Bestes, aber natürlich hatten wir auch jede Menge Spaß. Und ein befreiendes Lachen tut gut – auch wenn es auf Kosten eines anderen geht. Ich war bekannt für meine Schnapsideen, und wann immer auf der Bühne jemand reingelegt worden ist, hat es geheißen: „Schon wieder der Merkatz!" Aber nicht immer war es tatsächlich der Merkatz.

Wir spielten *Der gestiefelte Kater*. Lietzaus Frau Karla Hagen, Reincke als Kater, ich als Spielansager. Auf der Bühne stand eine große Tafel, bei jeder Vorstellung bekam die Hagen einen großen Pudding vorgesetzt, den sie auf Butz und Stingl verputzen musst. Und eines Abends passierte es: Irgendjemand gab Salz hinein. Nicht ich! Der Pudding musste total grauslich geschmeckt haben, sie hätte sich fast angespieben, als sie ihn hinunterwürgte. Und ich musste, hemmungslos lachen. Da richtete sich ihr ganzer Zorn auf mich: „Du warst das Schwein! Was fällt dir ein!" Sie hat mich total fertig gemacht. Dabei war ich doch unschuldig. Wir konnten von diesem Tag an nicht mehr miteinander, und natürlich hat sie auch den Lietzau beeinflusst.

Ja, und die zweite Dame, die an meinen Manieren etwa auszusetzen hatte, war Solveig Thomas. Proben. Ich erzählte einen, zugegeben, für damals etwas unflätigen Witz. *Adam und Eva stehen unter dem Baum und Eva fragt: Liebst du mich? Adam: Ist ja sonst keine da!* Sie wurde böse: „So etwas machen Sie bei mir nie wieder!" Und würdigte mich von da an keines Blickes und keines Wortes mehr. Man sieht, die Zeiten waren anders als heute.

Der einzige, der ausgeschert ist, war Heinz Reincke. Er hat mit seiner damaligen Frau Erni Mangold pornographische Lieder aus den zwanziger Jahren aufgenommen. Eine mehr als eindeutige Sache. Die Platte war knapp einen Tag in den Geschäften, dann wurde sie eingezogen. Leider habe ich keine ergattert.

Unvergessen ist mir unser Gastspiel in Helsinki. Aber nicht wegen unserer Auftritte in Finnland, nein, sondern weil das Schauspielhaus in dieser Zeit geschlossen blieb. Der Grund: Das Stück, das gespielt werden sollte, konnte nicht aufgeführt werden, da der Hauptdarsteller Ulrich Haupt Probleme mit seiner Frau hatte, sich betrank und vier Tage einfach nicht aufgetaucht ist. Trotz aller Qualität, die geboten wurde: Die Besucherzahlen sanken, Schuhs Vertrag wurde nicht mehr verlängert – oder wollte er vielleicht selbst nicht mehr? Ich weiß es nicht. Schuh war vier Jahre am Haus gewesen, von 1964 bis 1968, und mit seinem Ausscheiden ging eine große Ära zu Ende. Es war die Zeit des großen Aufbruchs, junge Regisseure ließen keinen Stein auf dem anderen. Was sollte man mit einem alten Theaterhasen anfangen? Es war nach einer Probe. Die Bühne war leer, der Eiserne bereits unten, ich unterhielt mich mit Fritzl Grieb. Plötzlich humpelte Schuh über die ganze Bühne zu uns hin, legte uns beiden die Hände auf die Schulter, ein leichter Druck, und sagte: „Gell, ihr haltet mir die Enklave, ihr Österreicher!" Sein letztes Wort bevor er ging. Wenn er damals gewusst hätte, was uns Österreichern passieren würde …

Als Nachfolger wurde Egon Monk bestellt. Monk kam vom Fernsehen, war Brecht-Schüler und trat mit dem Vorsatz an, hochbrisantes politisches Theater machen zu wollen. Und mit seinem Auftauchen war meine, und nicht nur meine, Zeit am Schauspielhaus zu Ende, denn er erklärte klipp und klar: „Österreicher kann ich nicht brauchen!" Was soviel hieß wie Schleichts euch! Und ich dachte an Schuhs letzte Worte als Intendant.

Monk hat die ersten drei Stücke konzipiert, es waren das *Über den Gehorsam*, *Die Räuber* und *Doppelkopf*. Er beauftragte Horst Janssen, ein Genie, das sich total versoffen hat, die Plakate dazu zu malen. Die wurden aber sofort wieder abmontiert, weil sich das Publikum gegen diese unkonventionelle Darstellung gewehrt hat. Und nicht nur das, auch die Aufführungen sind nicht angekommen, die Kritiken waren hundsmiserabel. Nach diesen drei Inszenierungen, gerade 75 Tage hatte er sich gehalten, musste Monk den Hut nehmen, er musste sich also auch schleichen. Vielleicht hat er Urlaub in Österreich gemacht …

Ich habe übrigens die drei Janssen-Plakate gekauft, sie hängen heute noch in meinem Haus in Salzburg.

Und es klappte weiterhin nicht mit den Intendanten. Ich verfolgte das ganze Geschehen aus der Ferne, aber mit großem Interesse, denn seit der Spielzeit 1968/69 war ich Ensemblemitglied am Hamburger Thalia Theater. Auf Monk folgte kommissarisch Gerhard Hirsch. Jener Gerhard Hirsch, den ich schon aus Köln kannte und der mich im Namen von Oscar Fritz Schuh ans Hamburger Schauspielhaus engagiert hatte. Er war künstlerischer Betriebs- und Verwaltungsdirektor, wie diese Funktion ganz offiziell hieß, und damit persönlicher Referent des Intendanten. 1969 hat dann Lietzau das Haus über- nommen. Regisseur Hans Lietzau, mit dem ich nur die schlechtesten Erfah- rung gemacht hatte, den ich deshalb immer nur Lied-Sau nannte. Er war autoritär, grob, machte die Schauspieler ständig zur Sau, brachte mit seinem Sar- kasmus und Zynismus nicht nur Frauen zum Weinen. Ich musste gleich zu Beginn meines Engagements im *Gestie- felten Kater* mit ihm zusammenarbei- ten. Daher bekam er meinen so genann- ten Spitznamen!

Vielleicht hat sich sein Charakter später geändert, im Alter wird ja so mancher klüger. Als Intendant des Schauspiel- hauses jedenfalls machte er seinem Ver- waltungsdirektor Gerhard Hirsch das Leben schwer. Lietzau hat Unsummen in Inszenierungen gesteckt. Ein Fall von vielen: Sündteure Lederkostüme, die ihm plötzlich nicht mehr gefielen, landeten im Fundus. Und Hirsch muss- te für diese Misswirtschaft den Kopf

## In Hamburg bekannt

Karl Merkatz hatte es nicht sehr weit von einem Job zum ande- ren: Der Wiener Schau- spieler kam vom Deut- schen Schauspielhaus zum Thalia-Theater. Längst hat er seine künstlerische Visiten- karte in Hamburg ab- gegeben: Wer ihn in Theaterrollen sah, wer miterlebte, wie er in der „Insel" Sonder-Vorstel- lungen mit Kafkas „Be- richt für eine Akade- mie" gab, weiß, was dieser bedeutende Dar- steller kann.

*Bekannt wie ein bunter Hund?*

hinhalten. Er wurde abgeschoben, man verkehrte nur noch schriftlich mit ihm.

Dann hieß es natürlich: Die Finanzen stehen schlecht, und Lietzau wurde zum Senat beordert. Es gab einen Riesenwirbel, Hirsch stand als totaler Versager da, er durfte bei den Besprechungen im Senat nicht dabei sein, musste am Flur warten, wie bei Gericht. Es gab alle möglichen Gerüchte, sogar, er habe Geld veruntreut.

Es war kurz vor Weihnachten, als Gerhard tot aufgefunden wurde. Freiwillig aus dem Leben gegangen. Er sah keinen anderen Ausweg mehr.

Lietzau konnte sich gerade ein Jahr halten, es folgte ihm kommissarisch Rolf Liebermann nach. Bis dann 1972 mit Ivan Nagel eine gewisse Beständigkeit einkehrte.

Und Oscar Fritz Schuh? Es wurde immer leiser um ihn. Er wohnte in Großgmain, an der deutschen Grenze, aber noch in Österreich herüben, gar nicht so weit entfernt von uns. Josef Meinrad hat dort auch sein letztes Bett. Wenn ich Schuh besuchte, ging ich auch immer bei ihm vorbei. Alte Theaterhasen.

Ich weiß nicht mehr das Datum, aber in der Zeitung las ich, Oskar Fritz Schuh hat Geburtstag. Wahrscheinlich war's ein runder. Ich sagte zu meiner Frau: „Weißt was, Martha, fahren wir zum Schuh rüber." Gesagt, getan. Seine Frau Ursula freute sich über unser Kommen, aber: „Tut mir Leid, er hält gerade sein Mittagsschläfchen". Macht nichts, wir warten.

In der Sekunde hörte ich ihn auch schon: „Kommen S', kommen S' nur rein, Merkatz!" Er lag im Wohnzimmer auf der Couch, mit Nachthemd.

„Ich gratuliere Ihnen zum Geburtstag, Herr Professor!"

„Freut mich, Merkatz, freut mich. Schauen Sie, was ich an Post bekommen habe!", und zeigte mir eine Schüssel, auf der Briefe, Karten, Telegramme lagen. Und alle Zeitungen aus Deutschland. Martha und ich waren aber die einzigen, die ihn besucht hatten. Kurz darauf ist er gegangen.

# „Tatsächlich, Edmund ...?"
## Thalia Theater und Münchner Kammerspiele

1968 kam ich als „unerwünschter Österreicher" vom Hamburger Schauspielhaus ans Thalia Theater. Engagiert wurde ich vom Intendanten Dr. Kurt Raeck, den ein Jahr später Boy Gobert ablöste. „Wie schön, Herr Merkatz", hörte ich oft, „jetzt sind sie endlich bei uns Thalia!" Uns Thalia! Die konservativen eingesessenen Hamburger waren das treueste Publikum.

Und die Rollen? Ich hatte zwar viele Vorstellungen, aber keine großen Rollen. Na ja, wenn man im Vertrag ist, muss man auch Sachen spielen, die einem nicht unbedingt behagen. Aber ich will mich nicht beschweren, es waren sehr schöne Aufgaben darunter. Mein erstes Stück am Thalia Theater war *Der blaue Vogel* von Maurice Maeterlinck, Regie führte Arno Assmann, ich spielte das Brot, eigentlich einen ganzen Brotlaib. Ich erinnere mich noch gut an Simone Rethel als Mythyl, sie war mit ihren neunzehn Jahren die jüngste am Theater – heute ist sie mit dem 102-jährigen Johannes Heesters verheiratet.

Boy Gobert begann seine Saison im September 1969 mit *Das Haus der Temperamente*. Direktor Gustav Manker vom Wiener Volkstheater inszenierte, und ich freute mich schon auf die Nestroy-Rolle, vielleicht bekomme ich sie ...? Nein, Hans Putz war derjenige, der – er spielte den Barbier Schlankel. Und Kurtl Sobotka den Schuhputzer Hutzibutz. Ich gab den Sohn der Familie Fad, Edmund. Tatsächlich, Edmund ...? Nomen est Omen. Trotzdem herrschten keine Rivalität und kein Neid, wir kannten uns, wir mochten uns, und wir hatten eine schöne Zeit, am Theater wie privat. In der es aber auch, wie es halt so ist, wenn man Kinder hat, einige Aufregungen gegeben hat. Zum Beispiel für Kurtl und seine Frau, vorehelich Kittinger, die ich bereits aus dem Seminar in Salzburg kannte.

*Mein erstes Stück am Thalia Theater war „Der blaue Vogel" von*
*Maurice Maeterlinck, hier mit Axel Klingenberg. Ich spielte das Brot –*
*eigentlich einen ganzen Brotlaib.*

Die Sobotkas waren an einem Sonntag mit ihrem vierjährigen Sohn Werner bei uns. Wir wollten ins nicht weit entfernte Moor fahren, mit Kurtls Citroën. Die Mütter mit den Kindern saßen hinten, Kurtl und ich vorne. Ich sprach gerade mit den beiden Damen, da öffnete sich in einer leichten Kurve die hintere Türe, und Werner fiel aus dem fahrenden Auto auf die Straße. Ich schrie, Kurtl bremste, und schon sprangen wir aus dem Wagen. Zum Glück war kein Verkehr. Der kleine Werner lag auf dem Rücken mitten auf der Fahrbahn. Er muss einen starken Schutzengel gehabt haben, denn er hatte nichts als eine Beule am Hinterkopf. Und meine beiden Mädchen beteuerten immer wieder: „Wir waren es nicht!" Statt ins Moor fuhren wir ins nächste Krankenhaus. Aber Gott die Dank, es blieb bei der Beule.

Hans Putz hatte mich schon in dem Film *Das vierte Gebot* aus dem Jahr 1950 nachhaltig beeindruckt. Er wurde uns ein lieber Freund, wir sahen uns oft. Wir hatten am gleichen Tag, am 17. November, Geburtstag, nur war er um zehn Jahre älter. Er war die Jahre hindurch, bis zu seinem letzten Geburtstag, immer der Erste, der zum Gratulieren anrief. Es glückte mir nur einmal, schneller zu sein.

Das Publikum hat Boy Gobert von Anfang an geliebt. Er war durch seine Filme ein bekannter Schauspieler, und als Intendant besetzte er sich in sehr schönen Rollen. Ich war leider immer wieder von Intendanten abhängig, aber in einem Engagement ist das die Norm, und man war dann doch glücklich, einen Mehrjahresvertrag zu haben und, weil meine Kinder noch in der Schule waren, einen festen Wohnsitz. Es kamen natürlich auch einige schöne Rollen, und im Verlaufe der Jahre habe ich einen Bekanntheitsgrad in Hamburg erreicht, so dass man mich als Frosch in der *Fledermaus* an die Staatsoper holte.

Gobert hat grandiose Schauspieler engagiert. Nicole Heesters, die Tochter des großen Sängers, Ursula Lingen, die Tochter des großen Komikers. Ingrid Andree, Johanna von Koczian, Peter Striebeck, Helmut Qualtinger als Gast, Vera Borek, dessen spä-

*Er spielte als Gast am Thalia Theater seine Paraderolle „Professor Bernhardi": Leopold Rudolf. Und ich kam fast zu spät zur Probe.*

tere Frau. Wir haben öfter, wenn wir in einer Kneipe waren, etwas tiefer ins Glas geschaut.

Peter Striebeck hat mir einmal, ungewollt, zu einem großen Auftritt verholfen, und das kam so: Er spielte die Hauptrolle in einem Stück, dessen Name mir jetzt nicht einfällt. Er nahm sich Urlaub, um etwas in Berlin zu erledigen, und bekam vom Theater eine Auflage: Er durfte nicht mit dem Auto fahren, denn am nächsten Tag war Vorstellung. Und dann: Tag der Vorstellung. Eine halbe Stunde vor Aktbeginn musste man im Haus sein. Es war sieben Uhr, um halb acht begann es. Im Theater 800 Besucher. Striebeck war nicht da. Zehn nach meldete der Inspizient: Peter ist noch immer nicht da. Man wartete noch fünf Minuten, dann ging die Meldung in die Intendanz. Gobert war sofort auf der Bühne. Die Aufregung begann. Anruf bei Peter daheim. Nein, tut mir leid, vielleicht fährt er gleich ins Theater. Er kam nicht. Fünf vor halb wollte Gobert vor den Vorhang gehen und die Vorstellung absagen. Ich stand neben ihm und meinte, „Herr Gobert, was ist, wenn ich meinen Kafka-Abend spiele? Ich habe die Dekoration im Auto." Eine Minute Nachdenken, gut, das machen wir. Aber ich hatte den Anzug und die Maske nicht mit. Ein Anruf daheim: „Martha, bring sofort die Kafka-Sachen ins Theater!" Gobert ging vor den Vorhang: „Peter Striebeck kann heute nicht kommen. Wir müssen die Vorstellung absagen, oder Herr Merkatz spielt für Sie den *Bericht*

*Boy Gobert gab seinen Einstand als Intendant des Thalia Theaters mit
Nestroys „Das Haus der Temperamente". Ich habe mich mit Gobert
ganz gut verstanden, wenn es auch ein paar Probleme gegeben hat.*

*für eine Akademie* von Franz Kafka." 300 sind gegangen, 500
sind geblieben, und der Abend war gerettet. Striebeck kam nach
Mitternacht in Hamburg an. Die berüchtigte Zonengrenze! Er
bekam eine Strafe wegen Nichteinhaltung des Urlaubsschein, er
hätte mit der Bahn fahren müssen. Das kostete ihn 8.000 DM.
Mir schenkte er ein wunderschönes Buch: *Hamburg – Merkurs
eigene Stadt*. Hätte Peter Flügel gehabt wie Merkur, hätten sie
ihm die 8.000 erspart.
Dank Boy Goberts Gespür für Inszenierungen und gute Leute
verschob sich das Gewicht allmählich in Richtung Thalia Thea-

*Vera Borek, Helmuth Lohner und ich in „Der Färber und sein Zwillingsbruder" am Thalia Theater. Über unsere Ausflüge in diverse Lokale gibt's einiges zu erzählen …*

ter: Man kann getrost sagen, dass es die renommiertere Bühne wurde. Wohl auch durch die Turbulenzen an der Spitze des Schauspielhauses. Das Theater allgemein war damals im Aufbruch, und Hamburg hatte eine Vorreiterstellung. Am Schauspielhaus ging es abwärts. Die Galerie wurde mit einem Vorhang abgehängt, und das leider bis heute. Einen dramatischen Vorfall möchte ich noch erwähnen. Eine Vorstellung war zu Ende, das Publikum zum größten Teil schon aus dem Haus, noch einige an der Garderobe, als ein junges Mädchen zurück in den Zuschauerraum kam. Sie legte sich über die Bühnenrampe, um unter dem Vorhang auf die Bühne zu schauen. Da sie anscheinend nicht wusste, was der einsetzende Gong bedeutete, merkte sie nicht, dass der Eiserne Vorhang langsam herabkam, und sie wurde erdrückt.

Die Freie und Hansestadt wurde zum Dorado für ein junges Publikum, das vor allem eines wollte: im Theater und mit Theater Politik machen. Und das besonders kreativ war im Erfinden von Schlagworten wie Gesellschaft verändern, Establishment stürzen. Eine Entwicklung, die später mit den Terroranschlägen der RAF ihren blutigen Höhepunkt fand.

Das waren die negativen Auswüchse, aber was sonst geboten wurde, konnte sich sehen lassen! Schauspieler übernahmen die Initiative und wurden dem etablierten Theater abtrünnig. Unvergessen ist mir Peter Brooks legendärer *Sommernachtstraum*. Diese Inszenierung hat mich enorm beeindruckt. Nichts auf der Bühne, nur weiße Wände, und dazwischen haben die Schauspieler so intensiv gespielt, dass sie beinahe die Wände hoch gelaufen sind. Das Schauspielhaus richtet im Malersaal eine Bühne ein, wo ganz modernes Theater aus dem Ausland aufgeführt wurde. Aus England, aus Japan, es waren faszinierende Abende. Auch die deutschen „wilden" Autoren fanden hier ihre Spielstätte. Der ganz große Skandal war *Stallerhof* von Franz Xaver Kroetz mit Bruno Dallansky und Eva Mattes. Mattes wagte es, sich auszuziehen – die erste, die nackt auf einer Bühne stand. Noch dazu hatte sie alles andere als eine Modelfigur, sondern ein rundes Bäucherl, einen ausladenden Hintern. Auf der Bühne war ein Häusl aufgebaut und Bruno Dallansky musste dort sitzen und onanieren. Es hat einen Aufstand in Hamburg gegeben, in ganz Deutschland, aber das ist eine Notwendigkeit, damit bleibt Theater lebendig, bis heute. Zadeks *Räuber* in Bremen. Fassbinder – er ist heute nur noch ein Name, wenn auch ein legendärer.

Boy Gobert holte auch das Thalia aus dem einst so konservativen Fahrwasser. Lange hielt ihm das etablierte Publikum trotzdem die Treue, doch dann wurde er mehr und mehr angegriffen. Die ersten zehn Reihen waren von Abonnenten besetzt, die schon 45 Jahre ihren Platz inne hatten, sie konnten und wollten diese Neuerungen nicht verkraften. Aber das war nicht die Ursache, die wahre Ursache waren die Herren Kritiker mit ihrer doch sehr konservativen Haltung. Dadurch war der einstige Liebling des Publikums allmählich starker Kritik ausgesetzt. Es gibt ein Bild von ihm, auf dem steht er mit einem weißen Anzug da und lässt sich mit Tomaten bewerfen – das war seine Art zu sagen, was er empfunden hat.

In Altona, einem Stadtteil von Hamburg, stand ein altes, leeres Fabrikgebäude. Junge aufstrebende Künstler, Maler, Musiker, freie Schauspieler, bauten sie zu einem Kulturzentrum für junge Menschen aus. Luc Bondy gehörte zu ihnen. Ich auch. Bondy inszenierte ein Stück, in dem ich eine schöne Rolle hatte. Es wurde ein Erfolg. Gobert ließ mich rufen und erklärte klipp und klar, wenn ich weiter dort spielen würde, müsste er mir den Vertrag kündigen. Ein Stein, den er mir in den Weg legte, der zweite folgte bald.

Rolf Liebermann machte mir das Angebot, an der Hamburgischen Staatsoper den Frosch zu spielen. Eine besonders schöne Aufführung, und auch Liebermann war höchst zufrieden, denn er erklärte: „Solange ich Intendant bin, werden Sie, Herr Merkatz, diese Rolle spielen."

*Meine Familie vor unserem Haus in Irrsdorf; das Foto wurde um 1980
aufgenommen. Und Vater trägt, wie immer, Krawatte.*

Ich hatte die Idee – die Gefängniszellen befanden sich im ersten
Stock des Bühnenbildes und eine eiserne Leiter führte nach
unten in das Büro –, dass ich als betrunkener Frosch diese Treppe hinunterfalle. Ich hielt mich mit der linken Hand am eisernen
Geländer an und rutsche an den Stiegenkanten in einem hinunter. Unten wunderte ich mich, wieso ich plötzlich unten stehe.
Es ging wunderbar und ich erhielt immer einen Extra-Applaus.
Eines Abends, als ich wieder „betrunken" hinunterrutschte, ver-
fing sich auf der Hälfte der Treppe der große Gefängnisschlüssel,
der an meinem Gürtel hing, am Geländer, und ich blieb schwe-
bend kopfüber hängen. Eine gefährliche Situation, aber ich hatte doppelten Applaus. Gobert bekam meinen Erfolg mit, ließ
mich wieder rufen und wiederholte, was er mir schon einmal
gesagt hatte: Wenn ich weiter dort spielen würde ... und es folg-

te eine kleine Variation – ich könne ja an der Staatsoper bleiben. Also, was blieb mir übrig, ich kündigte Liebermann. Später, als ich in München engagiert war, kam ich einige Male für diese Rolle nach Hamburg zurück.

Während der Sommerferien wirkte ich in diesen Jahren gelegentlich bei den Salzburger Festspielen mit. Im Thalia Theater hatten wir nach den Ferien die erste Wiederaufnahmeprobe von *Professor Bernhardi*, Leopold Rudolf spielte als Gast den Professor. Ich hatte einen Tag vorher in Salzburg die letzte Vorstellung und fuhr die ganze Nacht in einem die 1.000 Kilometer nach Hamburg durch. Damals war noch nicht soviel Verkehr auf der Autobahn. Ich kam gerade noch rechtzeitig zu meinem Auftritt auf der Probebühne zurecht. Heribert Meisel stand hinter der Auftrittstür, schon wartend, ich kam keuchend dazu. Von oben herab sagte er: „Sie haben es notwendig, zu spät zu kommen." Ich gab zur Antwort: „Sie als Boxer sind nie zu spät gekommen, gelt!" Da war unser beider Auftritt. Von dieser Zeit an hat er mit mir nie wieder gesprochen. Meisel war, ehe er Schauspieler wurde, in Deutschland Preisboxer.

Sommer 1968, *Der Schwierige* bei den Salzburger Festspielen. O. W. Fischer als Kari Bühl, Susi Nicoletti als Crescence. Ich spielte den Sekretär Neugebauer, eine kleine Rolle, nichts Besonderes, aber ich hatte dabei immer wieder mit Fischer zu tun. Seltsam, mit ihm zu spielen. Schon bei den Proben kam er, wann es ihm passte. Ein Parkplatz vor dem Landestheater musste immer frei sein für sein Auto. Er trat auf, wo er wollte, und spielte, wie er wollte. Auch während der Vorstellungen. Ich trat auf und musste ihm etwas bringen. Er saß diesmal auf dem Schreibtisch und ließ eine Taschenuhr an der Kette im Kreise schwingen. Mich störte das wenig, aber Frau Nicoletti, die große Szenen mit ihm hatte, war so verwirrt als Fischer aufstand und herumging, was nicht inszeniert war, dass sie ihren Text heruntersagte und wütend die Bühne verließ. Sie schlug beim Abgang die Tür so fest zu, dass die Kulissen wackelten. Hinter der Szene hatte sie

*Ein Fest mit Freunden: Martha und Dietmar Pflegerl. Vielleicht habe sogar ich das Bild gemacht?*

*Marmor, Stein und Eisen bricht ... Nein, wir wollen nicht kitschig werden,*

*aber 48 Jahre Ehe, das ist schon was!*

*Gitta mit ihren Töchtern Lisa (links) und Regina; unten sehen Sie mich mit meiner dritten Enkelin, Magdalena. Ich bin übrigens schon Urgroß-vater, denn Lisa hat 2004 ein Baby bekommen, auch ein Mädchen.*

einen Wutausbruch, den man bis auf die Bühne hörte. Fischer spielte ungerührt weiter, und ich ging ab.

1973 nahm ich ein Angebot an die Münchner Kammerspiele an. München. Die Stadt, in die ich von Zürich mit meinem Radl gefahren war, in der ich vergeblich ein Theater und eine Schauspielschule gesucht hatte. Wir hatten damals schon unser Haus in Salzburg, die geographische Nähe ... es war verlockend.

Wir fanden eine Wohnung in der Müllerstraße bei einer Hausfrau namens Müller, und die ersten, die uns in unserem neuen Domizil besuchte, ich war gerade mit dem Tapezieren fertig, waren – Müllers aus Australien. Und der Intendant der Kammerspiele hieß ebenfalls Müller. Sonst gab es nicht viel zu lachen. Das Engagement fing schon unerfreulich an. 1973 hätte ich mit Claude Chabrol einen Film drehen können, und ich bat den Intendanten Hans Reinhard Müller um Urlaub. Er: „Aber Herr Merkatz, Sie können doch jetzt nicht weg, sie spielen eine große Rolle im Nestroy. Und als ich die Besetzungsliste bekam, hatte – Romuald Pekny diese Rolle. Wegen nichts und wieder nichts so eine Chance mit Chabrol verpasst! Meine Frustration war groß, denn ich hatte vier Wochen für Fernseh- oder Filmarbeit im Vertrag vereinbart. Na gut, er hat mir den Urlaub ausbezahlt.

Die Kammerspiele kamen mir vor wie eine politische Institution. Der Regisseur Johannes Schaaf und seine Frau Rosemarie Fendl haben ein rotes Regime aufgebaut. Sie fuhren mit einem dicken Mercedes in den Hof, fegten mit bodenlangen Pelzmänteln den Boden auf, gingen ins Theater hinein und grüßten: Rotfront. Er ist mir so auf den Wecker gegangen, dieser verschleierte kapitalistische Kommunismus. Ich war ein Aufständischer. „Ihr könnt mich am Arsch lecken mit eurer Partei", äußerte ich mich einmal aufgebracht. Die Leute haben mehr diskutiert, als sie gearbeitet haben. Ständig gab es Versammlungen auf der Bühne mit endlosen Disputen, bei denen nichts herausgekommen ist. Und es ging nicht ums Theater, sondern um Politik. Aber nicht um eine echte, ehrliche politische Einstellung, man ritt auf einer Welle. Nein, es ist nicht Aufgabe eines Theaters, Parteipolitik zu machen! Einige Regisseure waren so von sich überzeugt, dass sie sagten, sie lassen die Türe offen und jeder kann kommen und während der Arbeit zuschauen. Als Dieter Dorn 1976 als Oberspielleiter kam, 1983 wurde er dann Intendant, gab es eine Wende für die Kammerspiele, denn er hat das Theater auf den Stand gebracht, den es bis heute hat.

Aber im Rückblick muss ich sagen, es hat auch wunderbare Aufführungen gegeben und Regisseure mit einem Blick fürs Wesentliche. Und im Haus haben Kollegen gespielt wie Günter Lüders und die großartige Therese Giehse. Ich erinnere mich an ihren Brecht-Abend. Klein und korpulent ist sie auf der Bühne gesessen, an einem grauen Tisch, man hat nur Kopf und Hände gesehen. Dann ist sie aufgestanden, hat sich neben den Tisch gestellt, rezitiert. Ich habe sie sehr, sehr verehrt. Aber sie hatte auch genug ... Eines Nachmittags ging ich am Hotel „Vier Jahreszeiten" vorbei, und wer kommt mir entgegen: Frau Giehse. „Grüß Gott, gnä' Frau ..." „Ah, Herr Merkatz, grüß Sie. Wie geht's?" „Ich gehe zur Probe." Sie schaute mich lange an. „Wissen Sie, dieses Haus ..." und hat hinüber gedeutet „... diese Haus betrete ich nie wieder."

Therese Giehse starb wenige Tage vor ihrem 77. Geburtstag, am 3. März 1975. Am 22. März hielt Paul Verhoeven seine Trauerrede für die große Kollegin. Er saß an einem Tisch auf der Bühne, und während des Sprechens stützte er den Kopf auf seine rechte Hand, sank langsam auf den Tisch und war tot. In der ersten Reihe saß sein Sohn Michael, Ehemann von Senta Berger und promovierter Mediziner. Auch er konnte nicht mehr helfen. Manche alten Kollegen sagen immer wieder, sie möchten auf der Bühne sterben. In meinen jüngeren Jahren war ich auch der Meinung. Jetzt gehöre ich allerdings zu den alten Kollegen und würde lieber daheim bei meiner Martha Flügel bekommen.

Ich hatte genug, ich wollte nicht mehr fix an einem Theater sein.

Es verlangte mich nach einer Form der Freiheit, in der ich selbst Entscheidungen treffen konnte. Vertrag ist eine Verbindung, zu der man stehen muss. Ich drehte bereits den *Echten Wiener*, meine Töchter waren aus dem Gröbsten heraus, wir hatten unser Haus in Salzburg. Ich bin zum Intendanten, wurde vorgelassen, bin vor ihm gestanden und habe gesagt: „Ich kündige!" Er ist aufgestanden und hat die Hände auf den Schreibtisch gelegt: „Gut, ich nehme an." Das war's.

Die Münchner Wohnung haben wir behalten, der Schlüssel dazu wurde zu einer Wandertrophäe. „Geh, Karl, ich dreh in München, können wir für die paar Tage bei dir wohnen?" Ja, natürlich, gern. Die Strom- und die Telefonrechnung wurde immer höher, ohne dass wir selbst auch nur einen Tag dort verbracht hätten, aber das war nicht alles: Einmal hatten Martha und ich in München zu tun. Wir legten uns am Abend ins Bett und hörten plötzlich ein Geräusch – jemand kam in die Wohnung. Und in dem Augenblick stand er auch schon im Schlafzimmer. Es stellte sich heraus, dass ein Freund einem Freund, den wir gar nicht kannten, den Schlüssel überlassen hatte. In der Früh waren wir fünf. Danach lösten wir die Wohnung auf. Zum Glück war ich doch einmal Tischler, so konnte ich den Biedermeier-Schubladkasten selber frisch politieren.

# „Ich hör' die Bahn nimmer!"

## Unser Haus in Salzburg

Ich war am Thalia Theater in Hamburg engagiert und spielte 1968 bei den Salzburger Festspielen im *Schwierigen*. In diesem Sommer kam uns der Gedanke, uns in Österreich einen Wohnsitz zu schaffen. Man kann nicht wissen, wird der Vertrag verlängert, hat man ein Engagement, gibt es politische Unruhen? Wir mussten immer wieder um eine Aufenthalts- und Arbeitsbewilligung ansuchen und wussten nicht, ob wir diese Bewilligung auch bekommen würde. Als ich noch am Schauspielhaus war, gab es diese politischen Unruhen bereits. Aufmärsche der Studenten, junge Menschen, die mit den politischen Ideologien nicht einverstanden waren. So genannte Randalierer! Eines Abends, während einer Vorstellung von *Kassandra*, ich spielte den Ajax, wurde das Theater von einer größeren Gruppe gestürmt, das Publikum aus dem Haus getrieben, die Bühne besetzt. Sie haben agitatorische Reden geschwungen, aber ich weiß heute nicht mehr, worum es eigentlich ging. Ein Drittel Deutschlands war doch schon hinter der Mauer! Wir Schauspieler standen in den Bühnengassen und konnten nichts tun. Mich überkam eine solche Wut, für mich ist eine Bühne beinahe ein heiliger Raum. Ich wollte hinaus, um die Redner hinunterzuweisen, da erwischte mich am Proszenium Wolfgang Neuss am Arm und hielt mich zurück. In diesem Augenblick stürmte die Polizei in den Zuschauerraum, und die Besetzer wurden hinausgetrieben. Ihre und unsere Vorstellung war hiermit zu Ende. Die Jahre um 1970 waren also politisch etwas unruhig. Vielleicht war es aber auch eine stille Sehnsucht, wieder in Österreich sein zu wollen. In der Zeitung fanden wir eine Anzeige – eine Vier-

*Ja, wir leben gern in Irrsdorf, jeder nimmt mich hier, wie ich bin. Und mit dem Fürst-Bauern plaudere ich besonders gern.*

*Unser Haus mit den Vorbesitzern. Die Aufnahme stammt von 1930 – meinem Geburtsjahr. Wenn der kleine Karli aus Wiener Neustadt damals gewusst hätte, wie das Leben so spielt …*

Zimmer-Eigentumswohnung in Maxglan. Die Neugierde führte uns hin. Ein neuer dreistöckiger Betonblock mit Balkonen. Die Zimmer – an sich in Ordnung. Aber so ganz zufrieden waren wir nicht, denn sie kostete 400.000 Schilling. Unruhige Gedanken hin und her. Eveline, die Freundin aus der Trafik am Platzl, kam den ganzen Tag mit Leuten zusammen. „Weißt du vielleicht, wo jemand ein altes Haus verkauft?" „Nein, im Moment nicht, aber ich kenne eine Maklerin, die vermittelt immer alte Bauernhäuser." Wir gingen zu ihr. „Ja, ja, da habe ich was, gar nicht teuer, am Land draußen, in Irrsdorf". Irrsdorf? Beim Irrsee? Kennen wir nicht. Fahren wir hin, schaun wir's uns an! Wir wohnten damals bei Freunden in Anif und konnten die Kinder bei ihnen lassen. Wir hatten zwar ein Auto, aber die Maklerin, wollte uns selbst hinbringen.

Schnürlregen, dass man keine zehn Meter weit gesehen hat. Wir fuhren langsam über eine Bachbrücke, und fünfzig Meter weiter stand ein altes Holzhaus, leicht vorgeneigt, baufällig. Martha und ich schauten uns an und wussten, das ist nichts für uns! Aber die Maklerin fuhr weiter, unter einer Bahnüberführung durch, noch einige Meter über eine Wiese und blieb vor einem alten Holzhaus stehen. Wir liefen im Regen aus dem Auto unter das Vordach. Sehr unfreundlich das alles. Eine Brettertür, die Maklerin öffnet sie, und dahinter eine grün angestrichene Eingangstür. Sie ging sofort hinein und rief: „Herr Grubinger, sind Sie da?" Der Hausherr, der Grubinger, war da. Seine Frau auch, ein scheues älteres Weiberl. Wir setzten uns an den Bauerntisch und bekamen einen Selbstbrennten. Es wurde zuerst geraucht und dann gejammert: „Diese jungen Leute möchten sich Ihr Haus anschauen, aber sie wissen ja, mir geht es immer noch nicht besser, das Kreuz! Was ich immer zum Doktor rennen muss. Ich bin schon arg beinand."

Die werte Dame wurde vom Grubinger zuerst bedauert, dann zeigte er uns das Haus. Die Stube, die Küche mit kleiner Speis. Und ein kleines Zimmer. Im Stock darüber ein Schlafzimmer –

„Passen Sie auf, dass Sie sich nicht den Kopf anschlagen, die Türen sind so niedrig!" – dazu noch eine kleine Kammer. Dahinter ein Stadel und darunter ein kleiner Kuhstall. Im Haus roch es nach irgendetwas. Heute weiß ich, dass alle alten Häuser einen besonderen Geruch haben. Es gab Holzfußböden, die Fenster waren alle vergittert. Die Eingangstür hatte innen einen starken Riegel. So ein Haus war uns absolut fremd. Aber es hat uns angesprochen, es gefiel uns.

Mittlerweile hatte es zu regnen aufgehört. Von außen war das Haus so, wie wir es uns irgendwie vorgestellt hatten. Ein altes Holzhaus, ein Teil gemauert, ein Tennentor und vor allem ein Garten mit Obstbäumen und einer Wiese bis hinauf zum Wald. Eigentlich wäre es das, was wir wollten.

Der Grubinger führte uns ums Haus herum, ließ uns in Ruhe alles anschauen. Und mitten in der Unterhaltung knöpfte er langsam sein Hosentürl auf, zog sein Schwanzerl heraus – und erleichterte sich. Vor unseren Augen. Ungeniert. Ich glaube, er hat sogar weiter geredet. Wir standen grinsend daneben – vielleicht ist das in dieser Gegend so üblich?

Meine Frau und ich standen vor dem Haus, die Maklerin saß in der Stube, rauchte und trank ihren Schnaps, ruhig war's, und wir unterhielten uns mit dem Grubinger. Plötzlich: ein Rattern und ein Lärm, die Eisenbahn fuhr vorüber, die Westbahn. Nun waren wir plötzlich doch unentschlossen. Die Westbahn. Herr Grubinger meinte: „Die Bahn, nach ein paar Tagen hört man sie nimmer!" Er hatte das Haus vor vier Jahren geerbt, wollte aber lieber in Salzburg leben, hinter dem Bahnhof, weil er die Bahn mag. Danke, aber das müssen wir uns überlegen. Die rauchende Maklerin drängte uns, als der Grubinger ins Haus ging, ja oder nein zu sagen. Und dann zeigte sie uns noch das Nachbarhaus, mit einer großen Wohnstube: „Auch zu haben. Und kostet das gleiche." Sehr schön, aber viel zu reparieren und renovieren. Der Vorteil: Es hätte 30.000 Quadratmeter Grund und ein Stück Wald, die Zufahrt müsste allerdings über den Grund von Grubingers Haus gehen. Beide Häuser? Rund eine Million also? Wir müssen das besprechen, auch mit der Bank in Hamburg. Wir bekamen zwei Tage Bedenkzeit. Ein Anruf in Hamburg, man kannte mich ja, doch der Chef war im Urlaub und sein Stellvertreter konnte so eine Entscheidung nicht treffen. Man vertröstete mich: in zwei Wochen.

Aber es hat uns keine Ruhe gelassen. Am nächsten Tag sind wir wieder hinausgefahren, ohne Maklerin, aber mit den Kindern, diesmal war's schön und sonnig. Als wir hinkamen kehrte Grubinger gerade mit einem Besen den Staub der Holzwürmer von der Wand ab. „Hoffentlich stört Sie das nicht." Aber nein, die Bahn hat uns gestört: „Wie hält man diesen Lärm aus?" „Aber gengang S', dran gewöhnt man sich, ich hör's gar nimmer!" Und recht hat er gehabt.

Das Haus hatte einen eigenen Namen, Schusterhäusl. Wir hatten uns also entschlossen, das Schusterhäusl zu kaufen. 400.000 Schilling und für die arme kranke Maklerin 50.000. Relativ viel, dann wieder nicht. Ich habe in Hamburg gut verdient, so 3.000 Mark im Monat, wir könnten es uns vielleicht leisten. 10.000 haben wir zusammengebracht. Ein sehr lieber Freund half uns, von einer Bank einen Bausparkredit mit langfristiger Abzahlung zu bekommen. Das Problem war, dass wir die 50.000 für die Maklerin nicht aufbrachten. Unsere Freunde, bei denen wir in Anif wohnten, waren unser Rettung. Margret sagte, sie habe von ihren Eltern zur Hochzeit 5.000 Mark bekommen, als eiserne Reserve, die würde sie uns borgen. Die restliche Summe haben wir aus meiner Festspielgage zusammengebracht. Die liebe, gute, kranke Maklerin hat auch Herrn Grubinger 50.000 Schilling für die Vermittlung abgeknöpft, wie wir später erfuhren.

Als wir mit Herrn Grubinger zum Notar nach Neumarkt fuhren, zeigte er uns ein Haus: „Da wohnt eine Kollegin von Ihnen." Anschließend fuhren wir neugierig hin, es war das Haus von Sabine Sinjen und Peter Beauvais. Wir erfuhren dann noch, dass Otto Schenk, Heinz Reincke, Dietmar Schönherr, Heinrich

Schweiger und Vadim Glowna in naher Umgebung ebenfalls Häuser hatten.

Vierzehn Tage später in Hamburg. Der Direktor kam von Urlaub zurück, ja, das Geld für das zweite Haus könnten wir haben. Doch die Maklerin hatte das zweite Haus bereits verkauft, an eine Frau aus Berchtesgaden, als Geldanlage für ihren Sohn. Die beiden waren praktisch nie da und haben zwei Wochen später das Haus mit Brettern zugenagelt. Es sollte einer Almhütte ähnlich sein. Das war vielleicht ein erbärmlicher Anblick so dicht neben uns! Was konnten wir tun? Nichts! Aber als sie einmal fallen ließ „Wir werden die Bäume wegschneiden, denn die nehmen uns den Ausblick!" da wurde ich unfreundlich: „Liebe gnädige Frau, die Bäume werden Sie einen Schmarrn wegschneiden, die gehören nämlich uns!" Zu diesem Zeitpunkt war glücklicherweise im Salzburgischen Grundzusammenlegung und es ergab sich, dass ein kleinerer Grund von uns an ihren Grund anschloss. Wir tauschten diesen Grund mit ihr und dadurch fiel uns ihr Haus zu. Diesen getauschten Grund kaufte Reinhard Schwabenitzky und wurde so unser Nachbar.

Nach und nach haben wir die beiden Häuser ausgebaut und nach unserem Geschmack hergerichtet. Jedes Stück habe ich selbst restauriert. Schön im Stil, wie sich's gehört. Wir hatten wenig Dokumente und wussten daher nicht, wann genau diese Häuser gebaut worden waren. Aber Gitta, die das getauschte Haus bekommen hat, stöberte herum und entdeckte ein Schriftstück, das besagte: um 1680. In dem meinigen Haus wurden etwa 1810 die Holzwände der Stube abgetragen und die Wände gemauert. Das war, als die Franzosen abgezogen sind und die Biedermeierzeit begann. Zu dieser Zeit waren die Wände knallrot, die Türeinfassungen schwarz, Das habe ich entdeckt, als ich in der Stube die Kalkfarbe abspachtelte. Eine Schicht nach der anderen, sorgfältig, Stunden um Stunden, Zentimeter um Zentimeter. Und dann: Was ist das für ein Geruch? Zwiebeln? Ja! Und dann die nächste Farbschicht. Das riecht ja wieder anders! Rauchig,

*Meine Eltern im Jahr 1985. Vater wurde 89, Mutter 86. Sie haben
meinen beruflichen Aufstieg noch miterlebt, haben sich gefreut,
aber es war nie groß ein Thema für sie.*

der Untergrund schwarz, es muss etwas gebrannt haben. Und so
bin ich nach und nach hundert Jahre zurück in die Vergangen-
heit und konnte riechen, was die Bewohner dieses Hauses
gekocht haben.

In der Mitte der Decke tauchten langsam unter den Zentimetern
von Farbe ein Blumenkranz auf und ein IHS-Zeichen. Und genau
dieser Blumenkranz fand sich auch auf einem Hochzeitskasten
aus dem Jahr 1814 wieder. Die gleiche Farbe, der gleiche Kranz.
Was ich hier so locker erzähle, was nach einer Arbeit von ein
paar Wochen, vielleicht Monaten klingt, hat natürlich viele Jahre

*Häuptlsalat fürs Mittagessen!*

in Anspruch genommen. Und ohne die Hilfe meines Vaters hätte ich das alles wahrscheinlich nicht geschafft. Und mein erster Beruf, Tischler, war mir die größte Hilfe. Mittlerweile habe ich eine voll eingerichtete kleine Tischlerwerkstatt – am Anfang war's allerdings nur eine Hobelbank und Werkzeug aus meiner Tischlerzeit.

Mein Vater, immer robust und kerngesund, wurde um 1965 plötzlich krank. Künstlicher Ausgang, immer schwächeres Herz. 1969 schien es dann zu Ende zu gehen, wir hatten kaum noch Hoffnung. Ich habe den Hausarzt meiner Eltern in Wiener Neustadt angerufen, übrigens der Vater des inzwischen auch schon verstorbenen Theaterdirektors Hans Gratzer. Was sollen wir machen? Können wir meinen Vater nach Irrsdorf holen? Seine Antwort war niederschmetternd: Entweder er stirbt noch daheim, in der Bahn oder bei Ihnen in Irrsdorf. Doch: Vater hat das Haus gesehen, war hier sehr glücklich und hat noch bis 1986 gelebt. Und Dr. Gratzer, mit dem ich später sehr befreundet war, für ihn war's ebenfalls beinahe ein Wunder.

Vater hat schwer gearbeitet. Tram gehoben, Holz geschnitten, gesägt, gebohrt, betoniert. Zwei Kübel Beton, jeder 20 bis 25 Kilogramm schwer, auf einmal getragen, bis ich gesagt habe: „Jetzt ist aber Schluss, jetzt hörst aber auf!" Gut, ja – und er schleppte halt nur mehr einen. Und das Ganze, man glaubt's nicht, korrekt wie immer: mit Hemd und Krawatte. So ist er auch in die Arbeit gegangen. Eines Tages habe ich ihm dann kurzerhand die Krawatte abgeschnitten, sie hängt noch heute auf einem Fensterrahmen in meiner Werkstatt.

Die ersten Jahre hat sich meine Mutter in Irrsdorf auch sehr wohl gefühlt. Damals wohnte sie mit Vater im halbfertigen Haus, wir waren ja nur tageweise da und in den Sommerferien, aber eigentlich nur zum Arbeiten. Doch dann, 1973, trat ich mein Engagement in München an. München war so nah, dass wir jeden freien Tag in Irrsdorf waren. Eigentlich könnte man doch ständig hier wohnen … Doch für zwei Familien, also vier

*Ruhige Stunden vor unserem Haus. Martha hätte es ganz gern, wenn ich ein bisserl leiser treten würde.*

Erwachsene und zwei Kinder, war das Haus damals einfach zu klein, auch heute würde es zu eng sein.

Ich mietete für meine Eltern eine Wohnung im Dorf. Nach elf Jahren zog es meine Mutter nach Wiener Neustadt zurück. Es war die Stadt, die sie vermisste. Nach dem Tod meines Vaters, er ist 89 Jahre alt geworden, wurde es doch einsam um sie und sie verfiel immer mehr. Ich werde noch heut melancholisch, wenn ich an ihre letzten Jahre denke. Meine Schwester Hilda hat sich um sie gekümmert, aber das ging auch nicht so recht. Hilda wohnte mit ihrem Mann außerhalb der Stadt, und ohne Fahrzeug war es immer schwierig zu kommen. Als ich in Wien gedreht habe, fuhr ich sie öfter besuchen. Das Kochen hatte sie langsam aufgegeben, und wenn ich kam, war ihr Mittagessen ein Leber-kässemmerl aus dem Papierl. Essen mit mir in einem Gasthaus, das mochte sie auch nicht. Wir wollten sie zu uns nach Irrsdorf zurückholen, doch sie entschied sich für das Seniorenheim in

*Josefine mit ihrem Sohn, meinem Enkerl, Bennet und ihrem Mann Markus.*

Wiener Neustadt in dem sie gut versorgt die letzten Jahre zugebracht hat. Mutter erreichte 86 Lebensjahre. Meine Eltern haben meinen beruflichen Aufstieg miterlebt und waren stolz, aber es war kein Thema für sie: Ich war einfach ihr Sohn, der Karli …

Aber zurück zum Haus, zu den ersten Jahren. Wir besaßen die zwei Gebäude, in einem wohnten meine Frau und ich, das andere wurde für Gitta und ihre Familie hergerichtet. Es ist das „Peuntl", und das bedeute so viel wie Kleinbauer mit zwei Kühen. Dann, 1989, kam die Kanalisation, jedes Haus musste angeschlossen sein. War das ein Gejammer bei einer lieben alten Nachbarin, der Resi Schinagl: „Was brauch' i an Kanal, i hab ja net einmal Wasser." Und kein Klo, nur im Ziegenstall einen Kübel. Resi hatte in jungen Jahren ihr einziges Kind verloren, zog aber in diesem kleinen Haus über dreißig abgegebene Kinder, meist unehelich, groß. Dafür gab es nur einige Schilling, früher Kreuzer. Als Witwe hatte sie nur eine kleine Pension.

Ich machte der Resi Schinagl im Oktober, als die Grabungsarbeiten begannen, einen Vorschlag: „Ich kaufe Ihnen das Haus ab, Sie können drin wohnen, so lange Sie wollen. Und natürlich bezahle ich auch den Anschluss. Sie haben keine Ausgaben." Einige Tage hat sie es sich überlegt, dann kam sie und sagte: „Ja, ich bin einverstanden. Ich hab' ja niemanden, der das Haus will, nur zwei alte Verwandte." Der Vertrag wurde abgeschlossen, wir haben ihr das Haus abgekauft, für Josefine.

Jeden Tag um sechs Uhr am Abend, ob Sommer oder Winter, ist die Resi zum Bauern um die Milch gegangen. Es war Faschingsdienstag. Gitta wollte gerade hinunter, sie kam rauf. Vor der Tür haben die beiden geplaudert und gelacht. Gitta ging weiter, die Resi machte die Tür hinter sich zu, drehte den Schlüssel im Schloss um und stellte das Milchkandl auf den Tisch. Dann bückte sie sich, um den Reißverschluss ihrer Stiefel aufzuziehen, den Mantel hatte sie noch an – und fiel tot um.

Am nächsten Tag um sechs in der Früh kam die übernächste Nachbarin zu uns gelaufen und rief: „Die Resi hat das Licht brennen und liegt am Boden!" Wir rannten sofort hinüber. Die Tür war versperrt. Wie hinein? Im hintern Teil war das Fenster halb offen, dort bin ich über eine Leiter ins Haus. Und Resi, die nie bei einem Arzt gewesen war, die für jedes Wehwehchen ein Kräutl gekannt und es im Wald gesammelt hatte, wurde in die Gerichtsmedizin gebracht.

Nach der Beerdigung, wir waren ein schönes Maß traurig, weil sie doch so lieb und nett und vertraut gewesen war, saßen wir in der Stube. Plötzlich habe ich so einen eigenen Geruch gespürt, ich kannte ihn: Wie Resi in ihrem Haus. Aber ich habe nichts gesagt. Dann erzählte ich's doch Martha: „Ich habe die Resi gespürt." – „Wann?" – „Vorgestern." – „Ich auch, gestern!" Und die Gitta auch. Alle drei. Drei Tage lang. So hat sie Abschied genommen von uns.

Schritt für Schritt wurde Resis Haus umgebaut. Schritt für Schritt, denn das Geld war nicht da, und genug Zeit habe ich

*Als Mundl hab' ich am liebsten Bier getrunken, privat ziehe ich ein Glaserl Rotwein vor.*

*Pferde, Schafe, Hühner, Gänse – in der Zwischenzeit habe ich meinen großen Tierpark ein wenig reduziert.*

*In meiner Tischlerwerkstatt, die ich mir im Laufe der Jahre eingerichtet habe.*

*Es ist ein wunderschönes Gefühl, wenn ich ein Möbelstück fertig habe, und Martha freut sich mit mir. Rechts meine Signatur.*

*Die wunderbaren Musiker Alfred Gradinger und Rudi Koschelu begleiten mich bei meinen Wienerlieder-Abenden.*

auch nicht gehabt. Dann – die Polenkrise. Drei Männer kamen: „Haben Sie Arbeit für uns?" Ja, bei der Resi.

Sie konnten in der Stube schlafen und haben das ganze Haus ausgeräumt. Das Dach und den hölzernen Oberstock haben wir von einem hiesigen Baumeister stützen lassen und den Parterrebereich ausgebaut. Heute ist das „Webergütl" das Wohnhaus von Josefine.

Zwei der Polen sind übrigens in Irrsdorf geblieben. Beide arbeiten in einem Holzverarbeitungswerk. Die Frau des älteren ist in der Bank, bei meinem Freund Franz, dem Direktor, Hausmeisterin.

Und wir machen es so, wie man es in dieser Gegend jahrhundertelang gemacht hat: Wenn wir einen Raum mehr brauchen, bauen wir ihn an. Hier hat unsere Ältere – Gitta, sie betreibt eine Töpferei – ihre drei Töchter aufgezogen. Sie ist auch schon Großmutter, ja, und ich damit Urgroßvater. Hier hat Josefine, die letzlich auch Schauspielerin geworden ist, ihr Haus, das sie mit ihrem Mann und ihrem kleinen Sohn bewohnt – vorausgesetzt sie ist nicht im Engagement. Ihre Schwiegermutter aus Amerika lebt ebenfalls hier – das Quengert, wie unser Viertel heißt, ist voller Leben. Die Leute im Ort sind froh, dass ich es so gut erhalten habe, denn auch wir sind von der so genannten Zivilisation nicht verschont geblieben, auch bei uns gibt es schon diese Reihenhäuser.

Ja, wir leben gerne hier. Jeder kennt mich, jeder nimmt mich, wie ich bin, und ich höre keine blöden Mundl-Witze. Meine Enkelkinder sind hier in die Schule gegangen, Gitta hat ein Lokal eröffnet, klein, nett gemütlich. Es war immer gut besucht, aber die Abgaben waren so hoch, dass es sich nicht rentiert hat. Schade, auch ich war Stammgast dort.

# „Eh klar!"
## Ein echter Wiener geht nicht unter

1974 habe ich mit Axel Corti *Der Sohn eines Landarbeiters wird Bauarbeiter und baut sich ein Haus* gedreht, mit Reinhard Schwabenitzky als Regieassistent. Es war ein Vergnügen, mit Corti zusammenzuarbeiten, wie immer. Der Mann war pingelig bis ins winzigste Detail, trocken bis zur Humorlosigkeit, aber das, was letztlich entstanden ist … Ich konnte damals nicht ahnen, wie sehr ich nur wenige Monate danach von ihm enttäuscht sein würde, wie unprofessionell er sich mir gegenüber verhalten sollte. Ein einziger Satz … aber davon später!

Wie man nach der Arbeit so ins Reden kommt … Schwabenitzky hatte vom ORF den Auftrag erhalten, aus einen Roman von Ernst Hinterberger, *Salz der Erde*, einen Fernsehfilm in der Länge von 45 Minuten zu drehen. Und er bot mir die Hauptrolle an. Ich habe das Stück gelesen, das Manuskript gelesen, und dann war mir klar: Das will ich nicht spielen. Dieser Edmund Sackbauer war ein ordinärer, brutaler Familienvater, der ohne Rücksicht auf Verluste alles niedergeschrien und zugeschlagen hat, wann immer ihm etwas nicht passte. Nein, so einen Menschen wollte ich nicht spielen.

Ich setze mich mit jeder Rolle ganz intensiv auseinander, ich kann nicht anders. Als ich *Anatevka* gespielt habe, bin ich jiddisch geworden, ich hab mit dem Oberrabbiner von Wien, Chaim Eisenberg, lange Gespräche geführt. Als *Handlungsreisender* habe ich enorm abgenommen, um diese vom Leben niedergedrückte Gestalt glaubhaft darzustellen zu können. Nein, in einen Mann, der brutal zuschlägt, kann und will ich mich nicht verwandeln.

Meine Töchter haben jede einmal eine Watsch'n bekommen, und das bedaure ich noch heute. Josefine war sechs oder sieben, und

190

*Ich setze mich mit jeder Rolle intensiv auseinander, und so einen wie den Edmund Sackbauer wollte ich eigentlich nicht spielen. Aber dann ...*

ich war mit den Kindern allein daheim. Beim Baden hat sie angefangen zu strampeln, alles war schon nass, ich habe sie hochgenommen und patsch – ihr eine auf den Hintern gegeben. Man hat jeden einzelnen Finger gesehen, es hat mir sicher mehr wehgetan als ihr.

Und Gitta war fünfzehn, als sie von einem Fest im Pfarrheim nicht und nicht heimkam. Als sie endlich nach zehn aufgetaucht ist, war ich so fertig vor Angst, dass mir die Hand ausgerutscht ist. Sie hat es bis heute nicht vergessen. Und ich auch nicht.

Dieser Edmund Sackbauer! Aber etwas war an dem Stück, das mich interessierte.

Ich setzte mich mit Reinhard Schwabenitzky zusammen und machte ihm meine Vorstellungen klar. Der Edmund Sackbauer soll sich aufregen, was er will, aber letztendlich muss er ein Vater sein, der zu seiner Familie steht. Er darf zu seinem Buam ruhig sagen „Du kriegst a Watsch'n, dass dir vierzehn Tag der Schäd'l wackelt", aber hinhauen darf er niemals – laut Textbuch hat es sehr wohl öfter eine gesetzt. Ich wollte, dass er, wenn ein Problem auftaucht, mit seiner Familie redet. Rund um den Tisch sitzen und reden – und wenn er aufbraust, so sollte ihn die Toni wieder auf den Teppich bringen: „Geh, Mundi!" Dieses „Geh, Mundi!", von Ingrid Burkhard, Mundls Frau, liebevoll oder energisch gesagt, war mit ein Teil des Erfolges der Serie. Und Reinhards Regie brachte so viel Humor hinein. Dem Hinterberger war's recht. „Macht's, wie ihr wollt!", hat er nur gemeint.

So haben wir die erste Folge gedreht, Titel: *Salz der Erde*, gesendet mitten in der Nacht. Aber schon beim Schneiden und bei der Abnahme war es ein ungeahnter Erfolg, so dass beschlossen wurde: Dreht noch zwei Folgen. Wieder schrieb Ernst Hinterberger sie, wieder haben Reinhard und ich sie umgemodelt, wieder lief sie in der Nacht. Resonanz vom Publikum? Keine Reaktion.

Dann war längere Zeit Ruhe, bis zur Olympiade 1976 in Innsbruck. Weil in diesen Tagen das Fernsehprogramm praktisch nur aus Sportsendungen bestand, wollte man nicht auch noch „Sport am Montag" bringen und dachte über eine Alternative nach. Und wie's oft so kommt im Leben, wie sich eins ins andere fügt … Keine Ahnung, von wem der Satz „Spielt's doch *Ein echter Wiener geht nicht unter*, des schaut eh kaner" stammte, aber er hat eine Lawine losgetreten.

Die ersten Folge wurde wiederholt, im Hauptabendprogramm um viertel neun, und um neun war klar: Noch nach keiner Sendung im ORF sind die Telefone so heiß gelaufen. Wobei die Reaktionen fifty-fifty waren, Zustimmung und Ablehnung hielten sich die Waage. Und die negativen Anrufe hatten stets den gleichen Tenor, sie hörten sich in etwas so an: „Was macht's denn da für a Arschsendung, des kann man sie ja net anschau'n, ihr Trotteln, ihr!"

Man reagierte schnell. Es wurden weitere drei Folgen gedreht und als Block ausgestrahlt. Der Erfolg blieb, und so entschloss man sich im ORF, allerdings nach längerer Zeit, weitere sechs Folgen zu drehen. 1976, 77, 78 und 79 wurden pro Jahr sechs Folgen gedreht und ausgestrahlt. 1987 wurden zehn Folgen wiederholt, Jahre danach die Folgen, die Reinhard gedreht hatte. *Jahreswende* wurde zum Kult und Jahre hindurch zu Silvester wiederholt. Zuletzt 2003.

Die damalige Aufnahmetechnik bestand darin, durchweg drei bis vier Kameras einzusetzen. Helmut Fibich drehte nur mit einer Kamera, mit der neu eingeführten Yashica. Das Regiekonzept von Reinhard für *Ein echter Wiener geht nicht unter* war, dass die Familie, wenn etwas zu lösen war, meist um den Tisch saß und mit Mundl'scher Erregung sprach und agierte. Die Sackbauer waren eine Familie, und so galt es, die Familie um den Tisch sitzend zu zeigen, ohne den Einzelnen groß herauszuheben. Und das gelang mit Fibichs Kameraführung hervorragend. Das Wunderbare war, dass die Ingrid Burkhard mitgemacht hat, diese weibliche Frau, die so verständnisvoll auf ihren Mann einsteigt. Und die Kinder – der Klaus Rott, die Erika Deutinger.

*Eine Folge von „Ein echter Wiener geht nicht unter", die bereits Kult ist:
„Jahreswende". Der Kollege auf dem Bild ist der mich umarmende
(oder stützende) Götz Kauffmann.*

Die Familie hat hundertprozentig gepasst. Mein Gott, waren wir
damals jung, der Götz Kauffmann, die Dolores Schmidinger, die
heute so abgemagert ist, jeder einzelne war perfekt besetzt. Ja,
und natürlich der großartige Reinhard Schwabenitzky. Dreizehn
Folgen hat er gedreht, dann war Schluss für ihn, er wollte einfach
etwas anderes machen. Und im ORF konnte man sich nicht entscheiden, ob es weitergehen sollte. Ein halbes Jahr lang ging es
hin und her – ja, wir machen weiter, nein wir machen Schluss.
Dann bekam ich einen Anruf vom ORF. Es war an einem Mittwoch: „Hier Mayr. Herr Merkatz, haben Sie kommenden Montag Zeit?"
Frag' ich: „Warum?"
„Wir machen den *Wiener* weiter."
„Und was ist, wenn ich keine Zeit habe?"
Er nahm meinen Einwand nicht ernst und plauderte drauflos:
„Also am Montag beginnen wir, mit der gleichen Gage ..."

„Nein! Nicht mit der gleichen Gage!"

Er hat mindestens eine halbe Stunde auf mich eingeredet, mit mir verhandelt, bis ich sagte: „Was Sie jetzt mit mir vertelefonieren, ist ja bereits die halbe Gage."

„Aber wir haben doch Ihre Kollegen bereits engagiert."

„Und mich fragen Sie jetzt, ein paar Tage vor Drehbeginn. Ich habe noch nicht einmal ein Buch. Nein!"

„Also gut, Herr Merkatz, wenn Sie nicht einsteigen, muss ich mich aufhängen!"

Darauf ich: „Dann hängen Sie sich auf!" Und legte auf.

Jetzt muss ich sagen, dass wohl viele geglaubt haben, ich bin mit dem *Wiener* Millionär geworden. Gewaltig daneben. Ich habe am Anfang pro Folge – wir haben dafür rund zwölf Tage gedreht – 18.000 Schilling bekommen, allmählich ist die Gage dann auf 45.000 gestiegen. Und davon musste ich die Hälfte ans Finanzamt abliefern. Ich bin einmal mit dem Arnold Schwarzenegger beisammen gesessen, es war in Graz, bei einem Geburtstag seiner Mutter. Wir haben so herumgeblödelt, und da sagte er doch tatsächlich: „Der Merkatz verdient ja viel mehr als ich!" Na ja, er hatte gerade einen Film abgedreht, für den er drei Millionen Dollar bekommen hat. Ich habe mir ja immer ganz gern seine Tschinn-Bumm-Filmchen angeschaut, den *Terminator* zum Beispiel, aber seit er sich so für den Bush, diesen Kriegstreiber, in die Bresche haut, kann er bleiben, dort, wo er Gouverneur ist.

Am nächsten Tag kam erneut ein Anruf, diesmal von Intendant Franz Kreuzer: „Wie ich höre, haben Sie Schwierigkeiten mit Dr. Mayr. Es geht um die nächsten *Echter Wiener*-Folgen. Er sagte, Sie wollen als Gage 80.000. Das können wir nie zahlen! Vielleicht kommen wir irgendwie zusammen?"

„Nein, ich bestehe darauf."

Am Freitag rief Intendant Kreuzer wieder an. Wir haben uns auf 60.000 geeinigt. Am Montag, zum Drehbeginn, bekam ich das erste Buch.

Rudolf Jusits sollte die Regie übernehmen. Wir verstanden uns sehr gut, aber er hat das Konzept völlig geändert. Er ist weg vom Tisch, löste die Familie auf, schwenkte, wenn jemand die Gruppe verließ, ist einer Person gefolgt. Natürlich, er hatte eigene Ideen, das ist klar, aber er wollte den ganz speziellen Stil, den wir uns erarbeitet haben, auflösen. Ich habe gesagt: „Des derfst nicht!" Wir waren im Aufenthaltsraum für Schauspieler und haben uns immer mehr ereifert. Er hat Bier getrunken, wie der Mundl, nimmt plötzlich die Flasche und haut sie an die Wand. Das Bier spritzt durch die Gegend. Er ging zum Telefon, wählte die Nummer von Dr. Mayr und schrie: „Ich sag jetzt ab!" Und hat die Regie tatsächlich abgegeben. Das war ganz in Ordnung, ich find's wunderbar, wenn man sich ein bisserl in die Haare kriegt. Wir haben uns nichts nachgetragen, wir sind Freunde geblieben, auch wenn wir uns nicht oft gesehen haben. Und als er im Juni 2005 von uns gegangen ist, er war erst 56 Jahre alt, hat's mich sehr gepackt. Aber es musste weitergehen, damals, 1978, und da ist der Kurtl Ockermüller eingesprungen, der die ganze Zeit bei Schwabenitzky Regieassistent war. Und mit ihm hat die Zusammenarbeit bis zum Ende ausgezeichnet geklappt.

Die ersten paar Folgen sind in der alten, zum Abbruch stehenden Dreier-Halle am Rosenhügel entstanden. Dort hat der Fußboden so geknarrt, dass wir beim Drehen immer wieder ausweichen mussten – einen Schritt links, zwei Schritte rechts. Wir haben Proben gemacht, wie wir gehen müssen, damit's keinen Lärm gibt.

Als wir die nächsten Folgen in der großen Einser-Halle drehten, gab es ab und zu andere Probleme. Der Bruder von Bundeskanzler und Außenminister Leopold Figl war am Rosenhügel als Aufsicht angestellt. Er hat einen grauen Arbeitsmantel angehabt und saß den ganzen Tag auf einen Stuhl, bereit einzuspringen, wenn was zu tun war. So viel war's aber nicht, und so ist er immer wieder eingenickt. Wir haben ihn schlafen lassen, eh klar.

*Papa Mundl am Ziegelteich mit Ingrid Burkhard, Erika Deutinger und Alexander Wächter.*

Aber oft war's so, dass der Kameramann gedreht hat und plötzlich „Aus!" rief. – „Was ist los?" – „Der Figl." Dann mussten wir ihn aufwecken: „Herr Figl, Sie sitzen im Bild." Er rückte weg, aber nach einer Zeit hieß es wieder: Aus, Figl. Und so ging's eigentlich etliche Male.

In einer Folge bekommen die Sackbauers eine Badewanne, damit der Mundi baden kann. Eingebaut in ein Kuchenkastl ausziehbar. Wasser und Strom angeschlossen. Es war ein heiteres Drehen, Mundl nackt in der Wanne sitzend und Toni wäscht ihm den Kopf. Danach Mittagspause. Ich wollte nichts essen: „Ich bleibe hier und schau mir den Text nochmals an!" Ich sitze also allein im Studio, auf einmal – raucht da wer? Keiner raucht. Ich schau zur Badewanne – hinten dem Kuchenkastl stieg Rauch auf. Feuer, Feuer! Alle kommen: „Was ist los?" „Die Badewanne brennt!" Und auch der Figl ist schon da.

„Zur Seite, zur Seite, die Badewanne brennt!" Er nimmt den Feuerlöscher, der in der Ecke steht, und macht schschsch – nix kommt raus! Leer, Ende. Dann haben wir die Badewanne heraus geschoben. Es hat nicht gebrannt, keine Flammen waren zu sehen, nur irgendein Plastikteil ist offenbar geschmolzen.

Es wurde reklamiert – die Feuerlöscher funktionieren nicht – und sofort kam der Oberste der Feuerwehr ins Studio und amtshandelte: „Was, die gehen nicht, die Feuerlöscher? Schnell, gebt's an her!" Er kriegt einen und erklärt: „Schaut's, da drückt man so drauf …" – und raus kommt ein weißer Staub. Wir mussten für zwei Tage den Dreh unterbrechen, alles musste sauber gemacht werden.

Der Mundl machte mich populärer als vorher sämtliche Rollen, die ich an den renommiertesten Theater gespielt habe – das ist eben die Macht des Fernsehens! Wenn ich mit der Straßenbahn fuhr, riefen die Kinder. „Schau, der Mundl!" Und alte Damen wollten mir die Hand drücken, baten um ein Autogramm. Ich stand nur als *„Karl ‚Mundl' Merkatz"* in den Zeitungen – und das hat sich eigentlich bis heute kaum geändert. Kein Wunder, wurden doch die Folgen etliche Male im Fernsehen wiederholt, sodass sogar jenen, die 1975 noch gar nicht auf der Welt waren, der *Wiener* ein Begriff ist.

Ich hätte weitermachen sollen, aber nein: 24 Folgen genügten vollkommen. Hinterberger meinte: „Du sägst dir den Ast ab, auf dem du sitzt!" Nein, ich blieb dabei. Da war er mir ein bisschen gram und hat den *Kaisermühlen-Blues* geschrieben. Die Regie wollte mich einmal als Mundl auftreten lassen. Ich habe abgelehnt. Im Kaisermühlen-Blues als Mundl auftreten, nein, das geht nicht.

Das war also die Rolle, die mich bei einem breiten Publikum bekannt gemacht hat. Aber am Anfang wussten wir alle nicht, dass es so ein Erfolg werden und ganz Österreich aufmischen würde. Vom Bodensee bis zum Neusiedlersee, vom Hilfsarbeiter bis zum Universitätsprofessor – alle kannten den *Wiener*.

Am Höhepunkt gab es eine Umfrage: Wer ist der bekannteste Österreicher?

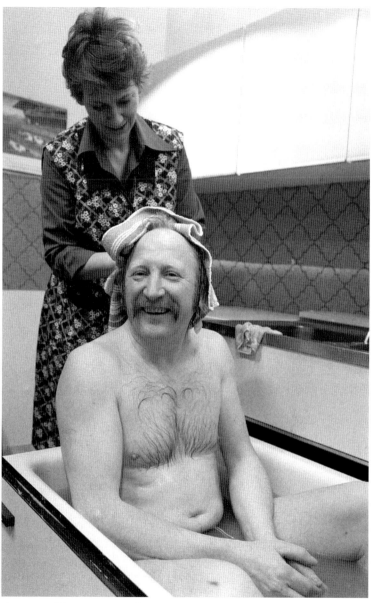

*Der Mundl kriegt eine Badewanne, eingebaut ins Kuchenkastl, und die Toni wäscht ihm gleich die Haare. Hatten wir viel Spaß beim Drehen dieser Folge!*

Nr. 1 wurde der damalige Bundeskanzler Bruno Kreisky. Und Nr. 2 – Edmund „Mundl" Sackbauer. Erich Sokol hat damals eine wunderbare Karikatur zu dem Thema angefertigt, sie war im Frühjahr 2005 in einer Ausstellung in Krems zu sehen, natürlich habe ich sie mir wieder angeschaut.

Einmal sind wir, meine Frau und ich, durch eine schriftliche Einladung vom Salzburger Hochadel zu einer Mundl-Gala- eingeladen worden: Nächste Woche steht wieder ein Mundl-Folge auf dem Programm, ob man bitten dürfe – in Abendkleidung. Ich dachte, es wäre ein Schmäh, und habe mich nicht weiter drum gekümmert.

Es kam ein Anruf, ob wir die Einladung bekommen hätten, man würde sich sehr freuen.

„Gnä' Frau, will man tatsächlich mit mir gemeinsam …?"

„Ja, ja das ist alles in Ordnung."

„Und mein Schwiegervater? Er ist gerade auf Besuch."

„Er ist ebenfalls herzlich willkommen!"

Gut, habe ich gesagt, wenn Sie einen Farbfernseher haben, kommen wir.

Wir sind also an besagtem Tag los, leger angezogen wie immer. Sofort wurden wir in ein Wohnzimmer geführt und von den Gastgebern und weiteren Gästen begrüßt. Alle in Frack beziehungsweise Abendkleid, die Herren mit rot-weiß-roten Schärpen, ich glaube sogar Orden haben sie getragen, die Damen mit glitzernden Kolliers. Die kleinen Prinzen, so Buben mit acht, zehn Jahren, mit schwarzen Anzügen, weißen Hemden, Lackschucherln, das Haar ordentlich gescheitelt. In der Mitte ein großes Sofa. Der oberste Chef der erlauchten Familie saß in der Mitte, die Damen danebebn. Ich entschuldigend: „Tut mir Leid, ich wusste nicht, dass es so offiziell ist …"

„Macht nichts, macht gar nichts."

Vor Beginn der Sendung gab es einen Cocktail. Ich weiß nicht mehr, welche Folge es war, aber so viel gelacht wurde nur noch bei der Silvester-Folge.

Die zwei Buben sind wie gebannt vorm Fernseher gekniet: Bei jedem Schimpfwort haben sie aufgejubelt, die haben immer gewusst, was passieren wird, was der Mundl sagen wird. Wenn er die Hand gehoben hat, haben sie gebrüllt: „Gleich kriagst a Watsch'n, dass dir vierzehn Tag der Schädel wackelt." War mal eine kleine Pause flüsterte einer: „Jetzt sagt er gleich Trottel!" Und so ging's die ganze Folge lang. Dann wurden wir zu einem Imbiss mit Champagner eingeladen. Es wurde noch ein netter Abend. Wir haben die Herrschaften übrigens nie wieder gesehen. Allerdings haben sie alle bereits vorhandenen Folgen auf Band nach Amerika zu Ihren Verwandten geschickt.

Ja, und mancher aus der Branche konnte sich nicht mit dem Mundl anfreunden. Zum Beispiel Axel Corti, mit dem ich einige sehr schöne Filme gemacht habe. In *Der junge Freud* mit Karl-heinz Hackl, ich spielte Dr. Breuer, wechselte ich durch Cortis Arbeit von der komischen Ecke zum Charakter. Bei einer Veranstaltung in der Hofburg, es war so eins in der Nacht und wir waren alle schon ein bisserl locker, habe wir uns über verschiedene Figuren unterhalten. Und Corti sagte: „Du, seitdem du den Mundl spielst, kann ich dich nicht mehr besetzen." Darauf wurde ich ausfallend wie bei Mundl: „Du bist ein Arschloch. Es ist mein Beruf, verschiedene Rollen zu spielen. Das müsstest du als Regisseur doch am besten wissen." Wie auch immer, ich spielte nie wieder bei ihm.

Ja, und die liebe, hoch verehrte Paula Wessely hat sich geweigert, von mir als Taxifahrer – es wäre eine kleine Rolle in einem Fernsehspiel gewesen – chauffiert zu werden: „Nein, mit dem nicht!" Gespielt hat's dann ein lieber Freund von mir, der Brenner Hansl.

Als wir den *Wiener* drehten, war das österreichische Fernsehen wirklich noch ein österreichisches. Mit heimischen Fernsehfilmen, mit heimischen Serien und Schauspielern. Das war bis in die frühen neunziger Jahre so, und dem Publikum hat es gefallen. Aber dann kamen im ORF Leute ans Ruder, die das Fernsehen

*Martha und der Feuerwehrhelm, dabei ist sie ja schon unter der Haube!*
*Ich bin der Wiener Neustädter Feuerwehr noch heute dankbar für die*
*große Unterstützung bei den Dreharbeiten zum „Spritzen-Karli".*

neu erfinden wollten. Nicht nur ich, die meisten österreichischen
Schauspieler und Regisseure hatten keinen Auftrag mehr. Und
das Ganze stand unter dem Motto: Wir müssen sparen!
Waren das noch Zeiten unter Ernst Wolfram Marboe! Immer,
wenn ich den Intendanten getroffen habe, hat er mich gefragt:
„Merkatz, was machen wir?" „Machen wir etwas über die Feuerwehr", habe ich ihm eines Tages vorgeschlagen. Natürlich über
die Feuerwehr in Wiener Neustadt. Ich kenne die Gegend, ich
bin damit vertraut, und außerdem war mein Vater bei der frei-
willigen Feuerwehr. Ich weiß, welche Opfer die Männer auf sich
genommen haben und immer noch nehmen. Wenn sie zu einem
Einsatz mussten, kamen sie bei unserem Haus vorbei, um meinen Vater abzuholen. Sie machten nicht Trara, sondern Klinge-
lingeling, ich höre das heute noch. Wenn es mitten in der Nacht
war, ist mein Vater raus aus dem Bett, damals schlief man mit

langer Unterhose und Nachthemd, aus dem Fenster im Hochparterre gesprungen und zum Wagen gerannt. Ich stand danach oft am Fenster, habe dem davonfahrenden Feuerwehrwagen nachgeschaut, und manchmal konnte ich irgendwo in der Ferne den Schein eines Feuers sehen.

Ich habe mich hingesetzt und eine Serie geschrieben, Titel: *Der Spritzen-Karli*. Ich ging zum Bürgermeister und holte mir die Genehmigung zu drehen, ich sprach mit dem Feuerwehrkommandanten, Dr. Schanda, er war besonders hilfsbereit. Ich bin ihm heute noch dankbar, dass man uns Autos, Geräte, Rettung, alles, was wir brauchten, kostenlos zur Verfügung gestellt hat. Und dass jeder einzelne mit so großer Begeisterung und solchem Einsatz dabei war. Wir hatten sechs Folgen fertig, und als Dankeschön für die wunderbare Zusammenarbeit habe ich gesagt: Wir führen die erste Folge nur für die Feuerwehrleute und ihre Familien vor. Gemeinsam mit dem Produzenten Norbert Blecha habe wir alles vorbereitet. Es wurde in der großen Halle eine Leinwand gespannt, Sessel und Tische aufgestellt, es gab zu essen und zu trinken. Seit drei oder vier Monaten war eine neue Programmintendantin, Kathrin Zechner, in Amt und Würden, Generalintendant war Gerhard Zeiler. Die neue Direktion hätte liebend gern auch dieser Produktion den Garaus gemacht, aber das ging nicht, alles war unter Marboe fixiert worden, und sie musste sich an die Verträge halten.

Jetzt muss ich noch erzählen, dass man damals hinter vorgehaltener Hand grinsend von einem kleinen Skandal in den obersten Reihen des ORF gesprochen hat: Einer aus der Chefetage war in einem Wiener Neustädter Puff gesehen worden. Wir vom Filmteam lachten natürlich auch darüber, was ging's uns an. Aber es hat mich gejuckt, und ich schrieb eine Szene darüber in die Serie hinein. Verschlüsselt zwar, aber der, den es anging, hatte sich anscheinend erkannt.

Dann war es soweit. Die Feuerwehrleute und ihre Familien sind an den Tischen gesessen, Essen und Trinken vor sich, und haben sich auf die Vorführung gefreut. Natürlich haben wir auch Frau Zechner eingeladen. Die Programmintendantin kam – und sagte kurzerhand die Vorstellung ab. Mehr als zehn Minuten dürfen vor der ersten Ausstrahlung im Fernsehen nicht gezeigt werden. Ende der Diskussion.

Die Feuerwehrleute, die so wunderbar mitgemacht und oft genug ihr Freizeit geopfert haben, waren schwer enttäuscht, und ich konnte nichts machen. Ich habe absolut durchgedreht. Wir haben die erlaubten zehn Minuten gezeigt, es war lächerlich, all der Aufwand für nichts und wieder nichts. Das Team saß dann noch im Hotel Corvinus beisammen. Zechner war dabei. Ich habe mir einen halberten angetrunken, Zechner machte auch noch ein paar spitze Bemerkungen, die mich schwer reizten, die Stimmung war aufgeheizt und aggressiv, bis ich meinem Ärger Luft gemacht habe: „Wissen Sie was! …" – Ich habe sie ordinär beschimpft! Das war's, von diesem Zeitpunkt an habe ich sieben Jahre lang im ORF nichts gemacht.

Aber es ging weiter. Sechs Folgen haben wir vom *Spritzen-Karli* gedreht, und diese sechs Folgen wurden auch, wie sich's gehört, abgenommen. Bei der Ausstrahlung traute ich meinen Augen nicht, es waren nur noch fünf. Sie haben die sechs Folgen auf fünf zusammengeschnitten, ohne dem Produzenten Norbert Blecha, ohne dem Regisseur Rüdiger Nüchtern, ohne mir auch nur ein Wort zu sagen! Es war reine Zensur. Die Szenen, die ein kleiner Seitenhieb sein sollten, etwas, was sich im Mittelalter jeder Hofnarr ungestraft leisten konnte, wurden zusammengeschnitten. Am Anfang ist die Serie gut aufgenommen worden, ab der dritten Folge haben sich die Zuseher nicht mehr ausgekannt. Es gab Sprünge, und man wusste nicht, warum man plötzlich an diesem und nicht mehr jenem Schauplatz war. Chaos für das Fernsehpublikum. Für mich war es reine Sabotage.

*2002, Landeshauptmann Erwin Pröll überreicht mir das „Große goldene Ehrenzeichen für Verdienste um das Land Niederösterreich".*

*1996, ich erhalte die „Romy" als beliebtester Schauspieler.*

*1995, „Ehrenmedaille der Bundeshauptstadt Wien in Gold". Bürger-meister Michael Häupl, Martha und ich posieren für die Kameras.*

*Für die Feuerwehr hatte ich immer schon ein Faible. Als Kind schaute ich mit Begeisterung zu, wenn mein Vater, er war bei der FF Wiener Neustadt, ausrückte.*

# „Eine der schönsten Rollen!"

## Der Bockerer

Ich habe in meiner ganzen Schauspielerlaufbahn nie nach Erfolg gestrebt, ich wollte immer nur eines: in jeder Rolle mein Bestes geben. Wie es mir mein Lehrer in Zürich, Walter Fried, beigebracht hat. Aber natürlich hört und liest man immer: Seine größten Erfolge waren der „Mundl" und der „Bockerer".

Aber diese Erfolge zeigten mir, dass ich mit meinen Gefühlen richtig lag, dass ich diese Figuren verstanden und empfunden habe.

Direktor Paul Blaha hat das Stück *Der Bockerer* von Peter Preses und Ulrich Becher, sie mussten beide während der Hitlerzeit emigrieren, ans Wiener Volkstheater geholt und wollte mich für die Rolle des Fleischhauers haben. Als er mir das Angebot machte, war ich gerade in Australien und drehte den Fernsehzweiteiler *Easy Radler*. Es gab Probleme mit der Telefonverbindung, aber ich werde später noch ausführlich davon erzählen.

Am 26. April 1980 war Premiere. Das Thema „Nazi-Zeit" war bekannt, und während der Premiere wurde vor dem Theater von einer rechts ausgerichteten Gruppe demonstriert. Zu meinem Bedauern gibt es heute noch Politiker, die dieser Richtung angehören. Für mich unverständlich, da diese Personen annähernd in meinem Alter sind. Mit Dietmar Pfleger kam ich gut zurecht, und ich bin glücklich, dass ich diesen Regisseur gefunden habe. Wir wurden im Verlauf unsere Arbeit feste Freunde, und als er das Theater in Klagenfurt übernahm, spielte ich bei ihm, unter seiner Regie, die schönsten Rollen meiner Laufbahn. Ohne seine Arbeit mit mir im *Bockerer* wäre es nicht dieser Erfolg für mich geworden.

In der siebenten Vorstellung war Franz Antel und hat sich, wie er mir später erzählte, gedacht: „Das muss ich verfilmen!" Ein paar Tage später kam ein Anruf: Herr Antel würde mich gerne sprechen. Wir haben uns getroffen, er hat mir seine Pläne bezüglich der Verfilmung dargelegt. Ich war skeptisch: „Herr Antel, das muss ich mir acht Tage überlegen." Meine Bedenken waren – Antel selbst. Ich kannte etliche seiner Filme, seine Wirtinnen-Filme, aber auch *Spionage* aus dem Jahr 1955 mit Ewald Balser und Oskar Werner. Dies war der Ausschlag für mein „Ja, ich mach's!"

Jetzt, wo ich den Franz so intim kenne, weiß ich, er ist ein ehrenwerter Mann. Er hat über hundert Filme gedreht und ehrlich zugegeben: „Auf gewisse Filme habe ich mich nur eingelassen, weil sie Geld gebracht haben. Und ich wollte immer gut leben!"

Wir drehten also den *Bockerer*. Kurt Nachmann hat das Buch von Ulrich Becher und Peter Preses bearbeitet, ein bisschen zu intensiv für meinen Geschmack. Dass er zum Schluss dieses Kind von Bockerers Sohn hineingebracht hat war mir zuviel. Ich wollte das nicht. Antel war jedoch der Meinung: „Schau, man muss bei einem Film Konzessionen machen, das Publikum will ein versöhnliches Ende. Und dass der Bockerer jetzt a Enkerl hat, ist doch schön, nicht wahr, das wird allen gefallen." Wir haben uns also geeinigt. Ich gab da ein bisserl nach, dort setzte ich meine Vorstellungen durch. Aber wenn mir Szenen zu sehr gegen den Strich gingen, machte ich nicht mit. *Der Bockerer* ist im Theater besser, aber ich stehe zu dem, was wir gedreht haben.

Antel und ich haben während der Dreharbeiten auf Teufel komm raus miteinander gestritten, weil wir in vielem vollkommen verschiedener Ansicht waren. Ob Einstellungen, ob Kameraführung, ob die Frage, welche Schauspieler in welcher Szene wo sitzen soll. Mühsam! Weil ich so große Vorbehalte hatte, kam der sensationelle Erfolg für mich unerwartet. *Der Bockerer* wur-

*Anfänglich hatte ich Zweifel, ob Franz Antel der richtige Regisseur für „Bockerer" ist, aber er war's.*

de für den Oscar nominiert, ich bekam 1981 bei den Filmfestspielen in Moskau den Preis für die beste schauspielerische Leistung und ein Jahr darauf in Berlin das Filmband in Gold. Und die Besucherzahlen brachen alle Rekorde. Nicht unerwartet war dagegen dieser Erfolg für Franz Antel. Es hat es geahnt, gewusst, vorausgesehen, er hat ein G'spür für so etwas. Und er lässt nicht locker, wenn er das Gefühl hat, aus einer Geschichte kann man noch etwas herausholen, auch wenn noch so viel Zeit vergangen ist. Der Film war nicht in Vergessenheit geraten, das Theaterstück wurde immer wieder aufgeführt, aber für mich war es eine abgeschlossene Sache. Bis eines Tages Franz Antel bei mir anrief: „Du, Karl, ich hab' eine Idee. Wir machen eine Fortsetzung vom *Bockerer*, und zwar die Russengeschichte."

„Um Gottes willen, nein!", dachte ich mir sofort, aber ich brachte es nicht übers Herz, Antels Schwung so schnell abzubremsen. Wieder eine Zeit des Überlegens. Ich gehöre nicht zu denen, die bei einem Erfolg gleich eine Fortsetzung machen. Und dann waren mir die Dreharbeiten noch in Erinnerung, die Streitereien, die Diskussionen.

Umgekehrt: Antel ist mir schon bei den ersten Drehtagen ein sympathischer Freund geworden, er ist ein alter Herr. Wie viele Chancen wird er noch bekommen? Ich bin weich geworden und habe zugesagt. Also haben wir *Österreich ist frei* gedreht.

Was soll ich sagen: Dasselbe in grün.

„Also, Klappe!" Antel wollte eine Szene schnell im Kasten haben.

„Franz, du kannst doch net Klappe sagen, wir müssen doch vorher eine Probe machen."

„Was, wozu? Dann mach doch selber, du weißt ja, wie's geht!" Aber wir haben uns wieder zusammengerauft.

Der zweite *Bockerer* war kaum fertig, wieder ein Anruf: „Karl …" Ich ahnte es! „Du, ich habe wieder eine wunderbare Idee. Machen wir einen Film, der heute spielt, in der heutigen Zeit."

*Karl Merkatz wird zum Karl Bockerer geschminkt.*

„Franz, das geht nicht. Wir können doch den *Bockerer* nicht in unsere heutige Zeit verlegen, gegen wen soll er sich aufregen, gegen die heutige Politik, die wechselt doch von Tag zu Tag. Muss ich mir wirklich überlegen." Ich versuchte ihm meinen Standpunkt klar zu machen: „Das hat mit dem Alter von Bockerer zu tun. Wie willst du den in die heutige Zeit rüberbringen, als Hundertjährigen?"

Er war ein bisserl enttäuscht und meinte, was mit dem Ungarnaufstand 1956 ist, der fällt noch in die mögliche Lebenszeit des Karl Bockerer. Aber wie kommt ein Wiener Fleischhauer nach Ungarn? „Lass nur, da fallt mir schon was ein, das mache ich schon. Ich hab auch schon a Idee!" Und er ließ den Bockerer einfach Fleisch in Ungarn einkaufen …

Die Dreharbeiten zu *Die Brücke von Andau* begannen. Und ich hatte wieder bei etlichen Szenen Einwände. Auch der dritte Teil war ein großer Erfolg. Aber das ganze hatte für mich nichts mehr mit dem Bockerer zu tun. Der Antel wusste das, er kannte meine Einstellung.

Und doch. Es ging weiter: „Karl, wir drehen den vierten *Bockerer*!"

„Um Gottes willen, was willst denn jetzt machen?"

„Denk du nach!"

Ich dachte nach, denn ich wollte diesen Mann, der sich redlich bemühte – „Ich bring das Geld schon zusammen" – nicht hängen lassen. Ich meinte, was wäre mit dem Tschechenaufstand 1968, passt grad noch rein. Alle haben mir abgeraten, diesen *Bockerer* noch zu drehen. Pflegerl hat gesagt: „Du kannst das nicht machen. Du kennst doch die Figur und weißt, dass von der nichts mehr vorhanden ist."

Ich habe mich mit Franz Antel immer solidarisch erklärt und war sehr froh, mit ihm den ersten *Bockerer* gemacht zu haben. Bei der Pressekonferenz zu Drehbeginn waren große Könner, junge Filmemacher, dabei: „Herr Antel, wie können Sie, der doch nur anspruchslose Filme gemacht hat, sich mit diesem Thema auseinander setzen?" Da bin ich aber energisch geworden: „Haben Sie den *Bockerer* im Theater gesehen? Nein! Gelesen? Nein! Dann lecken Sie uns am Arsch!" Und das war die gesamte Diskussion. Der Franz war glücklich, dass ich mich so echauffiert habe.

Im Herbst 2004, ich saß oben in meinem Büro und arbeitete, läutete das Telefon das Telefon: „I bin's, Karl!"

„Grüß dich, Franz. Wie geht's dir? Was gibt's?

„Weißt, der Bockerer muss sterben. Wir drehen noch einen fünften, und da muss er sterben. Ich weiß auch, wie wir das machen. Du kommst in den Himmel und musst beim Herrgott Rechenschaft ablegen Wir nehmen aus allen vier Teilen etwas heraus, das schneiden wir zusammen, du erinnerst dich, redest drüber – und stirbst."

„Franz, darüber müssen wir noch nachdenken", habe ich gesagt. Und dann haben wir beide nachgedacht und beschlossen: Der Bockerer bleibt doch auf der Erde.

# „Helf' Gott, dass wahr is'!"

## Theater als Freier

Wenn Sie wissen wollen, wann mein Hochzeitstag ist, wann meine Töchter geboren worden sind, wie der Regisseur des Stückes heißt, das ich, sagen wir im September 1974 in München gespielt habe, werde ich Sie bitten, Martha zu fragen. Ich bewundere Menschen, die ein so ausgezeichnetes Gedächtnis haben wie zum Beispiel mein Freund Kurt Weinzierl. Bei dem braucht man nur anzutippen, und schon sprudeln die Daten und Namen aus ihm heraus. Ich horte in meinem Haus in Salzburg Berge von Unterlagen – Verträge, Theaterzettel, Kritiken –, aber kann ich mein Berufsleben lückenlos dokumentieren? Ich hab's noch nie versucht, auch nicht für dieses Buch. Aber darum geht es mir auch gar nicht. Ich will einfach Geschichten erzählen, die zeigen, wie eines zum anderen geführt hat, wie ich der geworden bin, der ich heute bin. Als Kind, als junger Mann, in reiferen Jahren, beruflich, privat. Was hat mich in meinem Theaterleben geprägt? Ganz sicher die Zusammenarbeit mit Regisseuren und Kollegen. Und die Begegnungen, die erfreulichen genauso wie die unerfreulichen.

Gegen den Rat von Kollegen und Freunden bin ich 1976 von den den Münchner Kammerspielen weggegangen. Und seit diesem Zeitpunkt bin ich frei. Ich drehte zwar gerade den *Echten Wiener,* aber dennoch wusste ich nicht, wie es weitergeht. Nach 22 Jahren als Freier weiter zu machen, war schon ein Risiko und ich darf von einem glücklichen Zustand reden, dass es dennoch weiter ging. Es hat sich erwiesen, dass ich als Freier Angebote annehmen oder ablehnen konnte. Dass ich selbst die Entscheidung treffen konnte, was ich spielen möchte und was nicht. Ist

man in einem Ensemble, nimmt einem das der Intendant ab. Ein
Vertrag ist eine Bindung, zu der man stehen muss. Es hat natürlich den Vorteil, dass man dadurch eine gewisse Sicherheit für die
Dauer eines Vertrags hat. Jedoch muss man immer wieder auch
mit Regisseuren arbeiten, deren Konzept man nicht akzeptiert,
mit Kollegen auf der Bühnen stehen, mit denen man nicht – oder
die mit einem nicht – zurechtkommt. Obwohl: Selbst wenn man
nicht fix an einem Theater engagiert ist, selbst wenn man einen
Regisseur ablehnen oder einfach nein zu der angebotene Rolle
sagen kann, gibt es noch genug Pannen, Reibereien und unvor-
hergesehene Ereignisse, die einem das Arbeiten schwer machen.
Ich brauche nur an das Deutsche Nationaltheater Weimar zu
denken.

Ich war 1995 eingeladen, in einer Aufführung des *Kaufmann
von Venedig* den Shylock zu spielen. Wie es heute eben so läuft,
hat man sich nicht an Shakespeares Vorlage gehalten – langer
Rede kurzer Sinn: Der Regisseur Hanan Snir hat das Stück ins
Konzentrationslager Buchenwald verlegt. Sein Konzept war reine Fiktion: SS-Offiziere spielen in einem Kasino zur Unterhaltung für sich Shakespeares *Kaufmann von Venedig*. Die Rollen
der Juden, Shylock, seine Tochter Jessica und Tubal, werden von
Häftlingen des Lagers dargestellt.

Es war wenige Jahre nach dem Fall der Berliner Mauer, die Kollegen am Haus stammten allesamt aus der ehemaligen DDR.
Zwar waren sie total amerikanisiert und kamen nur in Blue
Jeans, die Klassenkampfparolen aber hatten sie noch nicht abge-
legt. Sie waren mit dem Konzept des israelischen Regisseurs
nicht einverstanden. Außerdem wurden die Regieanweisungen
nur englisch gesprochen und übersetzt. Anfangs waren sie auch
gegen den Darsteller des Kaufmanns, der in einem Mercedes
angefahren kam. Sie fühlten sich ständig persönlich angegriffen.
Ich habe diese Stimmung nicht mehr ausgehalten und beschlossen: Ich gebe die Rolle ab. Ich kam ins Theater, um mit dem
Intendanten Günther Beelitz zu sprechen. Er war nicht da, also

*Gegen den Rat von Freunden und Kollegen habe ich 1976 meinen Vertrag an den Münchner Kammerspielen gekündigt; seit dieser Zeit bin ich frank und frei und kann mir meine Rollen selbst aussuchen.*

*In „Anatevka" hatte auch meine Tochter Josefine eine Rolle.*

ging ich wieder hinunter. Und wer saß da auf einem Bankerl beim Pförtner? Hanan Snir. „Was machst du da?", fragte ich ihn. „Ich will zum Beelitz gehen, ich gebe die Regie ab." Er hat es auch nicht mehr ausgehalten, er musste sogar Tabletten nehmen und wurde krank.

Beelitz kam, wir haben mit ihm gesprochen, und er hat uns überredet, weiterzumachen. Er hat auch mit den Kollegen gesprochen, und es ging dann relativ gut bis zum Schluss. Am 8. April 1995 war Premiere, anschließend sollte eine Feier im Hotel Russischer Hof stattfinden. Es war eine kleine Feier, wie sich herausstellte, denn nur Beelitz, meine Frau und ich waren anwesend. Die Kollegen kamen nicht. „Was soll's", dachte ich mir, „die Premiere ist überstanden." Wir aßen, tranken, unterhielten uns. Nach einer Stunde ging die Türe auf, und sie kamen, einer nach dem anderen. Die Stimmung wurde dann doch noch sehr gut. Wir haben gerne weitergespielt und waren betrübt, als es aus war. Ich weiß bis heute nicht, wie es zu dem Umschwung gekommen ist. Vielleicht weil die Aufführung so stark war, vielleicht weil es dem Publikum gut gefallen hat. Ich habe nicht gefragt, und sie haben nichts gesagt.

Reibereien gibt es immer wieder am Theater, ein bisschen Neid auf Kollegen, die eine größere, schönere Rolle haben, man glaubt, es immer besser zu können. Mit dem Frosch hatte ich öfter Probleme. Während meiner Zeit am Thalia Theater, als ich ihn an der Hamburger Staatsoper spielte – mit großem Erfolg –, drehte mir Boy Gobert den Hahn ab. Später wurde ich an die Wiener Volksoper eingeladen, wo Frösche schon einen ganzen Teich füllten. „Weshalb spielt der Merkatz den Frosch so oft?", hörte ich von hinten herum, es ist eben eine Rolle, die sich jeder renommierte Schauspieler wünscht. Hans Moser, Schenk, Lohner. Na gut, muss ja nicht sein. Und seit 1995 bin ich nicht mehr dabei. Ich renne nicht jedem Engagement nach, das habe ich nie getan, aber natürlich freut man sich über Angebote, an einem Theater, für einen Film, bei Sommerspielen.

Wie attraktiv sind Sommerfestspiele für einen Schauspieler? Für mich sehr. Ich brauchte ja öfter einen freien Winter für meine Reisen nach Australien. Während meiner Studienzeit am Mozarteum spielte ich bereits im *Jedermann* in der Tischgesellschaft mit, 1968 bekam ich meine erste größere Rolle bei den Salzburger Festspielen, im *Schwierigen* mit O. W. Fischer. Ich habe schon erzählt, dass er tatsächlich ein Schwieriger war. Und wie ging es dann weiter? 1970 spielte ich in *Figaro lässt sich scheiden*, 1988 im *Bauer als Millionär*, ein Jahr später und auch das Jahr danach *Das Mädl aus der Vorstadt*. Und 2005 bin ich Gott und armer Nachbar als eine Figur im *Jedermann* und der Benesch in *König Ottokars Glück und Ende*. Die Inszenierung von Martin Kušej wurde im Herbst 2005 auch am Wiener Burgtheater gezeigt – mein erster Auftritt an der Wiener Burg. Für mich einer der bewegtesten Momente meiner schauspielerischen Laufbahn. Die Burg. Für mich noch die höchste Stufe von Theater. Wenn ich den Bühnenboden betrete und weiß, wer hier schon gestan-

den ist. Raoul Aslan, Werner Krauß, Attila Hörbiger, die Wessely, Oskar Werner, so habe ich eine gewisse Ehrfurcht, auf diesen
Brettern zu stehen. Ja, und im Zusammenhang mit Salzburg darf
ich die „Szene der Jugend" nicht vergessen. Alfred Winter hat
1971 dieses Alternativ-Festival gegründet, ich habe dort in den
siebziger Jahre meine Kafka-Abende gezeigt. Wir spielten gegen
*Jedermann* am Domplatz im Trakl-Hof die *Jedefrau*, ich fuhr als
Tod mit einem Motorrad, die Jedefrau abzuholen. Die Festspiel-
leitung war dagegen, dass während der Festspiele noch an anderen als den offiziellen Schauplätzen gespielt wird und gab ein
Spielverbot heraus.

Im Sommer 1982 war ich bei den Festspielen in Schloss Kobersdorf, man gab das relativ unbekannte Stück *Vater Marojes
Dukaten* von Marin Drzic. An was erinnere ich mich? Im Burg-
graben waren Schafe und ich habe sie ganz spontan gekauft. Ich
hatte damals einen Ford, baute den hintern Sitz aus, legte diese
Fläche mit Plastik aus und fuhr mit den zwei Tieren als Beifah-
rer von Kobersdorf nach Irrsdorf. Das hat vielleicht gestunken,
ich brachte den Geruch monatelang nicht aus dem Wagen! Sie
waren so verwurmt, dass wir anfangs ständig zum Tierarzt
mussten. Das hat uns aber nicht daran gehindert, weiterhin Schafe zu halten – vierzehn Jahre lang war ich Schafbauer. Ja, die lieben Tiere! Ich drehte 1997 einen sehr schönen Film, *Der Unfisch*, Regie: Robert Dornhelm, Bibiane Zeller spielte meine
Frau. Zwölf Gänse gehörten bei Drehschluss niemandem, und
so habe ich sie mitgenommen. Ich hatte auch noch Hühner,
Enten, zwei Schweine, zwei Pferde, einen Haflinger, der nach 24
Jahren gestorben ist. Um den tut es mir heute noch Leid. Das
Shetlandponys habe ich mittlewile über dreißig Jahre, und eine
Dame, eine Lipizzaner-Abstammung, auch schon etliche Jahre.
Alles viel Arbeit, aber bin ich nicht zu Hause, machen Martha
oder Gitta den Stall.

In dem Jahr, 1982, habe ich auch in Mörbisch gespielt, den *Wal-
zertraum* von Oscar Straus. Und ein Jahr später *Die Goldene*

*„Der Mann von La Mancha" am Stadttheater Klagenfurt, Helmut Wallner war Sancho Pansa. Für die Rolle des Don Quijote habe ich stark abgenommen, um glaubwürdig zu sein.*

*Meisterin* von Edmund Eysler. Franz Bauer-Theussl hatte die musikalische Leitung, Robert Herzl inszenierte. Günther Frank und ich waren die zwei Ritter, der wunderbare Karl Dönch, ich erinnere mich noch gut, spielte den Mönch. Frank und ich mussten auftreten und singen „Helf' Gott, dass wahr is', helf Gott, dass wahr is'". Schon bei den Proben haben wir einiges aufgeführt. Nebenbei bemerkt: Frank kam mit seinem nagelneuen Wagen, mit weißen Ledersitzen. Willst dich mal hineinsetzen? Ja! Ich setzte mich hinein, und es machte „ratsch", und dabei schnitt ich mit einen aufgebogenen Blechknopf von meiner Blue Jeans den Ledersitz durch. Er bekam einen neuen von der Versicherung.

Und dann, die letzte Vorstellung. Die Intendantin Franziska Schurli war drin, Robert Herzl, der Regisseur. Es war bumsvoll, vielleicht 3.000 Besucher. Es kam die Stelle „Helf Gott, dass wahr is'". Ich hatte ein kleines Tonbandgerät, und in der Pause

*Seit ich zum ersten Mal „Tod eines Handlungsreisenden" sah, wollte ich die Rolle des Willy Loman spielen. Im Jahr 2000 war es dann soweit.*

habe ich die Stimme vom Kapellmeister aufgenommen, was er sagen würde, wenn wir total falsch singen. Und tatsächlich, die Stelle kam, und wir sangen schauerlich. Bauer-Theussl brach mit der Musik ab, bei Frank in der Ritterrüstung klingelte ein Telefon. Ich griff unter meine Rüstung und nahm einen Telefonhörer heraus. Hallo! Und über Franks Mikrofon hörte man über die Bühnenlautsprecher die Stimme von Bauer-Theussl: „Ihr zwei Trotteln, jetzt habt ihr das schon so oft gesungen und könnt es heute noch immer nicht. Karl, du sing deine Stimme und Frank du die Oberstimme." Er setzte mit dem Orchester neu ein und wir sangen richtig. Die Vorstellung war zu Ende, wir kamen in die Garderobe, die Schurli war ganz aufgeregt, der Herzl total sauer: „Mit euch mach ich nichts mehr, ihr habt die ganze Vorstellung geschmissen mit eurem Blödsinn." Was ihn aber nicht daran gehindert hat, weiterhin mit mir zu arbeiten, die *Fledermaus* in der Volksoper zum Beispiel. Und außerdem, dem

Publikum hat's gefallen. In der letzten Vorstellungen werden oft solche Scherze gemacht, und ich hab' eben ein Faible für so etwas. In Heilbronn hat der Besitzer der Theaterkantine die Tiere selbst ausgenommen. Einmal komme ich runter, und da liegt gerade ein Kalb, der Kopf daneben, das Auge rausgenommen. „Geh, gib mir das Aug'!", habe ich ihn gebeten. Wir spielten *Kiss me Kate*, ich war einer der zwei Gangster und habe das Auge auf ein Tellerchen auf den Tisch gelegt, bevor die Kate kommt und ihr großes Lied singt. Die ist beinahe in Ohnmacht gefallen, hat einen Wischer gemacht, das Tellerchen ist über den Tisch geschlittert, das schlatzige Auge ist vom Teller heruntergerutscht und auf dem Tisch liegen geblieben, der Teller ist hinuntergefallen. Und sie musste ihren Katie-Song singen! Ich bin nur knapp davongekommen, beinahe hätte sie mir eine geschmiert. Aber das sind halt die Witze, die man macht, die gehören einfach dazu.

1985 wurden wir eingeladen, Dietmar Pflegerls Inszenierung des *Bockerer* im Renaissancetheater Berlin zu spielen. „Ein Riesenerfolg", wie der *Berliner Tagesspiegel* schrieb, „mit Beifall nach fast jeder Szene und anhaltendem Applaus zum Schluss." Pflegerl inszenierte damals dort auch *Offene Zweierbeziehung* von Dario Fo und Franca Rame mit Joachim Kemmer und Krista Stadler, und es kam zu einem Skandal, den ich hautnah miterlebte. Man hatte den Zuschauerraum geteilt, so dass die Karten für Frauen links und für Männer recht ausgegeben wurden. Und als auf der Bühne gegen die Männer gewettert wurde, haben sich die Männer im Zuschauerraum lautstark eingemischt. Der Disput ging von oben nach unten und von unten nach oben. Und wurde so aggressiv, dass ein Besucher aufgestanden ist und gerufen hat „Das ist ein Schmarrn, was Sie da oben reden!" Kemmer kam in den Zuschauerraum und die beiden haben angefangen zu raufen. Es war ein echter Aufstand. Die Frauen haben geschrieen, die Männer haben gerauft. Martha und ich haben in unserer Loge gelacht. Dann ist der Stänkerer hinauskomplimentiert worden, und es ging weiter. Bei der Premiere von *Bockerer* am

Wiener Volkstheater kam es übrigens auch zu Ausschreitungen, Neonazis sind vor dem Theater mit Fahnen aufmarschiert. Aber das haben wir Schauspieler und das Publikum im Haus nicht mitbekommen.

In den achtziger und neunziger Jahren spielte ich häufig in Wien als Gast. An der Volksoper den Frosch in der *Fledermaus*, im Volkstheater *Bockerer* und *Merlin*. 1988 sprang ich für den erkrankten Erik Frey in *Sonny Boys* in den Kammerspielen ein, mein Partner war Siegfried Lowitz. Ein Jahr später, Premiere war am 6. Dezember 1989, spielte ich ebenfalls an diesem Haus. In *Mit besten Empfehlungen* von Hans Schubert war ich der Lohnbuchhalter Pötzl, der durch eine Verwechslung Generaldirektor wird. Bei der Uraufführung im Jahr 1961 hatte Ernst Waldbrunn diese Rolle gespielt. In unserer Inszenierung kamen zwei Pudel vor, der kleine sprang mir auf den Schoß und streckte mir die Zunge entgegen, der größere stand immer artig daneben uns sah zu. Kurt Heintel und ich hatten einen lustigen Dialog miteinander. Er war immer sehr trocken, aber komisch, so dass ich mir oft das Lachen verkneifen musste.

Eines Abends, die beiden Pudel kamen auf die Bühne gelaufen, blieb der kleine stehen und der große besprang ihn von hinten und versuchte sein männliches Temperament auszuüben. Es gab ein unerhörtes Lachen im Publikum, und Heintel und ich konnten uns ebenfalls nicht zurückhalten. Die beiden Hunde wurden – mit besten Empfehlungen – getrennt und der Kleine sprang mir, wie er es gewohnt war, auf den Schoß und streckte mir die Zunge entgegen. Ab dieser Vorstellung wurde der große an der Leine geführt. Im Jahr darauf wurde das Stück wieder aufgenommen – wegen des großen Erfolges prolongiert.

Prolongiert habe ich auch immer wieder meine wunderbare Zusammenarbeit mit Dietmar Pflegerl im Stadttheater Klagenfurt. 1992 den *Bockerer*, der 1995 vom Landestheater Salzburg übernommen worden ist. 1994 *Der Mann von La Mancha*, die Inszenierung wurde vom ORF aufgezeichnet. 1996 *Anatevka*,

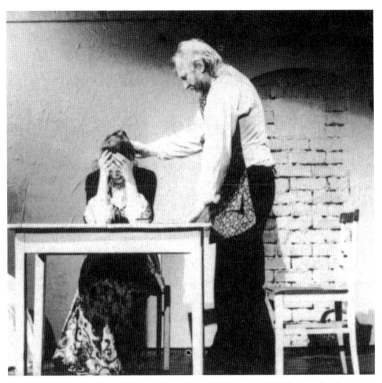

*„Luise – Kind – den Major – Gott ist mein Zeuge – ich kann dir ihn niemals geben": Ulli Maier spielt meine Tochter in „Kabale und Liebe" im Wiener Volkstheater.*

mit dem ich vom Jänner bis April 1997 im Theater an der Wien gastierte. 2000 *Tod eines Handlungsreisenden*, die Fernsehversion wurde im ORF und in 3SAT ausgestrahlt. Und 2005 *Warten auf Godot*. Wir hatten geplant, *My Fair Lady* zu spielen.Ich sollte den Doolittle geben, aber leider wurden vom amerikanischen Verlag die Aufführungsrechte für Europa eingefroren. Jetzt wird es 2006 der *König Lear* werden.

Als Pflegerl anrief und mich fragte: „Willst du *Warten auf Godot* machen?", sagte ich „Wunderbar!" Ich liebe diese Stück von Samuel Beckett, vielleicht ist es sogar mein Lieblingsstück. Ich habe 1958 in Salzburg den Lucky gespielt, den Diener, der von

# SALZBURGER LANDESTHEATER

Premiere: 11. September 1982
Kammerspiele

# Der Hausmeister

Schauspiel von Harold Pinter
Deutsch von Willy H. Thiem

Inszenierung: Dietmar Pflegerl
Bühnenbild: Peter Pongratz
Kostüme: Elisabeth Blanke

Davies ...........Karl Merkatz
Aston ............Michael Gampe
Mick ·.............Daniel Reinhard

Regieassistenz: Herbert Gantschacher
Inspizient: Peter Poletti
Souffleuse: Brigitte Smola

Technische Leitung: Friedrich Rossipaul/ Bühneninspek-
tor: Franz Reischl/ Beleuchtungsinspektor: Siegfried
Petsch/ Requisitenmeister: Alfred Bauer/ Werkstättenlei-
ter: Erich Nömer/ Leiterin der Kostümabteilung: Hilde-
gard Dicker/ Chefmaskenbildner: Ewald Schilcher

Aufführungsrecht: Rowohlt Verlag, Reinbek bei Hamburg

Spieldauer: ca. 2 3/4 Stunden
Eine Pause

# 82/83

226

*Ich verehrte Professor Oscar Fritz Schuh sehr und freute mich über sein Telegramm, das seinen Besuch bei „Der Hausmeister" ankündigte.*

seinem Herrn Pozzo am Strick herumgeführt wird und dann seinerseits seinen erblindeten Herrn führen muss. Matiasek inszenierte damals. Und in Klagenfurt sollte ich Pozzo sein. Ist er Gott, ist er der Tod, ist er Godot?

Ich kam Ende 2004 nach Klagenfurt zur ersten Probe mit Regisseur Frank Asmus, einem sehr netten, ruhigen und engagierten jungen Mann.

Der Bühnenbildner baute gerade sein größeres Bühnenbildmodell auf, es wurden Lichteffekte durch den Computer eingeblendet. Zuerst verstand ich es nicht. Was sehe ich! Eine fast senkrechte Wand mit schmalen Stufen, so breit, so hoch wie fast der Bühnenrahmen. Was soll das? „Das ist der reale Boden", erklärte mir der Regisseur. „Wir drehen ihn nur so hin, als würde das Publikum von oben draufschauen. Eine gewisse Symbolik, man schaut von oben zu." Die Schauspieler sollten auf fünfzig Zentimeter hohen Treppen agieren, mit einem Treppenabsatz der etwa achtzehn Zentimeter breit war. Angehängt mit einem Seil wie an der Eiger Nordwand. Eine akrobatische Leistung. Und der Baum? Der eine zentrale Rolle spielt? An dem die beiden Clochards auf Godot warten? „Der wird in der Mitte heraus fahren, den brauchen wir nicht immer." Und dann die geplanten Projektionen quer über die ganze Fläche. Straßen, Fliegen, Spinnen. Wissen die Leute im Publikum, was das bedeuten soll? „Ja, das überträgt sich", war die Antwort. „Gar nichts überträgt sich. Ihr könnt mich gern haben, ich gehe!" Die jüngeren Kollegen haben gemeint, probieren wir es halt, vielleicht wird es was. Aber wir spielen ja nicht für uns, sondern für die Leute da unten in den Zuschauerreihen. Die müssen wissen, was wir tun. Nein, ich mache nicht mit! Der zweite ältere Kollege, Hans Christian Rudolph, war auch sehr zerstört, aber er blieb ruhiger als ich. Schon während der ersten Leseprobe hab' ich durchgedreht. Wie soll das passieren, wenn Pozzo Lucky am Strick führt und ihn zu Boden reißt. Er fällt doch die ganze Wand hinunter. Ich kann doch nicht einmal auf den achtzehn Zentimetern stehen. Diesen Scheiß mach ich nicht. Die Debatten wurden sehr erregt. Ich will doch etwas machen, das dem Stück entspricht. Als ich mich etwas beruhigt hatte, überlegte ich: Ich kann nicht alles hinschmeißen. Pflegerl hatte damals Probleme mit Jörg Haider, Subventionen hin, Subventionen her. Haider wollte, dass Pflegerl geht. Aber Pflegerl verteidigte sich: Alles ist korrekt gelaufen, er habe sogar über eine Million eingespielt und Haider wollte diese Summe für Zwecke außerhalb des Theaters verwende. Da ich in Klagenfurt am Theater nicht unbekannt war und die Auslastung des Hauses 91 Prozent betrug, konnte ich für Haider nicht Öl ins Feuer gießen und lautstark Klagenfurt adieu sagen. Für das Theater und Pflegerl zuliebe sagte ich „Gut, ich fresse die Krot!" Und musste dem verdutzten Regisseur auch noch erklären, was das bei uns in Österreich heißt, die Krot zu fressen. Aber einen kleinen Kompromiss gab es doch: Ich habe darauf bestanden, auf der Vorbühne zu spielen, auf dem Boden.

Die anderen Kollegen stiegen hinauf, und sprachen von oben. Aber trotz aller Probleme habe ich mich während der Proben oft zerfranst, weil die Kollegen wirklich sehr gut waren. Und die Kritiken? Wohlwollend. Trotzdem wurde die Aufführung drei Tage früher beendet als geplant, wegen Erkrankung von Hans Christian Rudolph. Er hatte es nicht mehr ausgehalten, fünf Meter oben zu stehen und hinunterzuschauen und zu spielen. Ich konnte ihn absolut verstehen!

Im Sommer 2004 hat Otti Schenk eine szenische Lesung des *Rosenkavaliers* inszeniert, eine Freilichtaufführung im Rahmen der Attersee Klassik im Kulturzentrum Lenzing. Peter Simonischek sprach die Texte zur Einführung, Sunny Melles war die Feldmarschallin, ich der Herr von Faninal. Wir haben nur drei Tage geprobt und wussten nicht, wie wir es anlegen sollten. Spielen wir dabei, sitzen wir nur? Haben wir das Buch in der Hand? Ein paar konnten den Text auswendig, andere nicht. Wir haben uns geeinigt, der Schenk ist ständig herumgewurlt, dass wir es sitzend machen, wie eben eine Lesung. Bei der Generalprobe war alles bestens. Perfektes Licht, Bühnenbild aufgebaut, Platz für 250 Personen. Zwanzig Minuten vorm Ende kam ein Wind auf, wurde immer stärker, die Blätter rauschten von den Bäumen, die Äste haben sich gebogen. „Aus, Ende, aus der Probe", rief Schenk. „Die Dekorationen fixieren und hinein!" Wir haben drinnen weiter geprobt und wollten am nächsten Tag, am Tag der Premiere, um zwei Uhr mittags entscheiden, ob wir im Freien oder im Theatersaal in Lenzing spielen. Wir brauchten ja Zeit, um die Technik an Ort und Stelle zu bringen.

Ich hatte eine Menge zu arbeiten. Auf meinem Schreibtisch lag der Text von Faninal, ich hatte meinen Part herausgenommen, damit ich nicht ständig blättern musste. Dann der *Blunzenkönig*, der große Monolog, den ich kurze Zeit später auf CD aufgenommen habe. Daneben waren die Unterlagen für den Bukowski-Abend, den ich im Museumsquartier machte. Das alles habe ich gleichzeitig vorbereitet. „Jetzt wäre es Zeit, rüberzufahren", dachte ich mir, habe mich angezogen und bin dann wieder hinauf ins Büro gegangen. Ah, da liegt der Text, ich schnappe ihn – und weg war ich.

Um sieben Uhr kam ich an, um acht Uhr sollte die Vorstellung beginnen. Um viertel nach sieben fragte jemand vom Fernsehen: „Herr Merkatz, können wir Sie kurz interviewen?" Das hat fünf, sechs Minuten gedauert. Es war zwanzig nach, ich habe mich hingesetzt. Da kam jemand vom Haus: „Würden Sie uns bitte etwas in unser Gästebuch schreiben?" Otti Schenk stand daneben. „Was haben wir heute für ein Datum?", fragte ich ihn. Da ist er leicht grantig geworden: Freitag, der 13. Und so habe ich hinein geschrieben: Am Freitag, dem 13., war ich fast immer glücklich. Ich hoffe, dass ich heute auch Glück habe. Karl und so weiter. Ich gebe das Buch zurück, greife zu meinem Text, schaue mir die zweite Seite an – der *Blunzenkönig*. Ich bin beinahe in Ohnmacht gefallen. „Du Otti, ich habe das falsche Manuskript." Der Schenk hat total durchgedreht: „Du bist ja total verkalkt!" Was mach ich jetzt, was mach ich jetzt? Ich bin aufgestanden: „Ich muss mir den Text holen, ich komme gleich." Ich brauche für die Strecke bei normaler Geschwindigkeit 35 Minuten. Und es war, bis ich zum Auto kam, halb acht, um acht ging die Vorstellung los. Ich hau mich ins Auto, rase los, durch Lenzing durch, da kommt die Eisenbahnüberführung, ich fahre die Kurve, da kommt eine Frau mit einem Hund. Und bleibt mitten auf der Straße mit dem Hund stehen – „Burli, komm, geh!" Ich bremse, sie geht langsam weiter. Ich bin weitergerast, auf die Autobahn hinunter, bis St. Georgen, dann abgefahren, durchwegs mit nur 130 wie es vorgeschrieben ist, aber um es still zu sagen, ich bin wesentlich höher gewesen. Fünf vor acht bin ich im Haus gewesen, hinaufgerast, Text genommen – dass ich ja nicht den falschen erwische – runter. Um zwanzig nach acht war ich wieder in Lenzing, da lief die Vorstellung schon, aber zum Glück bin ich erst im zweiten Akt drangekommen. Natürlich war ich echauffiert und außer Atem. Ich nehme den Text – da

Salzburg
Schloß Arenberg, Max-Reinhardt-Forschungs- und
Gedenkstätte
Arenbergstraße 10

Eintritt: S 30,–

Fritz Ritter von HERZMANOVSKY-ORLANDOS:

# „Der Gaulschreck im Rosennetz"
## szenische Lesung von KARL MERKATZ

F. von Herzmanovsky-Orlando wurde 1877 in Wien geboren. Er war Graphiker und Schriftsteller. Sein graphisches Werk ist ebenso verkauzt und skurril wie seine literarischen Arbeiten. Erst nach seinem Tode (er starb 1954 in Meran) wurden seine Arbeiten gebührend gewürdigt. „Die literarische Welt wird, wenn das Lebenswerk Herzmanovsky-Orlandos einmal ganz vorliegen wird, in ihm einen würdigen Nachfolger Nestroys und Gogols erkennen". Er ist das letzte Genie barocken, altösterreichischen Humors.
„Der Gaulschreck im Rosennetz" ist die Geschichte eines k. u. k. Hofsekretärs Jaromir von Eynhuf, der sich in den Kopf gesetzt hat, seinem geliebten Monarchen zum 25. Regierungsjubiläum ein Samttableau zu überreichen, auf dem die Ziffer 25 aus Milchzähnen zusammengesetzt prangt. 24 dieser kostbaren Stücke hat er bereits ergattert, die Jagd nach dem 25. schildert diese skurrile Geschichte.

*1971 gründete Adolf Winter das Salzburger Alternativfestival „Szene der Jugend". Ich war vom Anfang an dabei.*

231

„Helf' Gott, dass wahr is'!" Günther Frank und ich waren bei der
„Goldenen Meisterin" in Mörbisch nicht zu bremsen.

fehlen vorne zwei Seiten! Eine Kollegin hatte ihren Auftritt schon hinter sich. „Geh", bat ich, „lass mich meine Rolle abschreiben." Ich hatte schon eine ganze Seite voll geschrieben, und es wurde immer knapper bis zum Auftritt. Die Kollegin hat die zwei Seiten herausgerissen, sie mir gegeben, ich nahm mein Manuskript, legte sie hinein – und hinten lagen die zwei fehlenden Seiten. Dann kam der Auftritt, alles ist gut gegangen. Das Wetter wäre auch schön gewesen, wir hätten im Freien spielen können, erst nach der Aufführung begann es zu regnen.

Martha war mit einem sehr lieben Freund von uns, Hans Jürgen Bode, er ist ein Buddhist, und wir kennen uns schon aus Seminarzeiten, in der Vorstellung. Sie kam mit ihm heraus, und sah meinen Wagen nicht, ich hatte ihn natürlich an einer anderen Stelle am Bühneneingang geparkt. „Jetzt hat er mich doch tatsächlich vergessen und ist allein weggefahren", sagte sie zu Hans Jürgen. Ich wiederum fand meine Frau in dem ganzen Aufbruchstrubel nicht, weil sie eine neue Jacke anhatte. Ich gehe ins Theater hinein, wieder hinaus, endlich sehe ich sie. „Was war los?", fragt sie.

„Es ist etwas Schlimmes passiert." Darauf meinte meine Frau: „Du hast den falschen Text mitgehabt ... stimmt's?"

# „Den Aff'
# muss ich spielen!"

## Franz Kafka und François Villon

Ich werde oft gefragt: Gibt es eine Rolle, die Sie unbedingt spielen möchten? Unbedingt …? Ich bin nie irgendwo hingegangen und habe gesagt: Das möchte ich! Aber viele Wunschrollen durfte ich schon spielen, für manche andere fühle ich mich zu jung. Ja, zu jung, für den Nathan zum Beispiel. Ich habe in jungen und in reiferen Jahren Becketts *Warten auf Godot* gespielt, das war eine sehr interessante Erfahrung. Und es gibt zwei Dichter, die mich bis heute nicht verlassen haben: Franz Kafka und François Villon.

Gleich zu Beginn meines Engagements im Hamburger Schauspielhaus haben wir *Der Prozess* gespielt. Josef K., ein unbescholtener Bürger, wird eines Morgens in seiner Wohnung verhaftet, ohne zu wissen, was man ihm vorwirft … Von da an habe ich Kafka immer wieder gelesen und kam an seine Erzählung *Ein Bericht für eine Akademie*. Ich sagte zu Martha, das ist ein Monolog, den muss ich spielen! Diesen Affen, der angeschossen und auf ein Schiff geschleppt wird, um verkauft und dressiert zu werden. Dem in seinem Käfig klar wird, dass ihm eine Flucht in seine vorhergehende universelle Freiheit versagt ist und nur eines ihn retten kann: Er muss sich anpassen. Anpassen an das Menschwerden, das Menschsein. Während der Arbeiten an dieser Figur sind mir viele Worte von meinem Schweizer Lehrer Fried wieder eingefallen. „Das Menschwerden und die Freiheit!" Durch seine vorwärts gepeitscht Entwicklung zum Menschlichen hat er seine Freiheit preisgegeben. Er raucht Pfeife, trinkt Schnaps, aber äußerlich ist er nach wie vor ein Tier. „Das Eindringen der Wissensstrahlung von allen Seiten in das erwachen-

*Ich las „Ein Bericht für eine Akademie" und wusste sofort: Den Aff'
muss ich spielen!*

*Wenn ich Kafkas „Ein Bericht für eine Akademie" spiele, bin ich immer früh im Theater, weil die Maske sehr aufwändig ist.*

de Hirn!" Dies hat ihm eine neue Form der Freiheit gegen und ihm ein neues Leben beschert.

Ich habe angefangen den Text zu lernen und zu spielen, habe mir im Keller unseres Hauses eine kleine Bühne hergerichtet und war glücklich, als ich sie nach meinen Vorstellungen fertig hatte. Dann kam ich nach einer Vorstellung spät nach Hause, drehte den Fernseher auf – und was sehe ich? Klaus Kammer spielte den *Bericht für eine Akademie*. Ich bin beinahe zusammengebrochen. Ich habe Klaus Kammer sehr verehrt, er war ein grandioser Schauspieler. Aber mir fehlte bei seinem Spielen des Affen das „Eindringen der Wissensstrahlen" zum Menschlichen. Nachdem ich das gesehen hatte, habe ich zu meiner Frau gesagt: „Martha, die *Akademie* kann ich nicht mehr spielen!" Ich habe alles stehen und liegen lassen und es nicht mehr angegriffen.

Einige Monate später ist Klaus Kammer in seine Garage gegangen, hat das Tor zugemacht, das Auto angelassen, und sich das Leben genommen. Das hat mich tief getroffen. Ich habe ein Jahr gewartet und mir dann gesagt: Jetzt kann ich den Kafka wieder aufnehmen.

Durch all die Jahre spielte ich *Ein Bericht für eine Akademie* immer wieder, auf Bühnen in Deutschland und auf Tourneen, und ich habe es für das Fernsehen aufgezeichnet. Es ist noch nicht lange her, vor drei Jahren, dass ich die Vorstellung wieder aufgenommen habe. Während der Vorproben sprang ich über die Stuhllehne und bekam dadurch Probleme mit meiner linken Hüfte. Während der Vorstellung in Strasswalchen wurden die Schmerzen so unerträglich, dass ich meinen Text vollkommen vergessen habe. Mein Kopf war wie leer. „Meine Damen und Herren", sagte ich, „ich kann jetzt nicht mehr weiter, tut mir Leid." Meine Frau hat mir immer souffliert, ich hatte so einen kleinen Mann im Ohr, aber das nützte auch nichts mehr. „Jetzt komm hierher", bat ich Martha, „und sage mir, wie es weitergeht." Sie kam heraus, sagte mir den Satz, durch den ich hängen blieb – und ich konnte weitermachen. Nach dieser Vorstellung

ging ich auf allen vieren, musste ins Krankenhaus, und das Hüft-
gelenk wurde erneuert. Der Arzt war entsetzt: „Acht Tage später, und Sie wären im Rollstuhl gesessen." Einige geplante Vorstellungen wurden abgesagt, die ebenfalls bereits geplanten Vorstellungen im Landestheater Salzburg wurden verschoben.
Ungefähr ein halbes Jahr nach dieser Operation habe ich die
*Akademie* wieder gespielt, aber nicht mehr mit dem totalen Einsatz wie vorher, Martha hat es mir verboten. Ich springe nun
nicht über die Lehne auf den Sessel, sondern steige hinauf – und
bin auch oben.

Ich begann in Hamburg, in der Insel, mit einem Abend zum Thema *Franz Kafka – seine Beziehung zum Theater*. Ich habe aus
den Tagebüchern seine Gefühle zum Theater herausgesucht, die
ihn besonders betroffen haben. Im Ostjüdischen Theater hat Kafka einen Freund gefunden, Jizchak Löwy, und dieser Löwy hat in
Prag, im Café-Restaurant Savoy am Ziegenplatz, mit seiner
Gruppe Theater gespielt. Die Aufführungen hat Kafka oft
besucht, und er blieb mit Löwy lange verbunden. Dieses beson-
dere Flair des jüdischen Theaters beschreibt Kafka sehr schön:

*Das ist ein Leben zwischen Kulissen.*
*Es ist hell, das ist ein Morgen im Freien,*
*dann wird es gleich dunkel*
*und es ist schon Abend.*
*Das ist kein komplizierter Betrug,*
*aber man muss sich fügen,*
*solange man auf den Brettern steht.*
*Nur ausbrechen darf man,*
*wenn man die Kraft hat,*
*gegen den Hintergrund zu,*
*die Leinwand durchschneiden*
*und zwischen den Fetzen*
*des gemalten Himmels durch,*
*über einiges Gerümpel hinweg*

*in die wirklich enge dunkle*
*feuchte Gasse sich flüchten,*
*die zwar noch immer wegen der Nähe*
*des Theaters Theatergasse heißt,*
*aber wahr ist und alle Tiefen der Wahrheit hat.*

In seinen autobiographischen Aufzeichnungen ging er oft ins Dramatische über. Da beschreibt er zum Beispiel zwei Hände, die miteinander kämpfen, die Rechte dreht beinahe die Linke aus dem Gelenk. Ein Text, der mich immer wieder, so oft ich ihn auch lese, berührt:

*Meine zwei Hände begannen einen Kampf. Das Buch, in dem ich gelesen hatte, klappten sie zu und schoben es beiseite, damit es nicht störe. Mir salutierten sie und ernannten mich zum Schiedsrichter. Und schon hatten sie die Finger ineinander verschränkt und schon jagten sie am Tischrand hin, bald nach rechts, bald nach links, je nach dem Überdruck der einen oder der andern. Ich ließ keinen Blick von ihnen. Sind es meine Hände, muss ich ein gerechter Richter sein, sonst halse ich mir selbst die Leiden eines falschen Schiedsspruchs auf. Aber mein Amt ist nicht leicht, im Dunkel zwischen den Handtellern werden verschiedene Kniffe angewendet, die ich nicht unbeachtet lassen darf, ich drücke deshalb das Kinn an den Tisch und nun entgeht mir nichts. Mein Leben lang habe ich die Rechte, ohne es gegen die Linke böse zu meinen, bevorzugt. Hätte doch die Linke einmal etwas gesagt, ich hätte, nachgiebig und rechtlich wie ich bin, gleich den Missbrauch eingestellt. Aber sie muckste nicht, hing an mir hinunter und während etwa die Rechte auf der Gasse meinen Hut schwang, tastete die Linke ängstlich meinen Schenkel ab. Das war eine schlechte Vorbereitung zum Kampf, der jetzt vor sich geht. Wie willst Du auf die Dauer, linkes Handgelenk, gegen dieses gewaltige rechte Dich stemmen? Wie Deine mädchenhaften Finger in der Klemme der fünf andern behaupten? Das scheint* mir kein Kampf mehr, sondern natürliches Ende der Linken. Schon ist sie in die äußerste linke Ecke des Tisches gedrängt, und an ihr regelmäßig auf und nieder schwingend wie ein Maschinenkolben die Rechte. Bekäme ich angesichts dieser Not nicht den erlösenden Gedanken, dass es meine eigenen Hände sind, die hier im Kampf stehn und dass ich sie mit einem leichten Ruck voneinander wegziehn kann und damit Kampf und Not beenden – bekäme ich diesen Gedanken nicht, die Linke wäre aus dem Gelenk gebrochen, vom Tisch geschleudert worden und dann vielleicht die Rechte in der Zügellosigkeit des Siegers wie der fünfköpfige Höllenhund mir selbst ins aufmerksame Gesicht gefahren. Stattdessen liegen die zwei jetzt übereinander, die Rechte streichelt den Rücken der Linken und ich unehrlicher Schiedsrichter nicke dazu.

Oder *Der Kübelreiter*, die Ballade über einen Mann, der sich keine Kohle kaufen kann und friert. Dieser Mann versucht, Kohle zu bekommen, aber er ist schon tot, seine Seele ist auf der Suche: *„… um eine Schaufel von der schlechtesten habe ich gebeten und du hast sie mir nicht gegeben. Und damit steige ich in die Regionen der Eisgebirge und verliere mich auf Nimmerwiedersehen!"* Wie die *Zwei Hände* ist diese Erzählung autobiografisch. Kafka saß im ungeliebten Büro der Versicherung, musste schreiben, was er ja nicht schreiben wollte. Und Armut hat er wirklich auch am eigenen Leib erfahren.

Nach dem *Kübelreiter* habe ich mich hingesetzt und begonnen, die Maske für *Ein Bericht für eine Akademie* zu machen. Ja, warum erzähle ich ausgerechnet das?

An einem Abend in der Insel war Willy Haas, ein Zeitgenosse Kafkas aus Prag, in der Vorstellung. Er hat es sich angesehen – es berührt mich heute noch, wenn ich daran denke –, kam dann zu mir nach hinten und hat sich bedankt.

Ich hatte mir so einen Anzug schneidern lassen, wie Kafka ihn getragen hat, schwarz, ziemlich hoch geschlossen, und nach Bil-

Für „Der Bau", Kafkas letztes Stück, baute ich mir einen Käfig aus Holz, den ich in wenigen Minuten zusammensetzen konnte.

*Meine zwei Hände – sie kommunizieren miteinander, sie streiten miteinander. Eine zutiefst autobiografische Erzählung von Franz Kafka.*

dern versucht, eine ähnliche Krawatte zu finden. Haas hat geweint und gesagt: „Sie sind zwar blond, aber Sie waren Kafka!" Das schönste Stück für mich ist *Der Bau*, Kafkas letztes Werk. Es ist ein Dachs, so sehe ich es, den die Umwelt bedrängt, er hört Geräusche, die immer näher kommen. Es ist Franz Kafka selbst, den ja die Welt bedrängt hat. Ich habe mir diese Erzählung eingestrichen, dramatisiert und als großen Monolog vorgetragen. Das Bühnenbild habe ich mir selbst gebaut. Ein Gestänge aus Holz, in dem ich gesessen bin. Mit einem Platz in der Mitte, von dem Wege weggehen und ein Ausstieg auch nach oben. Ich konnte diesen Bau mit speziellen Scharnieren in wenigen Minuten zusammensetzen. Mein Kostüm war ein Straßenanzug und eine Dachsperücke mit einem weißen Streifen über der Nase. Diesen *Bau* spielte ich zusammen mit *Ein Bericht für eine Akademie* oft auf Tournee. Ich habe nie mit einer Agentur gearbeitet. Es hat sich herumgesprochen, ich wurde angerufen und engagiert. Für mich war die schönste Station Luxemburg, das Opernhaus. Eine Riesenbühne, völlig leer. Wunderschön. Aber wir mussten die Bühne mit dem Rundhorizont aushängen, weil der Hall zu stark war. 800 Leute und meine Einsamkeit …

Bei diesen Tourneen bin ich regelrecht körperlich eingegangen. Ich bin selbst gefahren, habe alles aufgebaut, nach der Vorstellung abgebaut. Meine Frau war immer dabei, doch eines Tages war es ihr zu viel: Ich mach nicht mehr mit! Ihr zuliebe habe ich, mit schwerem Herzen, den Bau gestrichen.

Über Kafka bin ich zu Hermann Ungar, einem Prager Zeitgenossen, gekommen, und zwar zu seiner Erzählung *Die Verstümmelten*. Es hat mich tief beeindruckt. Nicht das fleischliche Verstümmeln ist das Thema, sondern die seelische Verstümmelung des Menschen durch all die Umstände, in denen er lebt, auch durch andere Menschen. Das wollte ich zu einem Film verarbeiten. Doch mittendrin habe ich aufgehört, die Umsetzung ist mir noch nicht klar. Es muss intensiv sein, aber man muss auch vom Publikum verstanden werden. Der Verstümmelte wird immer mehr

Sonntag, **12. August**

KAPITELSAAL Kapitelplatz 6
Beginn: 20 Uhr                    Eintritt: S 25,–

**Karl Merkatz** spricht und singt

# „Das große Testament"

von FRANCOIS VILLON (1431)

Musik:        Eckard Ihlenfeld
Begleitung: **CORNUCOPIA**-Band
(Hamburg)

*Ich habe „Das große Testament" von Villon szenisch aufgearbeitet und singe die Balladen. Seinerzeit hat mich eine Rockband aus Hamburg begleitet, heute denke ich über neue Möglichkeiten nach.*

*Ich kann nicht an einem Pult sitzen und lesen, ich muss mich bewegen – ob bei Villon, wie hier, oder jedem beliebigen anderen Stück.*

verstümmelt, bis er nur noch den Rumpf und einen Arm hat. Ich denke noch nach, ich möchte es auf jeden Fall realisieren.

Dieses Buch beschäftigt mich insofern, da wir Menschen uns zur Zeit – oder war das immer schon so? – an Geist und Seele verstümmeln. Wir missachten das Leben der anderen, mag es durch Religion, durch Politik, durch wirtschaftliche Interessen sein. Der Einzelne ist zu schwach, und die Masse verstümmelt.

Und was bedeutet mir Villon? Während der Seminarzeit in Salzburg habe ich ihn schon kennen gelernt, Prof. Leisner wollte Villon mit uns aufführen, aber es kam nie dazu.

*Das große Testament* ist in klassischem Altfranzösisch geschrieben, versmaßgenau. Ich habe versucht, dieses Versmaß zu übernehmen, aber das geht nicht, das kriegt in Deutsch keinen Rhythmus, keine Aussage. Paul Zech hat Villon in den zwanziger Jahren übersetzt, das war für mich das Richtige.

Ich habe es szenisch aufgearbeitet. Ich kann nicht an einem Pult sitzen und lesen, ich muss mich bewegen. Ich spiele *Das große*

*Testament* als einen Block, nach einer Pause kommen die Balladen und Lieder. Der Korrepetitor und Komponist für Theater-
musik im Schauspielhaus Hamburg hat sie für mich vertont, und
ich habe seinerzeit eine Rockband dazu engagiert. Ich hielt den
Abend in den siebziger Jahren in Salzburg während der Fest-
spielzeit. Villon hat mir keine Ruhe gelassen und nach einigen
Jahren habe ich ihn wieder aufgenommen, in Wien gespielt und
durch den Komponist Richard Österreicher die Melodien neu
umsetzen lassen. Davon haben wir eine Schallplatte aufgenommen. Im Augenblick bin ich dabei, ihn wieder aufzuarbeiten.
Villon wurde 1431 geboren, wurde wahrscheinlich etwa 32 Jahre
alt, hat immer aufbegehrt gegen die Gesellschaft und die Kirche,
war selber Dieb und Räuber, aber auch Magister an der Pariser
Universität und ein begnadeter Dichter. Dreimal hätte er gehängt
werden sollen, wurde jedoch als Begnadigung im Winter aus
Paris verbannt. Ab diesem Zeitpunkt verliert sich seine Spur.

*RONDELL*
*Aus harter Haft bin ich zurückgekehrt,*
*es ging der Strick mir beinah an den Kragen,*
*von Glück kann man in diesem Fall nicht sagen,*
*ein Zufall hat den Zugriff abgewehrt.*
*Doch besser wär's, man hätt zum Ritter mich geschlagen*
*und eine goldene Kette mir verehrt.*
*So bin ich wieder einmal ausgeschert*
*wie eine lahme Zicke aus dem Wagen*
*und muss mich vorn und hinten sauber tragen,*
*damit das Eisen mich nicht doch verzehrt.*
*Erst wenn man selig ist, gibt's keine Klagen,*
*weil aus dem Himmel niemand geht und wiederkehrt.*

Zurück zu Kafka. 1971, als sie gegründet wurde, spielte ich für
die „Szene der Jugend" im Kapitelsaal *Ein Bericht für eine Akademie*. Alfred Winter, der Initiator, ein hervorragender junger

Mann, hat diese Vorstellung für sechs Uhr am Abend angesetzt. Eine ungewöhnliche Zeit. Warum? Ich weiß es nicht. Sieben, halb acht – ja, aber sechs? Nun, es sollte wohl so sein …

Professor Bernhard Paumgartner war vor 1938 und dann wieder von 1945 bis 1959 Direktor des Mozarteums und von 1960 bis 1971 Präsident des Direktoriums der Festspiele. Ich schätzte ihn sehr. Er verfolgte anscheinend meine schauspielerische Laufbahn, und als ich einmal am Festspielhaus vorüberging, fuhr er gerade mit seinem Wagen heraus. Er ist stehen geblieben, ausgestiegen: „Kommen Sie herein, Merkatz." Er führte mich in sein Büro und ich musste erzählten, was ich machte, was aus mir geworden ist. Ich war damals schon in Hamburg. Er hat sich daran erinnert, als ich beim Abschluss der Schauspiel-Prüfung den Preis als bester junger Nachwuchs-Schauspieler bekommen hatte, die 7.000 Schilling.

Ein paar Tage bevor ich im Kapitelsaal die *Akademie* spielen sollte, am 27. Juli 1971, starb Professor Paumgartner und für den Tag der Aufführung, vier Uhr, war sein Begräbnis am St. Peter-Friedhof festgesetzt. Wegen der Vorbereitung für meine Vorstellung konnte ich nicht Abschied nehmen. Nun bin ich gerade bei Kafka immer sehr früh im Theater, gehe den Text nochmals durch, ziehe mich um, die Maske ist sehr aufwändig. Während der Ansprachen und Segnungen war ich in der Garderobe und richtete mich. Die Oberlichte war offen, und so hörte ich vom anschließenden St. Peter-Friedhof die Feierlichkeiten mit. Plötzlich dachte ich mir, schaust zum Fenster hinaus. Ich stellte einen Sessel auf den Tisch, schaute durch die Oberlichte, und in diesem Augenblick wurde der Sarkophag hinter dem Gitter des Tores vorüber getragen. Das war, scheint's, mein Abschied.

Am nächsten Tag suchte ich in den *Salzburger Nachrichten* nach meiner Kritik, fand jedoch keine. Dafür sah ich ein Bild von Hofrat Paumgartners Begräbnis und dazu einige Zeilen. Seltsam, keine Kritik? „Da", sagte Martha, „da ist sie doch." Sie stand unter dem Aufbahrungsbild von Paumgartner.

# „Hi, have a Bier?"

## Australien

Unser seltsames Fernweh nach Australien hat uns nicht verlassen. 1961 wanderte auch die Schwester von Martha mit ihrem Ehemann Toni, einem Engländer, und den drei Mädchen aus, Fredl und Hilda waren ja schon drüben. Der Wunsch, dieses verheißungsvolle Land, Freunde und Familie zu besuchen, wurde immer stärker. Doch die Flugtickets für vier Personen kosteten ein Vermögen. Im November 1979, es ging es uns schon besser beziehungsweise waren unsere Töchter schon so groß, dass wir sie allein lassen konnten, sind wir zum ersten Mal nach Australien geflogen

Ich war zu diesem Zeitpunkt in Österreich kein Unbekannter mehr und im ORF relativ gut angeschrieben. Intendant In der Maur hat mir und einem kleinen Team einen Etat zur Verfügung gestellt, damit wir drüben einen von mir verfassten Fernsehfilm drehen konnten. Es wurde ein Zweiteiler, aber wir haben soviel Material gehabt, wir hätten drei oder gar vier Folgen machen können. *Easy Radler* hieß die Miniserie in Anlehnung an den Kultfilm *Easy Rider* mit Peter Fonda. Ich spielte einen Bahnhofsvorstand aus Attnang-Puchheim. Der Mann war als Kurzwellenfunker mit einer sympathischen Stimme verbunden, einer Frau als Australien. Er flog hinüber, hat sie in Sydney gefunden und fuhr über ihre Anweisungen per Funk mit seinem Radl quer durch das Land. Das Rad habe ich selbst gebastelt, es war ein seltsames Gefährt. Vorne hatte es ein kleines Rad, hinten ein normales, drüber ein Sonnendach. Sechs Wochen hatten wir Zeit zum Drehen.

Meine Frau und ich waren schon eineinhalb Monate in Australien und hatten schon einiges vom Land gesehen, ehe das Team,

Regie, Kamera, Ton, kam. Und wir haben vor allem die Ratschläge unserer australischen Freunde ernst genommen. Was man vom Team später nicht behaupten konnte …

Man kann sich die Weite, Größe und Einsamkeit dieses Landes gar nicht vorstellen. Ein Freund meiner Schwägerin, Horst, ein Deutscher, ist mit uns hinausgefahren in den Busch, Kängurus anschauen. Es war an der Grenze zu Queensland, einem Landschaftsteil, in den einer, der sich nicht gut auskennt, gar nicht hinkommt „Nehmt euch am besten einen VW-Bus, in dem könnt ihr gleich schlafen, und notfalls kann man ihn leicht anschieben", hat er uns geraten. „Bleibt nie an der Hauptstraße stehen, man weiß nicht, wer vorbeifährt, und das ist vor allem in der Nacht gefährlich. Fahrt aber so in den Busch, dass ihr etwas abwärts steht, so dass ihr jederzeit wieder herauskommt, auch wenn der Motor streikt." Und ganz wichtig: Man muss, wenn man in den Busch geht, immer einen 25-Liter-Benzintank und ebenso viel Wasser mitnehmen. Und Lebensmittelvorräte für vierzehn Tage. So gut die Ratschläge sind, so komisch können sie auch sein. Horst hat uns belehrt, und als wir am Morgen mit seinem VW abfahren wollten, sprang er nicht an. Die Batterie war leer. Ich schob den Wagen, und der Motor sprang an.

Martha und ich kauften uns einen Gebrauchtwagen, sind 16.000 Kilometer durchs Land gefahren und waren ein paar Mal sehr froh, dass wir alle Ratschläge befolgt haben. Zum Glück ist es nie zu gröberen Zwischenfällen gekommen, aber ein paar kleine Pannen, die erlebten wir schon. Wir fuhren einmal in einen Bereich, wo noch Mammutbäume stehen. Vor der Abfahrt ließ ich zwei neue Vorderreifen montieren und nach etwa 300 Kilometern, als der Busch mit diesen riesigen Bäumen begann, platzte der linke Vorderreifen. Der Reservereifen war schnell montiert, aber die 150 Kilometer bis zur nächsten Tankstelle fuhren wir schon mit einer gewissen Spannung. Sollte einem im Outback mit einem Fahrzeug etwas passieren, darf man das Auto nie verlassen. Irgendwann kommt vielleicht jemand vorbei. Nimmt man eine Strecke, die nicht sehr befahren ist, muss man sich im Village am Beginn bei der Polizei melden und angeben, wie lange man voraussichtlich braucht. Am Ziel muss man wieder zur Polizei gehen. Geschieht das in der angegeben Zeit nicht, wird man gesucht. Die Menschen, denen man in der Einsamkeit begegnet, sind immer sehr freundlich. Man bleibt stehen – „Hi, how are you? Kann ich helfen? Was machst du, woher kommst du?" – und fährt wieder seiner Wege. Seit allerdings der Tourismus Australien entdeckt hat, gibt es unzählige Tramper, die Autostopp durch das Land fahren, und ich kenne etliche Berichte, dass so mancher, besonders Frauen, nie am Ziel angekommen ist. Es werden immer wieder Menschen vermisst, die man nicht mehr findet.

Einmal waren wir auf einer 300 Kilometer langen Staubstraße, einer Dirtroad, unterwegs, schnurgerade durch den Busch, bergauf, bergab. Plötzlich kam eine leichte Kurve, und davor stand ein Schild „Achtung Kurve". Da haben wir sehr gelacht. Und ein einziges Auto ist uns auf dieser Strecke begegnet, die immerhin so lang ist wie die Distanz Wien-Salzburg. Als wir ausstiegen, erkannten wir uns beinahe nicht. Man hat bei über dreißig Grad immer das Fenster offen, und wir waren vom Staub der Straße genau so rot wie fast ganz Australien

Es gibt eine Geschwindigkeitsbeschränkung von hundert Stundenkilometern auf der Mainroad, nicht höher. Das wird kontrolliert. Damals waren weiße Streifen quer über die Straße aufgemalt, wir wussten am Anfang nicht, was das bedeuten soll. Alle 200, 300 Meter diese Streifen? Ganz einfach: Da fliegen kleine Maschinen drüber, die die Fahrzeuge von einem Strich bis zum anderen beobachten und so die Geschwindigkeit feststellen. Und dann kommt man nach 200 Kilometer ins erste Village, und der Polizist steht schon da und schreibt einen auf: Sie sind 110 gefahren! Warum die Hunderterbeschränkung gilt, weiß ich ehrlich gesagt auch nicht, bei dem Verkehr, bei der Weite, aber es ist so. Am Freeway darf man allerdings mit 110 unterwegs sein.

*Ein herziger Koala – in Australien hatte ich es aber auch öfter mit Schlangen und ähnlichem Getier zu tun.*

Wir sind also bei unserem ersten Aufenthalt einfach durch die Gegend gefahren, und so haben wir es auch später immer gemacht. Wenn wir zu einer Farm kamen, sind wir stehen geblieben, haben „Hi!" gesagt, ein wenig geplaudert. Meist waren wir auf den Dirtroads unterwegs, wie ich sie noch aus meiner Kinderzeit in Wiener Neustadt kenne. Wenn es regnet, steckt man im Schlamm. Wir haben einen Wolkenbruch erlebt, da stand das Wasser bis zu Wagentür. Einmal fuhren wir von Sydney die ganze Südküste entlang nach Perth und wollten an der Westküste bis Darwin. Es wurde jedoch ein Taifun gemeldet, so

haben wir umgedreht und sind wieder zurückgefahren – das Beste, was wir tun konnten. Er kam dann aber nicht herein, sondern blieb an der Küste hängen – aber da waren wir schon weg. Was mich fasziniert an Australien, ist eine gewisse Form von Freiheit. Die haben wir uns erhofft, und die haben wir gefunden. Weniger Gebote, weniger Verbote. Auch berufsmäßig war's nicht so streng. Wenn man in einem Beruf nicht durchkam oder keine Arbeit fand, machte man eben etwas anderes. Man brauchte nicht unbedingt für alles und jedes eine Prüfung. Bist du ein guter Handwerker, gehst du in eine Tischlerei und arbeitest dort. Man muss sich bewähren, und das ohne irgendwelche Zeugnisse. Das hat sich bis heute nicht wesentlich geändert, aber natürlich sind auch in Australien die Gesetze strenger geworden, vor allem aufgrund des Flüchtlingsproblems auf der ganzen Welt.

Ja, diese Lebensart hat uns mehr zugesagt. Mein Freund Fred war Buchhändler und hat in seinem erlernten Beruf keine Anstellung bekommen. So ging er ins Büro der Reederei Columbus-Line und hat sich durch Jahre zum zweitobersten Chef hinaufgearbeitet. Und das gilt eigentlich für jede Branche. Ein Freund, den wir in Sydney haben, auch ein Österreicher, war ebenfalls Tischler. Er kam zu einer Firma, die die Grundform der australischen Häuser als Holzfachwerk baut. Er hat natürlich als gelernter Tischler Holzverbindungen gemacht, Schlitzen, Falzen, wie man eben bei uns arbeitet. „Bist du blöd?", haben die anderen gesagt, „das machst man anders: Abschneiden, Stoß an Stoß, mit Nägeln und Schrauben verbunden, fertig!" Von Montag bis Donnerstag haben sie so zu viert zwei Häuser zusammengebaut. Diese Arbeitsweise war für ihn am Anfang ein großes Problem, dann klappte es. Er hat schon lange aufgehört und ist gut durchgekommen, sehr gut sogar. Wenn man damals drüben noch wollte, hat man es zu etwas gebracht. Ich bin überzeugt, wenn ich meinen Plan verwirklicht hätte, mit einem Kleinlaster von Farm zu Farm zu fahren, oben eine Hobelbank und meine Werkzeuge, ich wäre steinreich geworden. Denn zu reparieren gibt es immer etwas, und was ein bei uns ausgebildeter Tischler kann, beherrscht drüben beinahe keiner.

Im Jänner, dem heißesten Monat, kam das Fernsehteam, um den *Easy Radler* zu drehen. Kurt Ockermüller, der schon beim *Wiener* Regie geführt hat, Kameramann, Tonmeister, Assistent. Alle außer dem Assistenten brachten ihre Frauen mit. Und alle hatten eine Funktion, wie es beim Drehen so üblich ist, Requisite, Maske, Kostüm. Martha betreute mich, die Frauen bekamen keine Gage.

Mit vier Fahrzeugen waren wir unterwegs, hinten hatten wir all das Zeug eingeladen, das man für Filmaufnahmen braucht. Und die Zelte. Ich habe mir eines gekauft, das man in einer Minute aufbauen konnte. Und was immer ich den Kollegen gesagt habe, es hat nur geheißen: „Das brauchen wir nicht, das machen wir nicht, der Karl erzählt nur an Schmarrn." Es fing schon mit den Autos an. Der nette junge Assistent wollte einen Landrover, wegen dem Vierradantrieb. Einen Landrover mieten, das kann man ja nicht bezahlen! So wurde es ein altes Modell. Die anderen besorgten sich ein Motorhome: „Da drinnen können wir bequem sitzen und schlafen und haben eine Toilette und eine Dusche. „Ich", habe gesagt, „ich steig euch nicht in dieses Auto ein, da können wir ja nur auf der Bundesstraße fahren."

Am Anfang sind wir an der Ostküste entlang, da gab's das erste Problem. Die Geschäfte haben alle einen Vorbau mit Sonnendach. Einer parkte ein, verschätzte sich – und hinein ins Sonnendach. Wenigstens findet man dort alle siebzig, achtzig Kilometer eine Raststelle, oder man kommt in ein Village. Aber als wir dann durch den Busch fuhren, ging es los. „Ich muss auf die Toilette." „Nein, du kannst nicht gehen", jammerte ein anderer, „wer macht das sauber?" Also wurde die Toilette nicht mehr benutzt, die Dusche wurde nur einmal benutzt und, als der Wasserbehälter leer war, wurde er nicht nachgefüllt. Alles war für die Katz. In Sydney hatte ich einen viereckigen Stuhl aus Eisen besorgt, nahm den Sitz ab, und montierte einen Toilettensitz drauf. „Grabt beim nächsten großen Baum eine Grube", schlug ich vor, „und stellt dort den Stuhl auf, wenn ihr müsst." Nichts da, keiner hat's gemacht. „Da kann uns jemand sehen!" „Wer soll euch im Busch sehen? Da ist 200 Kilometer kein Mensch unterwegs!" Trotzdem, sie sind nicht gegangen, sondern haben sich lieber hinter einen Baum gehockerlt. Da habe ich den Stuhl genommen und habe ihn in den Busch hineingeschmissen. Ja, und dieses Motorhome wurde letztlich auch gegen einen praktischeren Wagen ausgetauscht. Hat die Vernunft gesiegt?

Wir haben auf einer kleinen Insel an der Goldküste gedreht, etwa 150 Kilometer von der Küste entfernt. Alester, ein Pilot, den wir in einem Pub kennen gelernt hatten, flog uns mit seiner Maschine hinaus. In der Früh sind wir weg, und die Sache war sehr aufregend, weil Alester sagte, dass ich fliegen soll.

Natürlich hatte ich noch nie einen Steuerknüppel in der Hand gehalten, und es dauerte auch nicht lange, denn ich drückte etwas nach rechts, und schon schmierten wir nach unten. Alester hat es sofort korrigiert, und wir sind natürlich gut gelandet. Es war ein Rumpfflugzeug, der Motor war über der Kanzel, wir saßen auf den Tragflächen. Unter uns kam eine Riesenschildkröte hoch, ein riesiger Manta schwamm unter unseren Füßen durch. Weiter vorne war ein großer Korallenfelsen. Das Atoll war nicht sehr tief, man konnte im weichen Sandboden stehen und gehen. Ich schnorchelte zu diesen Felsen und durch die Taucherbrille konnte ich die schönsten Fische sehen. Aber als mich eine Woge an den Stein drückte, kam aus einer Höhle eine Muräne heraus und mir direkt vor die Brille, so dass ich ihr in den aufgerissenen Rachen sehen konnte.

Unser Kameramann war fasziniert von dem Atoll und der kleinen Insel und drehte und drehte, so dass wir die Zeit übersahen. Alester drängte bereits und ermahnte zum Abflug, die Flut käme herein. – Wir sind gleich fertig, noch eine Viertelstunde. Es wurde länger. Die Wellen wurden immer höher, so dass wir selber sagten, es ist genug. O.K., alles in die Maschine. Die Wogen gingen schon über den äußeren Atollring und waren beträchtlich hoch. Wir fuhren bis zur Insel um gegen die Wellen zu starten. Mit 200 Sachen ging es dahin, aber die Maschine konnte nicht abheben, die Wogen waren zu hoch und drückten das Heck runter. Alester probierte zwei-, dreimal den Start, aber es wurde immer schlimmer. Wir sind zu schwer! Er funkte an das Festland um Hilfe. Nach etwa zwanzig Minuten kam ein Helikopter, stand über uns, konnte aber nicht helfen, orderte ein Boot von der Insel zum Wasserflugzeug und flog wieder ab. Endlich tuckerte ein Mann mit einem Boot an. In der Kanzel war links und rechts je eine Einstiegstür, die nach oben offen standen. Erleichtert beugten wir uns zu diesem Mann mit seinem australischen Hut hinaus. Er legte gelassen sein Boot an, schwenkte eine Dose in der Hand und rief: „Have a Bier!"

Kurtl wurde vom Boot auf die Insel gebracht, sozusagen verbannt. Wir waren dadurch leichter, und um das Gewicht von uns restlichen dreien zu verlagern, hängte ich mich von der Kanzel hinaus auf die Nase der Maschine. Dort war eine starke Antenne angebracht, und an der klammerte ich mich fest. So versuchten wir den ersten Start. Er misslang. Der zweite sollte gelingen. Die Wogen waren schon so hoch, dass sie über den vorderen Rumpf, über mich, gegen die Kanzel und in das Cockpit schlugen. Mit über 200 ging es dahin, wir kamen hoch, und man zog mich an den Beinen in die Maschine zurück. Durch das eingedrungene Wasser fiel die Funkanlage und einiges andere aus, und so sind wir im Blindflug zum Festland zurück. Alester kannte den Weg und steuerte auf einen Großflughafen zu. Den umkreisten wir so lange bis eine große Maschine der australischen Fluglinie Ansett kam, hinter der flog er nach, und wir landeten gemeinsam. Am nächsten Tag als die Maschine wieder einsatzfähig war, holte Alester Kurt von der Insel. Kurt war bester Laune, er hatte einen wunderbaren Abend mit seinem Bootskapitän, dessen Frau und viel Bier verbracht.

Wir waren nun mit drei Pkw unterwegs. Und dem alten Landrover – ohne zusätzlichen Benzinkanister: „Da stinkt doch alles nach Benzin!" „Und was ist, wenn du hängen bleibst und hast kein Benzin?" „Dann füllen wir bei der nächsten Tankstelle eins nach." Ich habe mir nur an den Kopf gegriffen und diese 25 Liter noch zu mir genommen. Und Wasser? Wollten sie auch nicht mitnehmen. Der Vierradantrieb konnte nicht schneller als neunzig Stundenkilometer fahren, außerdem hat die alte Tschinelle enorm viel Benzin gebraucht. In Mont Isa ist er nicht mehr gegangen und wir mussten den Motor ausbauen lassen, wenig später haben wir ihn dann weggegeben. Wir waren eine Zeit lang zwar nicht zerstritten, aber doch sehr auseinander. Wir sind oft die ganze Nacht durchgefahren, denn wir mussten diese 16.-, 17.000 Kilometer in einer bestimmten Zeit zurücklegen. Wir hatten ja nur sechs Wochen Zeit dafür.

Ich hatte also für zwei Autos Benzin in meinem Wagen und das Wasser. Es war Nacht. Wir fuhren im Konvoi, immer ein anderer vorne. Wir hatten uns ausgemacht, dass wir immer die Rücklichter des Vordermannes beziehungsweise die Scheinwerfer vom Hintermann sehen müssen. Ich war in der Mitte, hinter mir der Vierradantrieb. Ich schaute immer, ob er nachkam, und plötzlich: Er ist nicht mehr da! Was ist los? Ich drehte um, fuhr zurück, vielleicht zehn Kilometer, da stand er, und der Motor hat geraucht. „Ich habe kein Wasser, ich kann nicht nachfüllen, ich habe schon hinein gepinkelt." „Du bist so ein Trottel, ich habe

*Was haben Martha und ich in Australien gesucht? Die Freiheit – und wir haben sie gefunden.*

deine 25 Liter, die du nicht wolltest." Wir haben aufgefüllt und er konnte wieder fahren.

Die anderen sind inzwischen weiter, ohne zu achten, ob ich nachkomme. Erst nach einer halben Stunde sind sie stehen geblieben und wir konnten sie wieder einholen. Was soll ich sagen, es gab bis zuletzt immer wieder solchen Hader, aber wir haben einen guten, lustigen Film gedreht, und das ist es, was zählt.

Der Kameramann hatte Verbindung nach Österreich, man wusste also immer, wo wir waren. Wir kehrten von einem Dreh nach drei, vier Tag zurück in unser kleines Hotel in Alice Springs in Zentralaustralien. Zum Frühstück kam der dortige Chef zu mir und sagte: „Mr. Merkatz, Sie hatten heute Nacht einen Anruf aus Austria. Ich habe denen gesagt, dass man um diese Zeit bei uns schläft und sie sollen am Morgen wieder anrufen." Wer es war, das konnte er nicht sagen. Na gut, die werden sich schon wieder melden! „Die" haben uns aber nie erreicht, weil sie den Zeitunterschied zwischen Österreich und Australien offenbar nicht einkalkuliert haben, aber einmal klappte es doch: Es war das Volkstheater, ob ich Zeit hätte, den Bockerer zu spielen – und dann schnappte es ab. Und ich konnte von meinem Hotel nicht nach Österreich telefonieren. Nach vielem Hin und Her haben wir es dann doch geschafft, Direktor Paul Blaha würde für eine nähere Besprechung abends um acht, Australienzeit, anrufen.

Ich kam pünktlich vom Drehen abends zurück, ging zur Rezeption aber der Chef hatte schon um sieben Uhr das Sicherheitsgitter heruntergelassen und abgeschlossen und war weggegangen. Dahinter das Telefon, Punkt acht Uhr machte es Krkr, Krkr, krkr, und ich konnte nicht abheben. Dann Stille.

Also bat ich meine Schwägerin Erna in Sydney: „Geh, ruf im Volkstheater an und sag ja, der Merkatz spielt den Bockerer." Aber die Pannen gingen weiter. Erna rief an: „Hallo, hier spricht Australien. Ich hätte gerne die Direktion." Daraufhin der Portier: „Die ist grad besetzt." „Können Sie mich nicht irgendwie anders verbinden?" Und nochmals: „Ich rufe aus Australien an!" „Na, wenn Sie nicht warten wollen, rufen Sie später an." Zack, aufgelegt. Sie hat es noch zweimal versucht, und endlich beim dritten Mal ist sie in die Direktion gekommen, hat für mich zugesagt und auch gesagt, wann ich wieder zurückkomme. Das ging sich gerade aus, acht Tage danach fingen die Proben an. Ich habe das Stück nicht gut gekannt, ich habe es nur einmal mit Fritz Muliar im Fernsehen gesehen. Ich wusste auch, dass es mit Fritz Imhoff Ende der vierziger Jahre in der Scala aufgeführt worden war. Deshalb bat ich Erna, nochmals anzurufen – sie sollen das Textbuch an ihre Adresse schicken. Und wenn ich komme, kann ich es mir schon anschauen und gehe vorbereitet zur Probe.

Unsere Reise führte uns auch nach Cooper Pidy, zu den Opal-Mienen. Ein deutscher Opal-Sucher lud uns in seine Höhle ein, in der er mitsamt seiner Familie wohnte. Stolz zeigte er uns seinen großen Opalschatz und wunderbaren Schmuck. Seine Frau saß still lächelnd dabei, sie sehnte sich nach Deutschland. Ihre Höhle wurde nachts von scharfen Hunden bewacht und ihr Mann und ihr Sohn waren schwer bewaffnet. Uns Österreichern vertraute er. Am nächsten Morgen zeigte er uns seinen Stollen. Er verlegte drei Sprengladungen, dann mussten wir den Stollen verlassen. Abseits warteten wir die drei Explosionen ab. Es ist eine schwere und gefährliche Arbeit, Opale zu finden, ihm fehlten schon vier Finger. Dann ging es über das Barossa Valley durch das schöne Weingebiet zurück. Martha und ich kamen an einen großen europäisch aussehenden Haus vorbei, auf dem in großen Lettern TIROL stand. Ich dachte, das sei ein Wirtshaus und ich meinte, da hol' ich mir ein Vierterl. Die Tür war jedoch versperrt, ich klopfte an ein Fenster, aber es rührte sich niemand. Wir gingen um das Haus herum und hinten war eine riesige Halle und die vollen Weinflaschen standen herum. Da nahm ich mir zwei Flaschen und legte zehn Dollar hin. Und nun ging es zurück nach Sydney. – In Sydney wurde alles geregelt, alles abgegeben, das Team ist zurückgeflogen.

Aber was nicht da war, war das Textbuch. Wir blieben noch vier Wochen, aber es kam und kam nicht. Wir sind zurückgeflogen, ich ging ins Volkstheater, erste Leseprobe mit Regisseur Dietmar Pflegerl, und ich sagte: „Es tut mir sehr leid, ich hab das Stück noch nicht lesen können." „Wieso?" „Das Textbuch ist nicht angekommen." „Das gibt es doch nicht, es wurde doch weggeschickt." Der Zuständige für die Post, ein älterer Herr, bestätigte das auch: „Ja, ich habe es weg geschickt." „Und wieso ist es nicht angekommen, das ist jetzt schon über zwei Monate her? Wie haben Sie es geschickt? Als Flugpost?" Sagte er nein, das wäre zu teuer gewesen, mit dem Schiff. Es kam nach Australien, da waren die Vorstellungen schon zu Ende. Er hat halt für das Theater gespart, denn Flugpost hätte vielleicht zwanzig Schilling mehr gekostet.

Durch diese erste Reise habe ich viele Kontakte geknüpft, ich war immerhin vier Monate in Australien. Unter anderem habe ich Erwin Chlanda kennen gelernt, der mir ein sehr guter Freund geworden ist und – aber das erzähle ich später. Erwin ist auch Österreicher, er macht Rundfunk- und Fernsehreportagen und lebt in Alice Springs. Er hat übrigens in unserem Film mitgespielt. *Easy Radler* ist im ORF gelaufen und sehr gut angekommen. Damit hat man mich mit Australien in Verbindung gebracht, und bald kamen Gerüchte auf, dass ich große Besitzungen drüben hätte. Das ist zwar nicht der Fall, aber wir sind immer wieder hinübergeflogen, und als Josefine siebzehn war, haben wir sie für ein Dreivierteljahr zur Schwester meiner Frau nach Sydney geschickt.

Alles in allem waren wir zwei Jahre, immer mit Abständen, in Australien. Der kürzeste Aufenthalt betrug zwei Monate, was fast zu kurz ist. Das letzte Mal waren wir Anfang 2004 dort. Rein gefühlsmäßig war es tatsächlich das letzte Mal. Meine Frau wollte nicht mehr in den Busch, es war ihr zu anstrengend. Es hat sich in den letzten Jahren so viel verändert. Wir sind die Ostküste hochgefahren und waren ein bisschen enttäuscht, weil es streckenweise sehr besiedelt ist. Den Freeway, den wir früher gefahren sind, haben wir nicht mehr gefunden, jetzt gibt es viele neue Straßen. Und viel Tourismus – *surfer's paradise*. Aber man liegt nicht lange am Strand. Man geht hin, schwimmt, taucht in die Wellen hinein, was ich so gern tue, und geht wieder weg. Ich trage immer ein T-Shirt, aber die Sonne ist so intensiv, dass ich jedes Mal in der ersten Woche einen Sonnenbrand bekomme. Vor Perth, noch an der Südküste, ist ein schneeweißer, endloser Strand mit türkisfarbenem Wasser. Wir wären gerne geblieben, aber ein Angler hatte am Campingplatz seinen Motor für die Gefriertruhen laufen, das war uns zu laut. Es war ein trüber Tag, die Wolken hingen ganz tief, wunderschön, und wir sind nackt baden gegangen. Nach einer Dreiviertelstunde hatte ich einen ordentlichen Sonnenbrand.

Als wir letztes Jahr in Sydney in der George Street spazierten, sagte Martha: „Schau, wer da geht, ein Kollege von dir." „Geh, wo denn?" „Da, der da vorne." Es war der Fritz Wepper. Ich begrüßte ihn: „Servus, Wepper!" „Servus, Merkatz, was machst du denn da?" „Ich bin mit meiner Frau auf Urlaub. Und du?" „Ich drehe fürs *Traumschiff*." Das Schiff lag im Hafen, Produzent Wolfgang Rademann war an Bord. Ich kenne ihn gut, er wollte mal mit mir etwas machen. „Weißt was", machte ich mir mit dem Wepper aus „jetzt geh ich mit dir zum Rademann und sage: Ich bin da, wo habe ich meine Garderobe?" Leider wurde das Schiff so streng bewacht, dass man nicht hineinkam, der oberste Sicherheitschef hätte geholt werden müssen, und das wollte ich nun auch wieder nicht.

Ich habe in Australien die Freiheit gefunden, nach der man sich manchmal sehnt. In einer Bar namens Bullshit haben wir einmal einen Farmer getroffen, und sind mit ihm ins Gespräch gekommen: Der ist 150 Kilometer für ein Bier gefahren! Warum? Weil er an der Bar mit jemandem plaudern konnte.

Es gab immer etwas Neues zu entdecken, vor allem habe ich auch Ureinwohner, Aborigines, kennen gelernt. Für 1998 plante ich eine One-man-Show im Ronacher und natürlich wollte ich auch über Australien erzählen. Ich flog nach Sydney, Fred verabredete sich mit vier Aborigines, um sie zum Mitmachen einzuladen. Sie waren pünktlich da. Wir saßen eine halbe Stunde beisammen, und keiner hat etwas gesagt. Dann meine Bitte: Möchten Sie nach Austria kommen? Beim nächsten Treffen: Ja, ihr Stammesführer hat es erlaubt, aber sie dürfen im Theater nicht ihren rituellen Lendenschurz und die Farben für ihre Körperbemalung verwenden. Sie sind dann tatsächlich pünktlich in Wien eingetroffen, Fred hat sie begleitet, als ihr Betreuer. Sie blieben fünf Wochen und waren sehr glücklich, dass sie da waren. Für Fred war es ein bisschen mühsam, sie sind immer wieder abgehauen, in eine Kneipe, er musste sehr auf sie Acht geben, denn zwei von ihnen haben ganz gern ein wenig gebechert. Es war wunderbar. Als wir da nächste Mal in Australien waren, haben wir sie wieder getroffen, der eine hatte inzwischen geheiratet. Sie haben mir noch einige Male geschrieben und der Didgeridoo-Spieler, William Barton, ist in der Zwischenzeit weltbekannt geworden.

Die Aborigines leben in den Städten, im Outback oder in großen Reservaten. Wir waren am Ayers Rock, Martha und ich, mit unserem One-minute-Zelt, da lebt ein bestimmter Stamm. Der Staat wollte ihnen Gutes tun und hat Aluminiumhütten aufgebaut, die sie nicht bewohnten, weil sie heiß wie ein Backofen waren. Jeder Aboriginal, der nicht arbeitet, und die Quote ist sehr hoch, bekommt von Staat eine Arbeitslosenunterstützung, wie jeder Australier. Es gibt große Reservate, in die ohne Bewilligung kein Weißer hinein darf. Aber die Alkoholhändler halten sich nicht immer daran und verscherbeln dort ihren billigen Fusel. So ist auch Alkohol das größte Problem. In Alice Springs gibt es einen Fluss, der jahrelang trocken ist, und in diesem Flussbett campieren sie. Wenn es weiter weg regnet, kommen manchmal die Wassermassen als reißende Flut, und so mancher kann sich nicht mehr retten. Die Rassendiskriminierung ist immer noch sehr stark spürbar. Und im Verhältnis zu den achtzehn Millionen weißen Australiern sind die Ureinwohner eine kleine Minderheit.

Es war im August 1985, der *Bockerer* wurde beim australischen Filmfestival in Melbourne vorgeführt. Martha und ich fuhren mit dem Auto von Sydney nach Melbourne. Diesmal nicht der Küste entlang, sondern über die Route Mount Kosciusko, den höchsten Berg von Australien, über 2.000 Meter. Dorthin kommen um die Zeit die Tiroler Skilehrer und bringen den Australiern das Skifahren bei. Wir sahen einen riesigen Baum mit einem Durchmesser von drei Metern. Martha ging hin, stellt sich drunter, und ich wollte sie fotografieren. In diesem Augenblick kam ein Schneesturm auf und wir haben uns fast nicht mehr gesehen. Wir sind schnell ins Auto, hinunter gerollt und nach vielleicht zehn Minuten war der Spuk vorbei. Wir wollten zum Snowy River. Um sechs Uhr am Abend kamen wir in ein größeres Village, fanden einen Campingplatz, schlugen unsere Zelte auf, stellten unsere Feldbetten auf – und hatten die Matratzen in Sydney vergessen. Wir sind schnell gelaufen, um noch welche zu kaufen, aber die Geschäfte hatten schon zu. Pappkartons, die zum Abholen vor einem Geschäft lagen, konnten wir als Unterlagen in dieser sehr kalten Nacht haben. That's Australia!

Ich könnte noch eine Menge erzählen, über Schlangen, Dingos, Koalabären.

Ein Wombat, ist einmal nachts unter unser Zelt und hat mich samt dem Bett hochgehoben. Eine riesige Boa, etwa sechs, sieben Meter lang, lag auf der Straße. Leider werden viele Schlangen überfahren und bleiben dann einfach liegen. An einer beach von einem shark angefallen zu werden, ist immer möglich. Von den tödlichen Quallen oben am Great Barrier Reef nicht zu reden, und trotzdem ist es wunderbar, baden zu gehen, durch den Busch zu wandern, die unzähligen Papageien und Vögel singen und schreien hören. Und vor allem nachts auf dem Rücken zu liegen und zum Kreuz des Südens zu schauen. Milliarden von Sternen und quer durch die Milchstraße.

Wie viel habe ich in Australien erlebt! Wunderschönes, Berührendes, Unvergessliches, Lustiges. Und eine ganz große persönliche Katastrophe. 1987 habe ich gemeinsam mit Erwin angefangen, eine Serie über Australien zu schreiben. Sechs Folgen sollten es werden. Das Thema: Ein Mann kommt hinüber und arbeitet sich hoch, bis er integriert ist und eine Farm besitzt. Wie halt das Leben so ist. Erwin war nach Österreich gekommen und wohnte bei einem Freund, Ulli, in der Nähe von Wien. Als drei Folgen fertig waren, musste er wieder zurück. Ich wollte nachkommen, um mit ihm in Alice Springs die weitern drei Folgen zu schreiben.

Ich bin nach Alice Springs geflogen, Martha ist in Sydney bei ihrer Schwester geblieben. Ich wohnte auch bei Erwin und von der Früh bis am Abend haben wir geschrieben, dazwischen etwas getrunken, weitergemacht, diskutiert. Erwins Frau war fast schon ungehalten – „Ihr sprecht immer Deutsch, ich kann euch nicht verstehen, so werdet endlich fertig!" Und an einem Samstag im August konnten wir ihr endlich sagen: „We are finish now!" Sie war selig. Wir wollten anschließend ins Arnhem Land, das ist das größte Aborigines-Reservat, in das normalerweise Weiße nicht hineindürfen. Aber Erwin wollte Reportagen für den dortigen Rundfunk machen, er hätte hineinfliegen können, er ist selber Flieger. Am Abend war Barbecue bei den Fliegern am Flughafen. Um neunzehn Uhr sind wir hingekommen, ein Schaf wurde gegrillt, Bier getrunken, es war wunderbar. Gegen zwölf sind wir zurückgekommen. Das Haus ist viereckig, in der Mitte befindet sich der Hof, auf der einen Seite sind zwei Zimmer, dort wohnten die Tochter und ich, im Gästezimmer, auf der anderen Seite ist der Livingroom, der geht um die Ecke und genau gegenüber ist Erwins Schlafzimmer mit Fenstern von oben bis unten. Um zwölf Uhr meinte er: „It's time to go to bed." Ich habe in der Küche noch ein bisserl aufgeräumt und dann das Licht ausgedreht. Dann ging ich hinaus, um mir die Sterne anzuschauen. Was ist, ist es bewölkt? Ich sehe keine Sterne, gehe weiter, schaue weiter hinauf – ach, ich blinder Hund, habe ich gedacht, das ist ja das Sonnensegel, das über den ganzen Hof gespannt ist. Und gehe und gehe, stoße mit dem Schuh an den Rand des Schwimmbads, stolpere drüber und stürze hinein. Ein Köpfler, zweieinhalb Meter ins Leere – es war kein Wasser drin. Da, wo Erwins Schlafzimmer war, bin ich gestanden, körperlich, und habe gesehen wie der dort – ich – abstürzt und dabei die Arme hoch reißt. Und dann war ich eineinhalb Stunden weg. Um halb zwei bin ich wach geworden, habe nur mit dem rechten Auge gesehen, die Hand war kaputt, alles war voller Blut. Ich habe mich an der Wand entlanggetastet und den Ausstieg gesucht. Nun hat der Pool keine Leiter. Ich bin 1,78 Meter groß, bei vielleicht zwei Meter gibt es einen kleinen Einstieg. Steht man da drauf, ist man bis zu den Knien im Wasser. Dort bin ich hingekommen, das weiß ich noch, das habe ich

*Dreharbeiten zu „Easy Radler": Ein Bahnhofsvorstand aus Attnang-Puchheim radelt quer durch Australien.*

gefühlt, aber wie ich herauskam, weiß ich nicht. Aber ich habe es geschafft. Ich bin dann in mein Zimmer gegangen, habe mich aufs Bett gelegt, das Blut ist geflossen, aus dem Mund, aus allen Wunden. Um den Boden nicht schmutzig zu machen, habe ich meine Schuhe genommen und das Blut aufgefangen. Meine Freunde wollte ich nicht wecken. Ich wusste nicht, was ich machen soll. Ich bin aufgestanden und ins Bad gegangen. Auch dort habe ich alles voll Blut gemacht, die Kacheln, den Spiegel – ich sehe das heute noch vor mir. Dann ging ich wieder ins Zimmer, legte mich aufs Bett. Ich weiß nicht, wie lange ich da lag. So um viertel drei herum habe ich mir gedacht: „Ich muss jetzt ins Krankenhaus fahren, den Erwin kann ich nicht aufwecken." Ich bin aufgestanden, hinausgegangen. Hinter seinem Schlafzimmer hatte ich mein Auto stehen, einen schweren Sechs-Zylinder-Amerikaner. Ich startete und setzte langsam zurück und bin nach Alice gefahren, so fünfzehn Kilometer. Ich wusste, dass es dort ein Krankenhaus gibt, aber nicht wo. Zum Glück bog ich links und dann rechts nach Alice ab, denn nochmals links, und ich wäre im Busch gelandet. Ein Handtuch habe ich mitgenommen, das band ich mir wie einen Turban um den Kopf, damit das Blut nicht herunterrinnt und auch im Wagen alles versaut. In Alice ist mir ein Auto entgegengekommen, da bin ich stehen geblieben, ich war ja nur im Schritttempo unterwegs. Auf der linken Seite sah ich ein Haus, das zwei oder drei Stockwerke hatte und finster war. Auffallend, weil die Häuser sonst nicht so hoch sind. Ich bin stehen geblieben, hingegangen und habe an die Scheiben geklopft. Nichts hat sich gerührt. Dann bin ich um das Haus herum gegangen, da war ein Fenster mit Licht. Ich habe hineingeschaut und eine Krankenschwester gesehen. Sie ging gerade vorbei, auf einer Liege lag ein Aboriginal. Ich habe gegen die Scheibe geschlagen, und von diesem Moment an weiß ich für drei Tage lang nichts mehr.

Was ich dann später erfuhr: Um drei Uhr kam Erwins Tochter nach Hause. Ein paar Tage vorher hatte man in der Gegend zwei Menschen erschossen, mit Pumpguns. Sie ging an meinem Zimmer vorbei, das Licht hat gebrannt, sie ging ins Bad und sah Blut, alles voller Blut. Sie rannte raus, in mein Zimmer, auch dort: Blut. Sie rannte hinaus und rief: „Dad, Dad, somebody killed Karl!" Um Gottes willen, die waren aufgeregt und wussten nicht, was sie tun sollten. Sie haben die Polizei in Alice Springs angerufen, nein die wussten nichts. Was sollen wir noch machen? Rufen wir das Krankenhaus an! „O yes, we have a man, who told us that he was fallen in an empty swimmingpool." Erwin ist hingelaufen, ja, das Schwimmbad war voller Blut, „the man who was fallen in an empty swimmingpool" war also ich.

Am nächsten Morgen hat er Martha in Sydney angerufen und die hatte in dieser Nacht einen seltsamen Traum gehabt: Sie sah mich in der Tür stehen, splitternackt, und ist wach geworden. Martha ist sofort nach Alice geflogen.

Der Unfall ist am 15. August passiert, zu Maria Himmelfahrt.

Das ist uns damals gar nicht bewusst geworden, aber später sollten wir noch öfter daran denken …

Man hat mich ganz allein in ein Zimmer gelegt. Es ist in Australien üblich, dass man nach Hause zur Pflege entlassen wird, wenn man außer Lebensgefahr ist. Man hat mich untersucht, den Kopf geröntgt, aber der war so dick, dass sie nicht viel gesehen haben. Man meinte, er hätte Sprünge, die nicht operiert werden müssen. Nach fünf Tagen wurde ich entlassen und Martha bekam ein Schreiben, eine Art Gebrauchsanweisung für die Pflege mit. Wenn sich etwas verändert, sollte ich es sofort melden. Und so lag ich bei Erwin, zwei Wochen. Ich konnte kaum aufstehen. Nur langsam, ganz langsam habe ich mich ein wenig erholt, bis ich sagte: „Nein, ich halte das nicht mehr aus! Wir müssen nach Österreich." Ich sah nur auf einem Auge, das linke Auge war blau und ging nicht auf. Ein Finger war gebrochen und nicht ordentlich versorgt worden.

Martha ist es gelungen, kurzfristig einen Flug zu buchen. Sydney, Bangkok, Frankfurt und weiter nach München. Beim Umsteigen in Bangkok behauptete man, wir stünden nicht auf der Liste und der Flug wäre überbucht. Martha war ganz verzweifelt: „Das kann nicht wahr sein, er stirbt mir noch!" „Da können wir nichts machen, wir können ihn nicht mitnehmen." Da hat sie ein Theater gemacht: „Es ist gebucht worden, er muss jetzt fliegen, er muss so schnell wie möglich in Österreich ins Krankenhaus." Sie haben herumgesucht und einen anderen Passagier stattdessen nicht mitgenommen. Und so kamen wir nach Österreich. Wie ich den langen Flug überstanden habe, weiß ich nicht mehr, Martha hat mehr gezittert als ich.

Endlich daheim! Wir sind am nächsten Tag zu unserem Arzt gegangen, und der hat mich sofort nach Salzburg ins Spital geschickt. Dort stellte man fest, dass der Schädel gebrochen war. Es sollte sofort operiert werden. Das linke Auge ist nach wie vor nicht aufgegangen. Um Gottes willen, wenn das nicht in Ordnung kommt, ist es mit meinem Beruf zu Ende. Die Operation wurde kurzfristig angesetzt, am Tag davor wurde ich nochmals untersucht: Ist alles in Ordnung, geht es Ihnen gut?" fragte Frau Primar Matras. Ich sagte: „Ja, aber nur das Geräusch." „Was für ein Geräusch?" „Ich höre den Pulsschlag im Ohr." „Was heißt, Sie hören den Pulsschlag im Ohr?" „Seit dem Unfall macht es im linken Ohr immer pusch-bumm, pusch-bumm, pusch-bumm." Operation abgesagt. Nein, wir müssen nochmals untersuchen, was da los ist. Das haben sie getan, mit allen möglichen Apparaturen. Aber sie haben die Ursache dieses Pusch-Bumm nicht gefunden. Meine Augenärztin hat dann gemeint, man muss schnell operieren, sonst geht das Auge nie wieder auf. Natürlich war das Risiko sehr groß, deshalb entschieden sich Frau Primar Matras und Frau Professor Antlanger für eine kleinere Operation. Sie ist wunderbar gelungen und dabei hat man festgestellt, dass der Orbitalboden aufgebrochen war, also der untere Teil der Augenhöhle, und dass der untere Bewegungsmuskel für das Auge eingeklemmt war. Operation vorbei, Auge auf – es ging wieder. Zwar habe ich am Anfang Doppelbilder gesehen, aber das hat sich im Lauf der Zeit total gegeben.

„So", meinten die Ärzte, „jetzt muss auch das Geräusch vorbei sein." „Tut mir sehr Leid, es ist immer noch da." Wieder wurde ich in die Röhre geschoben und mittels Computertomographie untersucht. Ein Salzburger Arzt entdeckte die Ursache. ‚Sie haben ein Aneurysma im aufsteigenden Ast der Karotis.' Und was ist ein Aneurysma? Eine blasenähnliche Ausdehnung der Schlagader, die jede Sekunde platzen kann. Gut, und was soll ich machen? Genauer untersuchen lassen, bei einem Spezialisten im Wiener AKH, Dr. Pernetzky. Und der erklärte mir: „Das Aneurysma liegt in einem schwer zugänglichen Bereich, und der einzige in ganz Europa, der das operieren kann, ist Dr. Anton Valavanis vom Universitätsspital Zürich. Dr. Pernetzky telefonierte mit Zürich, aber Dr. Valavanis war bis Sommer voll ausgebucht. Alle beruflichen Angebote ließ ich von Martha absagen mit der Begründung, ich sei auf Motivsuche in Frankreich. Später erfuhr ich, dass das Schauspielhaus Zürich mich gern als Bockerer gehabt hätte, den Wunsch aber verwarf, weil unter Kollegen das Gerücht kursierte, ich wäre auf Alkoholentzug. Dabei wollte ich der Presse nur nicht die Schlagzeile liefern: Ein echter Wiener geht nicht unter. Kunststück, im leeren Schwimmbad!

Es war Februar 1988, als Otto Schenk an einem Montag anrief. Mit ihm sprach ich. Er bat mich, für den erkrankten Erik Frey in Neil Simons *Sonny Boys* einzuspringen, und zwar in den Wiener Kammerspielen. Ich hatte die Rolle vor längerer Zeit in Salzburg gespielt, dadurch kam Schenk auf mich. Ich sollte Willi Clark sein, Siegfried Lowitz war Al Lewis. Ich habe sehr lange überlegt, ob ich die Rolle überhaupt annehmen soll, denn man hat mir gesagt: „Wenn Sie sich überanstrengen oder aufregen, kann es in der nächsten Sekunde aus sein." Otto Schenk drängte: „Du hast eine Woche Zeit zum Übernehmen." Am Dienstag rief er wieder an: „Am Mittwoch hast du Vorstellung." Ich habe gespielt.

Am 2. Juli 1988 war die letzte Vorstellung. Otti Schenk kam und sagte: „Ich dank dir, Karl." Und ich antwortete: „Ich verrate dir ein Geheimnis. Ich hätte jede Sekunde umfallen können und es wäre aus gewesen." Ich habe ihm alles erzählt und er ist richtig blass geworden.

Dr. Pernetzky hat meine Unterlagen nach Zürich geschickt, und die Antwort lautete: „Ja, ich operiere." Aber Dr. Valavanis hatte keinen Termin. Nicht im August, nicht im September. Nur am 8. Dezember – Maria Empfängnis. Zwei Tage vorher sind wir nach Zürich gefahren. Für zwölf Uhr war die Operation angesagt. Dr. Pernetzky, der inzwischen Chefarzt in Mainz war, wollte dabei sein. In dem kleinen Operationssaal waren vier Bildschirme aufgebaut, ich hätte zuschauen können, musste aber waagrecht liegen, der Kopf wurde festgeschnallt. Dr. Pernetzky kam nicht, wir warteten. Dann rief er an. Er ist auf der Autobahn hängen geblieben, es war knapp vor ein Uhr, als er eintraf. Ich war während der Operation vollkommen wach, spürte aber kei-

*Für eine „One-man-Show" im Ronacher lud ich Aborigines-Musiker aus Australien nach Wien ein – eine herrliche Erfahrung, fand auch meine Tochter Josefine.*

nen Schmerz. Es wurde kein Wort gesprochen. Etwa ein viertel vor vier – eine Unterbrechung. Die zwei Ärzte sind hinausgegangen, und als sie nach kurzer Zeit wieder zurückkamen, hieß es nur: Wir werden es gleich haben! Und dann: So, wir sind fertig! Später erfuhr ich: Dr. Valavanis hatte Probleme, der Ballon, der das Aneurysma verschließen sollte, konnte auf der linken Seite nicht vor Ort gebracht werden. Er machte daher einen „Umweg", von der rechten Seite, über die einzige Verbindung zwischen den beiden Gehirnhälften.

Ich war nicht aufgeregt, ich habe mich hingegeben. Wenn es nicht ist, ist es nicht. Martha und ich haben uns nicht verabschiedet, aber sie saß zitternd und bebend draußen. Um vier Uhr haben sie mich herausgefahren, wir waren glücklich. Aber: Der Puls im Ohr war immer noch da. Dr. Valavanis erklärte, warum. Er hatte eine neue Methode angewandt. Er setzte einige Spiralen ein, die der Körper abzubauen versucht. Aber es gelingt nicht, er kapselt sie ein, und dadurch wird das Aneurysma verschlossen. Im März des nächsten Jahres, ich erinnere mich noch genau, saß

ich da und horchte auf das Pusch-bumm. Dann gab es ein schlür-
fendes, saugendes Geräusch und – aus!

Und nun zu einem kleinen Nachspiel. Zwei Jahre, bevor ich
nach Australien geflogen bin, um das Drehbuch fertig zu schreiben, habe ich an meiner Grundstücksgrenze ein Marienmarterl
für eine liebliche Statue gebaut, die ich irgendwo in einem Anti-
quitätengeschäft gefunden habe. Ich habe sie befestigt, damit sie
gut stehen konnte, und ein kleines Gitter davor gegeben. Zehn
Tage bevor wir abgeflogen sind, kam in der Nacht, an einem
Freitag, ein Angedudelter die Straße runter, fuhr mitten hinein
und hat alles über den Haufen geworfen. Das Marterl war
kaputt, er war weg. Am Sonntag kam ein junger Mann. „Entschuldigen Sie, ich habe Ihnen das in der Nacht umgefahren. Ich
baue es Ihnen wieder auf." Sage ich: „Gut, morgen hätte ich Sie
angezeigt, aber Sie sind gekommen. Sie brauchen es nicht aufzu-
bauen, ich mache das selber, aber Sie zahlen 2.000 Schilling für
das Rote Kreuz." Ich habe in den nächsten paar Tagen das Marterl wieder aufgebaut und die Jahreszahl 1987 dazugeschrieben.
Dann sind wir nach Australien gefahren. Als wir wieder daheim
waren und ich schon etwas besser gehen konnte, noch vor der
Operation, habe ich es endlich einmal bis zu diesem Marterl
geschafft. Ich schaute hinein, was sah ich? Maria hatte einen
dunklen Fleck an der Stirn. Genau wie ich.

# Zum Schluss

Warum spielt man eigentlich Theater? Das ist die Frage! Freude, Genugtuung, Geld? Geld ist eigentlich der geringste Grund. Warum will man Kasperl sein? Ich weiß es nicht. Bei mir war es einfach ein Wollen, es hat mir immer Freude gemacht.

Und dabei ist es egal, ob man vor drei oder 3.000 Leuten spielt. Es ist nur sehr viel schwerer. Wir waren einmal in Herbert Lederers Theater am Schwedenplatz. Meine Frau, unsere zwei Töchter, ich und ein Ehepaar. Sechs Leute, mehr kamen nicht. „Schade", habe ich gesagt, „jetzt sehen wir die Aufführung nicht." „Wieso?", sagte Lederer, „ich spiele auch für einen!" Und er hat gespielt. Das ist die Aufgabe des Schauspielers, wenn man es macht, dann macht man es.

Theater spielen ist für mich ein hypnotischer Vorgang. Man bereitet sich fünf, sechs Wochen vor, dann kommt die Premiere, das ist wie bei der Hypnose – Klatsch, jetzt. Dann die letzte Vorstellung – Klatsch, jetzt wieder aufwachen. Dann ist es vorbei, acht Tage später weiß ich den Text nicht mehr, weil ich schon mit etwas ganz anderem beschäftigt bin. Aber ich muss eindringen in die Figur, die Seele dieser Figur erfassen, und erst aus diesem psychischen Erlebnis kann ich sie darstellen.

Ich habe nie gesagt, ich möchte Erfolg haben, ich möchte berühmt werden – ich wollte immer nur spielen. Figuren wie den Bockerer, den Willy Loman, den Tevje, den Don Quichote. Das war es. Ich war nie eitel, immer nur glücklich, dass ich diese Figuren bekommen habe. Eitelkeit ist ja gerade in unserer Branche weit verbreitet. Einmal, ich kann die Geschichte ruhig erzählen, traf ich Klausjürgen Wussow auf der Mariahilferstraße. Sein *Kurier der Kaiserin*-Ruhm war noch relativ frisch. Wir gingen an den großen Auslagenscheiben des Gerngroß vorbei und plauderten. Da kamen zwei junge Damen, so um die dreißig, auf uns zu und lächelten. Wussow strahlte zurück. Wir blieben stehen und die beiden kamen auf mich zu und haben mich umarmt. Wussow hat sich umgedreht und beim Gerngroß in das Schaufenster geschaut. Anschließend haben wir dann beide darüber gelacht, so viel Humor hatte er.

So geht es mir oft, ich werde von vielen Frauen angesprochen. Wenn eine fragt „Darf ich Ihnen a Busserl geben?", sage ich immer „Ja, bitte, meine Frau ist ja eh nicht da." Und wir lachen. Mir geht es ja auch nicht anders, ich verehre auch andere Schauspieler. Wenn der Attila Hörbiger mit mir ein Glaserl Wein getrunken und junger Freund gesagt hat, war ich selig. Das ist heute anders.

Wen von der alten Garde kennen die jungen Schauspieler heute noch? Den Hörbiger, die Wessely vielleicht, aber sonst?

Schauspieler sein ist mein Beruf, ist meine Arbeit, die ich ausfülle mit allen Möglichkeiten, die ich habe. Wie es früher als Tischler war. Ob ich hundert Prozent erreiche, ist eine andere Frage. Aber ich mache, was ich kann, und ich mache es mir nicht leicht.

# Theaterstationen im Engagement

| | |
|---|---|
| Saison 1955/56 | Kleines Theater Heilbronn<br>Intendant: Walter Bison<br>Karl Merkatz Schauspieler und Inspizient |
| Saison 1956/57 | Kleines Theater Heilbronn<br>Intendant. Walter Bison<br>Karl Merkatz Schauspieler und Inspizient |
| Saison 1958/59 | Landestheater Salzburg<br>Intendant: Fritz Klingenbeck |
| Saison 1959/60 | Landestheater Salzburg<br>Intendant: Fritz Klingenbeck |
| Saison 1960/61 | Städtische Bühnen Nürnberg-Fürth, Schauspielhaus<br>Intendant: Karl Pschigode |
| Saison 1961/62 | Städtische Bühnen Nürnberg-Fürth, Schauspielhaus<br>Generalintendant: Karl Pschigode |
| Saison 1962/63 | Landestheater Salzburg<br>Intendant: Helmuth Matiasek |
| Saison 1963/64 | Bühnen der Stadt Köln, Schauspielhaus<br>Generalintendant: Arno Assmann |
| Saison 1964/65 | Deutsches Schauspielhaus Hamburg<br>Intendant: Prof. Oscar Fritz Schuh |
| Saison 1965/66 | Deutsches Schauspielhaus Hamburg<br>Generalintendant: Prof. Oscar Fritz Schuh |
| Saison 1966/67 | Deutsches Schauspielhaus Hamburg<br>Generalintendant: Prof. Oscar Fritz Schuh |
| Saison 1967/68 | Deutsches Schauspielhaus Hamburg<br>Generalintendant: Prof. Oscar Fritz Schuh |
| Saison 1968/69 | Thalia Theater Hamburg<br>Intendant: Prof. Dr. Kurt Raeck |
| Saison 1969/70 | Thalia Theater Hamburg<br>Intendant: Boy Gobert |
| | Teilvertrag im Stadttheater Regensburg<br>Intendant: Walter Ruppel |

| | |
|---|---|
| Saison 1970/71 | Thalia Theater Hamburg<br>Intendant: Boy Gobert |
| | Teilvertrag im Stadttheater Regensburg<br>Intendant: Walter Ruppel |
| Saison 1971/72 | Thalia Theater Hamburg<br>Intendant: Boy Gobert |
| Saison 1972/73 | Thalia Theater Hamburg<br>Intendant: Boy Gobert |
| Saison 1973/74 | Münchner Kammerspiele<br>Intendant: Hans Reinhard Müller |
| Saison 1974/75 | Münchner Kammerspiele<br>Intendant: Hans Reinhard Müller |
| Saison 1975/76 | Münchner Kammerspiele<br>Intendant: Hans Reinhard Müller |

# Theaterstationen als freier Schauspieler

| | |
|---|---|
| Saison 1976/77 | Thalia Theater Hamburg<br>Intendant: Boy Gobert |
| Saison 1980/81 | Wiener Volkstheater<br>Direktor: Paul Blaha |
| Saison 1981/82 | Wiener Volkstheater<br>Direktor: Paul Blaha |
| Juli und August 1982 | Burgenländische Festspiele Schlossspiele Kobersdorf<br>Intendantin: Franziska Schurli |
| Saison 1982/83 | Wiener Volkstheater<br>Direktor: Paul Blaha |
| Juli und August 1982 | Burgenländische Festspiele Seespiele Mörbisch<br>Intendantin: Franziska Schurli |
| | Salzburger Landestheater<br>Intendant: Frederik Mirdita |
| Juli und August 1983 | Burgenländische Festspiele Seespiele Mörbisch<br>Intendantin: Franziska Schurli |
| Saison 1985/86 | Renaissance Theater Berlin<br>Interimistischer Leiter: Friedrich von Kekulé |
| Saison 1986/87 | Landestheater Salzburg<br>Intendant: Lutz Hochstraate |
| Saison 1987/88 | Theater in der Josefstadt/Kammerspiele<br>Direktor: Prof. Otto Schenk |
| Saison 1989/90 | Theater in der Josefstadt/Kammerspiele<br>Direktor: Prof. Otto Schenk |
| Saison 1990/91 | Theater in der Josefstadt/Kammerspiele<br>Direktor: Prof. Otto Schenk |
| Saison 1991/92 | Wiener Volksoper<br>Intendant: Eberhard Waechter |
| Saison 1992/93 | Wiener Volksoper<br>Direktor: Ioan Holender |
| | Stadttheater Klagenfurt<br>Intendant: Dietmar Pflegerl |

| | |
|---|---|
| Saison 1993/94 | Wiener Volksoper<br>Direktor: Ioan Holender |
| | Stadttheater Klagenfurt<br>Intendant: Dietmar Pflegerl |
| Saison 1994/95 | Wiener Volksoper<br>Direktor: Ioan Holender |
| | Landestheater Salzburg<br>Intendant: Lutz Hochstraate |
| Saison 1995/96 | Wiener Volksoper<br>Direktor: Ioan Holender |
| | Stadttheater Klagenfurt<br>Intendant: Dietmar Pflegerl |
| | Deutsches National Theater Weimar<br>Intendant: Günther Beelitz |
| Saison 1996/97 | Theater an der Wien<br>Intendant: Rudi Klausnitzer |
| Saison 2000/2001 | Schauspielhaus Frankfurt/Main<br>Intendant: Prof. Peter Eschberg |
| | Stadttheater Klagenfurt<br>Intendant: Dietmar Pflegerl |
| Saison 2004/2005 | Stadttheater Klagenfurt<br>Intendant: Dietmar Pflegerl |

Karl Merkatz hat in rund 150 Filmen, Fernsehspielen sowie -serien mitgewirkt, hier eine Auswahl:

# Fernsehfilme und -serien

1974: *Der Sohn eines Landarbeiters wird Bauarbeiter und baut sich ein Haus*, Regie Axel Corti

1975: *Ein echter Wiener geht nicht unter*, Regie: Reinhard Schwabenitzky

1976: *Jakob der Letzte*, Regie: Axel Corti
*Der junge Freud*, Regie: Axel Corti

1979: *Feuer!*, Regie: Reinhard Schwabenitzky

1981: *Der lebende Leichnam*, Regie: Otto Schenk

1986: *Irgendwie und sowieso*, Regie: Franz Xaver Bogner
*Abschiede*, Regie: Gedeon Kovacs

1987: *Der Ochsenkrieg*, Regie: Jürgen Flimm

1991: *Wer Knecht ist, soll Knecht bleiben*, Regie: Kurt Wilhelm

1992: *Ein Fall für zwei: Härter als Glas*

1993: Rosamunde Pilcher: *Stürmische Begegnung*, Regie: Helmut Förnbacher,

1995: *Der Spritzen-Karli*, Regie: Rüdiger Nüchtern

1997: *Das ewige Lied*, Regie: Franz Xaver Bogner

1999: *Der Bulle von Tölz: Tod am Hahnenkamm*

2002: *Himmlisches Weihnachtsgeschenk*, Regie: Karin Hercher
*Ein Hund kam in die Küche*, Regie: Xaver Schwarzenberger

# Kinofilme

1981: *Der Bockerer*, Regie Franz Antel

1996: *Der Bockerer II: Österreich ist frei*, Regie: Franz Antel

1997: *Der Unfisch*, Regie: Robert Dornhelm

1998: *Drei Herren*, Regie: Nikolaus Leytner

2000: *Der Bockerer III: Die Brücke von Andau*, Regie: Franz Antel

2001: *Ene mene muh und tot bist du*, Regie: Houchang Allahyari

2003: *Der Bockerer IV: Prager Frühling*, Regie: Franz Antel
*Sommer mit den Burggespenstern*, Regie: Bernd Neuburger
*Am anderen Ende der Brücke*, Regie: Hu Mei
*Zwei Väter einer Tochter*, Regie: Reinhardt Schwabenitzky


# Auszeichnungen

1981: Preis für die beste schauspielerische Leistung bei den Filmfestspielen in Moskau

1982: Deutsches Filmband in Gold

1996: Romy als beliebtester Schauspieler

1995: Ehrenmedaille der Bundeshauptstadt Wien in Gold

1995: Goldener Ehrenring der Stadtgemeinde Wiener Neustadt

2001: Goldenes Ehrenzeichen des Landes Salzburg

2002: Großes goldenes Ehrenzeichen für Verdienste um das Land Niederösterreich

# Bildnachweis

BÜHNE/Foto: Petra Spiola: Umschlagbild vorne

Privatarchiv Karl Merkatz: 2, 3 (Foto: Eduard Hollý, Bratislava), 6, 15, 19, 25, 31, 35, 39, 44, 49, 52 (Foto: Peter Korrak, Neulengbach), 57 (Foto: Reportagen R. Rümmele, Zürich), 60, 70, 71, 72 (Foto: Günther Kargl, Wien), 75, 76, 80, 81, 84, 85, 86, 91, 95, 96, 98, 101, 102, 106, 115, 116, 117, 123, 127, 131, 132, 134, 138, 141, 142, 145 (Foto: Pedro Kramreiter, Wien), 146 (Foto: Pedro Kramreiter, Wien), 153, 156 (Foto: Rosemarie Clausen, Hamburg), 158, 159, 160, 163, 165, 166, 167, 168, 173, 174, 179 (Fotostudio Pompe, Wiener Neustadt), 180 (Foto: Ted Matkowski, Wien), 182 (Foto: Frauke Sinjen, München), 183, 185, 186, 187, 188, 191, 194 (Foto: Alfred Schaffer, Korneuburg), 202, 205 (Foto: NÖ Landespressedienst, Foto Pfeiffer, 206, 207 (Foto: Presse- und Informationsdienst der Stadt Wien), 208, 211, 218 (Foto: Pictures born, Wien), 221 (Foto: Günter Jagoutz, Viktring), 225, 226, 227, 231, 232, 235 (Foto: Ernst Kainerstorfer, Wien), 236, 241 (Foto: Rosemarie Clausen, Hamburg), 242, 244, 245, 257, 270

Interspot Film, Wien: 251, 265

Foto Votava: 64, 65, 120, 147, 148, 213, 217

ORF: 197, 199 (Foto: Ali Schafler)

Salzburger Festspiele: 88 (Foto: Hans Jörg Michel), 92 (Foto: Clärchen & Matthias Baus)

Stadttheater Klagenfurt: 109, 110, 111, 112, 222

Autor und Verlag bedanken sich für die freundlichen Abdruckgenehmigungen. Die Rechtslage bezüglich der einzelnen Bildvorlagen wurde sorgfältig geprüft. Eventuell berechtigte Ansprüche werden bei Nachweis vom Verlag in angemessener Weise abgegolten.